가족 간의 소통과 이해를 위한 그림 읽기

가족 간의 소통과 이해를 위한 그림 읽기

김효숙

학연문화사

책머리에
·············

　　최근 우리나라를 비롯하여 전 세계적으로 코로나 팬데믹, 전쟁의 공포, 기후변화로 인한 자연재해 등을 겪으면서 사람들의 심신이 더욱 각박해지고 피폐해졌다. 이러한 시대를 살아가는 부모들은 자녀를 어떻게 키워야 할지 나날이 난감해지고 고민이 더 클 수밖에 없다. 필자는 자녀 문제로 고민하는 부모의 마음을 충분히 이해하며 조금이나마 도움이 되고자 하는 마음으로 이 책을 썼다.

　　이 책의 내용은 미술치료 현장에서 내담자가 직접 그린 그림을 중심으로 이루어졌다. 내담자 스스로 자기 자신에 대한 이미지를 떠올려 심상을 나타낸 그림이 제시되어 있으며, 자신의 그림에 대해 직접 설명한 것을 가감 없이 그대로 기술하였다. 그림은 주관적인 창작물로 무의식적인 내용을 담고 있다. 그림에 대한 심리적인 내용과 느낌은 분석과정에서 개인의 심리적인 내면세계를 이해하는 데 매우 유익한 정보를 제공한다. 필자는 그림 속에서 내담자가 무엇을 말하려고 하는지 그 본질과 무의식을 이해하고자 하였다.

　　심리치료가 우리 사회에 왜 필요한가에 대해서는 의문의 여지가 없다. 겉으로는 잔잔하고 평화로워 보이는 사람들 중에도 내면으로는 불안이나 두려움, 분노 등으로 우울해하고 고통스러워하며 하루하루를 불행하게 사는 사람들이 있다. 미술치료는 그림을 통해 기억을 떠올리며 감정을 정화하는 방법이다. 그림 속에서 자신의 마음의 비밀을 찾아 이야기로 풀어내면서 자신을 이해하고 통찰하는 과정을 통해 내적 성찰의 기회를 얻게 되는 것이다.

　　이 책은 부모의 양육법이 자녀에게 미치는 영향, 상처받은 내담자들의 실제 삶의 이야기 등을 다룸으로써 상처를 치유하고 관계를 회복하기 위해 어떻게 해야 하는지 스스로 깨달을 수 있도록 도움을 주고자 한다. 필자가 주로 하는 미술치료는 진술한 자기 고백으로 그림이라는 자유스러운 표현활동을 통해 마음의 문을 열고 내면의 상처를 치유해 가는 과정이다. 자신의 진정한 문제를 발견하게 되고 치유가 될 때 비로소 세상을 다시 바라보게 되고 불행에서 벗어날 수가 있게 되는 것이다.

필자는 40여 년의 교육 현장에서 아이들과 그 부모를 접하면서 부모의 양육 태도가 아동의 성격 형성에 지대한 영향을 미친다는 사실을 깊게 이해할 수 있었다. 부모가 자녀를 어떻게 양육했는지에 따라 자녀의 자아가 형성되며, 이는 장차 성인이 된 후 자아정체성의 토대가 된다. 많은 부모가 자신은 최선을 다해 자녀들을 잘 키웠노라고 자부한다. 그럼에도 불구하고 많은 자녀들은 겉으로 드러나지 않고 숨겨진, 부모로부터 받은 상처들을 가지고 있다. 자녀들이 이를 말로 잘 표현하지 않기 때문에 알기 어려울 수 있지만, 부모로부터 받은 상처나 아픔들은 분노나 슬픔, 억울한 감정 등의 부정적인 감정들로 표출되기도 한다.

내담자의 마음을 그림으로 표현한 내용들은 부모에게 털어놓지 못한 아픔과 비밀스러운 이야기들이다. 필자는 그림 속에 나타나는 자녀들의 아픔을 이 세상을 살아가는 부모에게 알려주고 싶었다. 무심코 던진 부모의 말 한마디에 자녀들은 마음에 상처를 안고 평생을 살아가기도 한다. 특히 부모로부터 받은 폭력은 평생 지울 수 없는 상처로 남고 성인이 되어서 또 다른 폭력으로 악순환의 고리가 되어 이어지기도 한다. 자신에게 폭력을 행했던 부모와 동일시하며 자식에게 대물림하기도 하고 자신을 학대하거나 처벌하는 등 다양한 증세를 나타내기도 한다.

미술치료의 효과는 그림을 직접 그리거나 그림을 그린 후의 대화를 통해서 얻을 수 있다. 내담자들은 자신의 마음을 자유롭게 그림으로 표현하는 것 자체로 마음의 안정을 찾을 수 있다. 나아가 치료자는 대화를 통해 정신적 고통을 겪고 있는 내담자의 상태와 문제를 파악하여 이들이 겪고 있는 고통을 덜어줄 수 있다. 또한 그림을 통해 내담자가 지닌 문제점을 스스로 찾게 하고, 긍정적인 변화를 통해 스스로 치유할 수 있는 내면의 힘을 키우도록 도움을 준다.

심리치료는 어린 시절 부모-자녀 관계에서 받은 마음의 상처를 다시 떠올리는 가운데 그 경험을 반드시 수정해서 따라오게 하는 것이 중요하다. 과거의 아픈 경험이 현재 어떻게 발목을 잡고 있는가에 대해 스스로 깨닫게 해주는 것이라고 볼 수 있다. 또한 어린 시절의 부모·형제 관계가 지금도 되풀이되는 까닭에 고통이 연속된다는 사실을 명확하게 깨우쳐준다. 사람들은 살아가면서 좌절과 시련을 겪으면서도 어려움을 슬기롭게 극복하고 성공적인 삶을 살아가기도 한다. 그러나 생활 속에서 크고 작은 실패와 상실감을 경험하기도 하고 때로는 인생의 고통스러운 시련을 겪으면서 심리적 좌절에 빠져 헤어나지 못하기도 한다. 일반적으로 부모로부터 안정적인 애착을 형성한 사람들은 이러한 경우를 맞닥뜨려도 감정을 잘 조절하며, 자기감정에 솔직하고 타인에 대한 깊은 배려와 이해심을 가지고 있다. 또한 자기를 진정으로 사랑하고 혼자 있어도 편안하게 생각하며 타인들과도 편안한 관계를 유지하게 된다.

마음의 고통을 받는 내담자들은 자기 한(恨)과 고통을 한 폭의 그림 속에 담기도 하고, 무의식적인 이미지들이 담겨 있는 그림 속에 나타나는 마음의 비밀들을 발견해내며 진정한 자아와 자신의 내면세계를 이해하고 변화해 가는 자아 성찰을 통해 성장하며 발달한다. 특히 내담자들은 자신의 그림 속에 나타나는 마음속의 비밀들을 발견하면서 자신을 재해석해보는 가운데 마음의 문을 활짝 열고 세상을 좀 더 긍정적으로 바라보게 된다. 거의 모든 병은 마음으로부터 시작되는 것이라고 볼 수 있다. 심리적인 고통을 받는 사람들은 어린 시절에 상처를 받아 자아에 결함에 생겼을 가능성이 높은데, 이러한 경우 대부분 부모의 양육 방식에서 그 원인을 찾을 수 있다. 대체로 부모들은 자신의 부모가 양육했던 방법대로 자녀들을 기르는 경향이 있다. 자녀들이 어린 시절 부모로부터 안전한 애착 관계를 형성하지 못하고 잘못된 방식으로 양육되면, 향후 문제행동을 일으킬 가능성이 높아진다.

모든 치유의 핵심은 자신에 대한 사랑이며, 자신의 마음을 자기 자신이 안다는 것은 곧 치료가 된다는 뜻이다. 내담자들은 그림을 통해 나타나는 자신들의 마음의 비밀을 스스로 깨닫기 시작하면서 때로는 고통스러워하기도 한다. 그러나 어느 순간부터 그들은 스스로 자신이 누구이며, 어떻게 살아왔는가 등의 물음을 통해 자신을 알아차리고 이해하기 시작하면서 자신의 진정한 모습을 발견하게 된다. 불안과 두려움, 분노, 열등감, 죄책감 등의 부정적인 감정들을 걷어 내면서 세상을 바라보는 마음이 긍정적인 상태로 변화되고 안정감과 행복함을 느끼게 된다.

부모는 자녀의 인격에 손상을 주지 않아야 한다. 부모로부터 사랑받고 존중받고 자라야만 성인이 된 후에도 자신을 소중하게 여기고 사랑하며, 다른 사람을 사랑할 수 있고 존중할 수 있기 때문이다. 한 권의 동화책이 사람의 마음을 움직이게 하는 것과 마찬가지로 이 책이 누군가의 마음을 움직일 수 있도록 소통과 이해, 존중의 긍정적인 힘을 줄 수 있다면 필자로서는 더할 나위 없는 보람이라 생각한다.

이 책을 완성하는 데에는 내담자들이 그린 작품과 이를 토대로 한 내담자와 필자의 진정한 대화가 바탕이 되었다. 모든 내담자에게 깊은 감사를 드리며, 이토록 훌륭한 책으로 꾸며주신 학연문화사의 권혁재 사장님과 편집업무의 권이지 선생님에게 감사의 말씀을 드린다. 그리고 손수 원고를 꼼꼼하게 읽고서 진심 어린 조언과 더불어 '감수와 추천의 말씀'을 해주신 숭실대학교 김광명 명예교수님께 깊은 감사를 드린다. 끝으로 늘 곁에서 격려해주고 지원해주는 사랑하는 내 가족에게 감사의 마음을 전한다.

2022년 9월에

김효숙

감수와 추천의 말

김광명(숭실대 명예교수, 예술심리학/미학/예술철학)

감수(監修)란 '책의 저술이나 편찬 등을 지도하고 감독하는 것'이다. 추천(推薦)이란 '어떤 조건에 적합한 대상을 책임지고 소개하는 것'을 일컫는다. 위의 사전적 의미를 살펴볼 때, 감수보다는 오히려 추천이라는 표현이 더 적합하고, 거기에 더 무게가 있을 성싶다. 왜냐하면, 김효숙 박사님의 저술 원고를 꼼꼼히 읽으면서 지도나 감독 측면에서 보기보다 오히려 많은 가르침과 깨우침, 읽는 즐거움과 흥미를 동시에 느낄 수 있었기 때문이다. 이런 점에서 많은 이들과 책의 내용을 공유하고 또한 소개하고 싶은 마음이 더 앞선다. 무엇보다도 가족 구성원 간의 삶에서 빚어지는 갈등, 불안, 왜곡 등 현실적인 여러 문제를 반영하는 그림을 분석하는 미술치료를 통해 가족을 바람직한 원래 위치로 되돌려 놓아 가족의 화목과 행복을 꾀하고 있는 까닭이다.

『가족 간의 소통과 이해를 위한 그림 읽기』는 내담자들의 마음을 그대로 그려놓은 작품을 중심으로 심리상태를 분석하고 이해하며 공감하는 내용들로 이루어져 있다. 이 책의 목적은 저자가 직접 상담한 유아에서 노인까지 다양한 사람들이 그린 작품을 통하여 부모와 자식 간의 소통과 이해에 도움을 주는 것이다. 저자는 오랫동안 교육 현장에서 학생과 학부모 그리고 일반인을 대상으로 상담했던 경험을 토대로, 내담자들의 무의식적인 내면을 의식의 표면으로 끌어내 분석한다. 내담자들이 그림으로 표출해보는 과정에, 그리고 그림으로 나타난 무의식의 세계에 자신들의 억압된 이야기가 숨김없이 담겨있기 때문이다.

소통과 이해를 위한 전제로서 '그림 읽기'가 왜 필요한가. 그림을 대하면서, 읽고

8 가족 간의 소통과 이해를 위한 그림 읽기

깊이 생각하되 이를 바탕으로 하는 것이 더욱 바람직한 삶의 실천일 것이다. 무엇보다도 이런 연결고리 자체는 우리가 살아가는 삶의 현장이다. 실제로 예술의 진정한 힘은 보이는 곳보다 보이지 않는 곳, 의식의 영역보다는 무의식의 영역에 있다. 일찍이 "하나의 원 위에 방사형 무늬를 반복해서 그리거나 여러 개의 동심원을 그리는 것은 미국에서 정서장애 아동들을 '치료하는 방법'으로 유용하다."[1]고 밝혀진 바 있다. 그림을 그리는 과정이 '치료법'인 이유는 그것이 승화와 자기표현을 허용한다는 이유도 있겠지만, 일상생활과는 달리 우리가 그 행위를 통해 숨어있는 세계의 작은 부분이라도 밝혀 질서의 터를 잡고, 모양을 지으며, 더 나은 삶을 위해 제어할 수 있다는 사실에 있다.

모든 치유의 핵심은 자신의 마음을 자기 자신이 안다는 문제의식에서 출발한다. 저자의 연구에 의하면, "내담자들은 그림을 통해 나타나는 자신들의 마음속 비밀을 스스로 깨닫기 시작하면서 때로는 고통스러워하기도 한다. 그러나 어느 순간부터 그들은 스스로 자신이 누구이며, 어떻게 살아왔으며, 그동안 무엇이 그들을 그토록 힘들게 했는가? 자신을 이해하기 시작하면서 자신의 진정한 모습을 발견하게 된다. 살아오는 과정에서 스스로 억압하고 힘들게 했던 요인들, 즉 마음속에 있는 불안과 두려움, 열등의식, 부정적인 감정들을 걷어내면서 자신을 바라보고 세상을 바라보는 마음이 긍정적인 상태로 변화되어 진정으로 만족하며 편안해하고 행복함을 느끼며 내면세계의 변화를 느끼게 된다."

미술치료는 미술을 매개로 스스로 새롭게 발견하고, 새로운 삶에 연결하도록 도와주는 활동이다. 단순한 해석과 분석의 차원을 넘어 내담자의 부정적 감정이나 욕구를 통합하고 승화할 수 있게 도와주는 구실을 한다는 말이다. 건강하고 행복한 사회를 이루기 위해 우리는 모두 노력해야 할 것이다. 미술치료를 통해 잃어버렸던 자아를 찾고 삶의 진정한 의미를 발견함으로써 자신과 가족, 그리고 이웃을 사랑하며 살아가는 훈련을 쌓게 된다. 각고의 노력을 기울여 이론과 실제를 적절하게 연결한 이 책을 미술과 미술치료 및 가족 사랑에 관심 있는 모든 분이 일독하길 권한다. 그리하여 삶이 더욱 풍요롭고 건강해지길 기대한다.

---

1) Ellen Dissanayake, Homo Aestheticus, The Free Press, 1992. 엘렌 디사나야케, 『미학적 인간 호모 에스테티쿠스』, 김한영 역, 예담, 2009, 169쪽.

목차

3장 학대하는 부모 • 자녀 마음에 상처를 주는 부모

1장

독선적인 부모 :
자녀를
소유물로 생각하는
부모

독선적인 부모는 자기의 생각이나 행동이 모두 바르다는 신념이 있으나, 실제로 자신이 옳다는 근거가 없이 논리적 오류를 범한다. 그래서 자식에게 행동을 강요하고, 따르지 않으면 배척한다. 또한 자식들이 순종하지 않으면 '왜 말을 듣지 않느냐'고 화를 내며 비난한다.

1.1
아들이 미운 엄마
반항 하는 아들

그림 1은 큰아들(고1)과 작은아들(중2)을 둔 40대 주부의 것으로, 아들로 인한 울화로 분노가 폭발할 것 같은 심정을 표현한 것이라고 했다. 그림을 그린 사람은 아들이 고등학교 1학년인데 본인이 생각해도 아들에게 심하게 대하는 것 같다고 하면서 아들의 일거수일투족을 다 챙긴다고 했다. 아이를 아침에 깨우는 것부터 시작하여, 학교와 학원에 데려다주고 학원

[그림 1]

이 끝나면 집에 데리고 와서 밥을 먹이고 아이가 공부하는 모습을 지켜보며, 잘 때까지 잔소리하고 감독해야 한다고 했다. 혼자 하라고 두면 제대로 하는 게 없다고 하면서 아침에도 깨우지 않으면 스스로 일어나지도 않고 학교에도 지각하고 학원에도 가지 않고 친구들하고 놀러 가버린다고 했다. 그리고 학원에도 데리러 가지 않으면 친구들과 밤늦도록 술과 담배를 즐기고, 여자애들과 어울려 놀며 나쁜 행동을 한다고 했다.

작은아들은 중학생인데 착해서 공부도 스스로하고 말을 잘 듣는데 큰아들은 누

구를 닮았는지 엄마 말을 안 들어서 속상하다고 했다. 엄마가 잔소리하고 챙기는 것을 무척 싫어한다면서 학교 마치면 학원에 데려다줘야 하므로 엄마가 학교 앞에서 기다리고 있으면 항상 인상을 쓰고 학원에 가기 싫다고 화를 낸다고 했다. 공부에는 관심이 없고 나쁜 친구들과 어울리기를 좋아하므로 다른 학교로 전학시켜야 하는지 많이 걱정된다고 했다. 큰아들도 엄마가 자기를 미워하는 것을 알고 있다며, 어릴 때부터 동생은 한 번도 혼내지 않았는데 자기는 반항도 하고 대들고 하니까 혼을 많이 냈다고 했다. 엄마가 시키는 것은 절대 안 하고 반항하며 미운 행동만 해서 엄마가 자기를 미워하는 거라고 했다.

　　　자녀에게 과하게 희생하고 부양의 책임을 지면서 자녀들의 인생과 마음을 지배하기 위해 과한 투자와 기대를 가지고 마음대로 조정하다 보니 자녀들은 고통을 당하게 된다. 자녀들은 부모로 인해 행복이 아니라 오히려 불행의 시작을 배우게 되는 셈이다. 독선적인 부모는 자신이 화나면 자녀가 위로해주기를 바라고 자녀를 위해서 희생했으니 자녀들에게도 희생하길 강요한다. 만약에 자녀들이 부모의 말을 거역하면 부모는 화를 낸다. '내가 너희들을 어떻게 키웠는데, 먹을 것 안 먹고 입을 것 안 입고 고생하면서 키웠는데, 너희들이 감히 이럴 수 있어! 부모가 죽으라 하면 죽어서도 충성을 다해야지 어디 감히 부모의 말에 거역해!'라며 부모는 배신감에 분노를 감추지 못하고 노발대발하기도 한다.

　　　부부 갈등이 심한 집에서는 부부가 자식에게 서로 자기의 편이 되어달라고 기싸움을 하는 경우가 많다. 자녀에게 배우자를 험담하거나 한 맺힌 사연들을 하소연하며, 마음을 알아주고 위로해달라고 어린아이처럼 응석을 부리는 철없는 엄마들도 있다. 이러한 경우 자녀는 누구의 편도 들어주지 못하고 괴로워하다가 결국 힘 약한 엄마의 편을 들게 되고 아버지를 따돌리기도 한다. 자녀가 성장하여 힘이 세지면 아버지를 공격하고 코너로 몰아 기를 죽이기도 한다. 그렇게 아버지는 무시와 외면을 당하면서 아내에게 보기 좋게 복수를 당하는 꼴이 되고 만다.

　　　독선적인 아버지는 결국 배우자나 자녀들에게 복수를 당하거나, 복수를 당하고 나서도 왜 자녀들이 버릇없이 아버지한테 대들고 함부로 대하는지 알지 못한 채 자식들을 잘못 길러서 그렇다고 후회하거나 "지 엄마가 잘못 길러서 버릇이 없어"라고 아내를 원망하며 부부 갈등을 조장하기도 한다. 부부 갈등이 심한 가정에서 특히 아들과 한편이 된 아내는 '내 아들! 내 아들!' 하면서 아들에게 지나치게 기대를 걸어 투자하게 되고 '너의 모든 것은 내 것'이라는 소유욕을 드러내기도 한다. 남편에게 사랑받지 못한 아내는 자식, 특히 아들에게 더 집착하게 되고 탐욕을 부리기도 한다. 아들의 사랑과 관심을 차지하려는 엄마의 욕심은 결국 아들을 더 피곤하게 만든다.

또한 아들을 부모에게서 독립시키지 않고 세상 밖을 향해 나아가지 못하게 함으로써 잠재력을 제한시키고 정신적으로 엄마 곁에만 머물러 있게 만들어 아들의 인생을 망치는 역할을 하기도 한다. 이러한 엄마는 아들을 정서적으로 학대하는 존재이다. 엄마가 아들에게 보상받고자 하는 나쁜 의도를 드러내면 아들은 엄마를 기쁘게 하는 것만 중시하여 엄마의 하인 노릇을 하며 충성을 다하게 된다. 아들은 엄마를 기쁘게 해드리기 위해서 공부를 하고 돈을 벌게 되는 것이다. 이처럼 마음이 병든 엄마는 자신의 행복을 위해 아들의 지속적인 보살핌과 애정이 필요하다. 이 세상에서 너만이 나를 행복하게 해줄 수 있다며 아들의 목을 죄기 시작한다. '너를 세상에서 가장 사랑하는 사람은 나니까 너도 나를 가장 사랑해야 한다'며 아들이 자기를 가장 사랑하기를 원한다. 아들에게 연인이 생기면 무엇이든 꼬투리를 잡아서 못 만나게 질투하며 거부한다. 사랑을 뺏길까 봐 두렵기 때문이다. 만약에 엄마의 반대를 무릅쓰고 결혼하면 그때부터는 또 다른 전쟁이 시작되는 비참함을 겪는다. 즉 시어머니와 며느리와의 전쟁인 고부갈등이 시작된다.

아들이 결혼하면 엄마는 외로워하고 우울해한다. 그러면 아들은 엄마를 위로하기 위해 온갖 노력을 하게 되고 결국 가장의 역할을 제대로 하지 못하며 자신을 묶어두려는 엄마로부터 독립하는 데에 갈등을 겪는다. 일명 '마마보이'임을 눈치 챈 현대의 며느리들은 '엄마를 선택할래? 나를 선택할래?'라며 선택을 강요한다. 그러면 아들은 고민에 빠진다. 아들은 엄마를 버리게 되면 불효자가 되고 아내를 버릴 수도 없어서 혼란에 빠져 지옥 같은 삶을 살게 된다. 결국 엄마를 잃지 않기 위해 아들 혼자 아내 몰래 어머니를 만나거나, 엄마한테 돈을 부쳐주며 눈치 보고 궁색하게 살아가는 처량한 신세가 된다.

독하고 모진 시어머니는 며느리 흠집 잡기에 안간힘을 쓰거나 둘 사이를 이간

질해서 틈이 벌어지도록 만들어 결국 아들을 이혼시키고 아들과 평생 함께 살기도 한다. 아들에 대한 이러한 병적인 집착은 아들을 불행하게 만들고 아들의 장래를 망친다. 부모는 자녀가 건강하게 잘 자라도록 도와주어야 한다. 자녀가 잘 자라서 건강한 가정을 이루고 행복하게 살아갈 때 진정한 기쁨을 누릴 수가 있다. 아들에 대한 지나친 집착과 욕심은 일종의 병이다. 진정으로 자녀의 행복을 위한다면 자녀를 위해 부모가 끈을 적당히 놓을 줄 알아야 한다. 부모님을 걱정하지 않고 훌훌 날개를 털고 그들의 삶을 위해 날아가도록 도와주어야 자녀들이 행복하게 살아갈 수 있다. 너무 많은 규칙을 세워두고 자녀를 꼼짝하지 못하도록 하고 어기면 불효자라고 못을 박으며 효를 강요하는 것은 진정으로 자녀를 위한 방법이 아니다.

지나치게 경직된 규칙을 정한 집의 예를 보자. 식사할 때의 태도에서 가족들이 모두 다 모여 식사해야 하고, 아이가 어른 자리에 앉아서도 안되고, 어른이 수저를 들기 전에 아이들이 먼저 식사해서도 안 된다. 어른들은 식사할 때 말을 해도 되지만 아이들은 아무런 말도 해서는 안 된다. 또한 음식을 먹을 때는 먹는 소리를 절대 내서는 안 되고 어른이 식사가 끝나기 전에는 먼저 자리에서 일어나서도 안 되는 등 아이들은 무수히 많은 규칙을 지켜야 한다. 이처럼 규칙을 정해놓고 지키도록 강요하는 것은 동등한 가족 구성원으로서 아이의 권리를 존중하는 것이 아니다. 이러한 경직된 규칙을 정해놓고 아이의 자유와 권리를 침해하는 독선적인 아버지는 이기적일 가능성이 높다. 뿐만 아니라 이러한 독선적인 아버지는 돈으로 가족들을 조정하기도 한다. 경제권을 쥔 아버지는 '너희들이 내 말을 거역하면 유산을 물려주지도 않을 뿐만 아니라 사랑을 주지도 않을 것이다'라고 협박하며 돈을 조금씩만 주는 방식으로 가족에게 하나하나 간섭한다. '너희들이 우리를 잘 보살피면 유산을 줄 것이고 그렇지 않으면 국물도 없다'는 메시지를 던지며 압박하여 죽을 때까지 자녀가 충성하도록 강요한다. 자기 재산을 조건으로 내세워 자녀들을 조정하려 한다. 부모의 경제적 지원 없이 생활하기 어려운 현대 한국 사회에서 자식들은 부모가 이러한 방식으로 압박하더라도 반발하기가 어렵다.

사생활을 일일이 간섭하는 독선적인 부모는 자녀의 일거수일투족을 알아야 하고 비밀이 없다. 가족이 서로 비밀 없이 모든 것을 다 알아야 하는 부모는 자녀에게 방문도 항상 열어두고, 부모에게 모든 것을 일일이 보고 할 것을 요구하기도 한다. 사생활을 갖지 못한 채 자란 자녀들은 노출을 심하게 하거나 반대로 몸을 감추거나 은폐하는 사람이 될 가능성이 있다. 자녀들의 심신이 건강하게 발달하기 위해서는 사생활이 보호되어야 한다. 아이들은 방문을 닫고 자신들만의 공간을 누릴 권리가 있다. 자녀들의 사소한 일들을 지켜주지 않고 지나치게 간섭하는 독선적인 부모는 자녀들을 정신적으로 병들게 할 수 있다.

　　독선적인 부모는 자녀의 사생활을 침범하는 것 까지도 오히려 부모의 권리로 당연하게 여긴다. 독선적인 부모는 자녀를 보호하기 위해 간섭한다는 변명으로 합리화하며, 자신들도 자녀에게 보호받기를 원하고 관심받기를 기대한다. 또한 자녀들에게 지나치게 관심을 가지며 자녀들의 사생활을 무시한다. 끊어지지 않는 가족이라는 튼튼한 끈으로 단단히 묶어두고 절대 놓지 않는다. 독선적인 부모 밑에 자란 자녀들은 항상 부모로부터 버림을 받지 않으려고 전전긍긍한다. 부모님이 기뻐하나 혹은 화를 내나 눈치만 살피게 되고 머릿속에는 늘 부모님 생각에서 벗어나지 못하게 된다.

　　배우자와의 관계에서 실망한 부부는 자식에게 지나치게 집착하는 경향이 있다. 결혼 생활에서 실망하게 될 때 그의 인생을 보상해주는 것은 자식밖에 없다고 생각하기 때문이다. 자식만 바라보고 사는 부모의 경우, 삶의 유일한 의미를 자녀들에게 두며 엄청난 부담감을 안겨주게 되고, 자녀들은 부모의 집착으로 인한 기대감으로 숨이 막힐 지경이라고 호소한다. 하지만 자녀들은 부모의 집착에 답답해하면서도 부모에게 의존하기 때문에 독립하지 못하게 되고, 결국은 배우자와 이혼하고 부모의 품으로 돌아가 위안을 받기도 한다. 결국 엄마의 연인이자 엄마의 소유물인 자녀, 특히 아들은 엄마로부터 결국 벗어나지 못하고 의존적인 삶을 살게 될 가능성이 높다.

　　부모는 자녀에게 양육과 사회화 과정의 가장 큰 원천이 되기 때문에 부모의 양육법은 자녀에게 있어서 매우 중요하다. 그러나 많은 자녀가 부모로부터 바람직한 양육과 지지를 경험하지 못하고 심한 정신적·신체적 고통을 받기도 한다. 자녀에게 학대를 가하는 부모들은 대부분 자녀를 독립된 인격체로 존중하지 않고 자신의 소유물로 생각하기 때문에 자녀를 마음대로 조종한다. 신체적·정서적 학대를 가하는 부모 밑에서 자란 자녀는 분노와 적대감을 느껴 위축된 행동을 하게 될 가능성이 있다.

1.2
집에서 쫓겨난 아이
정서(심리적)학대

[그림 2]

[그림 3]

　　그림 2는 아동(11세)이 엄마한테 혼나서 집 밖에 쫓겨난 적이 있었는데, 집에서 혼나는 것보다 밖에 쫓겨날 때가 더 좋았음을 그린 그림이다. 엄마가 문구멍으로 밖을 내다보며 감시하기 때문에 멀리는 못 가고 아빠 오실 때까지 문 앞에 앉아서 기다렸다고 했다. 그런데 이웃 사람들이 지나가며 "너 엄마한테 쫓겨났나?"고 물으면 "아니요. 친구 기다리는데요."라며 창피해서 거짓말을 했다고 했다. 아빠는 퇴근해서 쫓겨난 나와 같이 집에 들어오면서 엄마에게 애를 집 밖으로 쫓아냈다고 소리를 질렀다고 했다. 공부하지 않아 혼나고, 계산 빨리 못한다고 혼난 적도 있었고, 온갖 이유로 혼났다고 했다.

부모가 자식을 잘 양육해야 한다는 부담감 등 다양한 이유로 오히려 자녀들의 불안이 가중되고 있다. 자녀들은 성적에 대한 부담감, 친구 문제, 외모, 부모님의 높은 기대심리에 대한 압박감, 대인 관계에 있어서 자신감 부족, 위축 등 여러 원인으로 인해 심리적인 압박감과 불안감을 겪고 있다. 불가피한 불안이라면 불안을 회피하지 않고 과감하게 더불어 사는 용기도 필요하다. 상당한 불안을 겪으면서도 용기를 가지고 극복하고 성취하면서 만족감을 느끼고 자기실현을 이루어내기도 한다.

그림 3은 점토를 활용해 무엇이든지 표현해보고 싶은 것을 완성한 것이다. 아동은 열심히 만들어서 붙이더니 '놀러 가자'라고 썼다. 엄마가 공부만 하라고 해서 친구와 한 번도 놀지 못했는데 시내 아무 데나 놀러 가고 싶다고 했다.

아동은 어머니로부터 학습적인 면에서 엄격한 훈련과 통제를 받으며, 친구와 놀지 못한 억울함이 있다. 표정이 굳어 있고 웃음이 없으며 조용하고 말이 없는 편이다. 딸을 놀지도 못하게 하고 공부를 강요하며 집착하는 어머니는 딸을 정서적으로 학대하는 어머니이다. 딸이 사회적인 명예와 부를 축적해야 행복해진다고 생각하기 때문에 공부하라고 다그친다. 어머니의 자녀에 대한 불안감은 극에 달해서 일주일 일정을 꽉 짜놓고 학업 성적에 집착하고 있다.

아동은 동생에 대한 피해의식이 있고 어머니의 지나친 간섭, 억압, 통제로 인해 두려움과 불안감을 가지고 있다. 어머니는 딸이 자기 할 일을 자율적으로 하지 못하고 시키는 것만 수동적으로 한다면서 딸을 똑똑하게 잘 키워야 한다는 욕심 때문에 큰딸에게 강압적으로 공부시켰다고 했다. 아동이 억압된 분노와 억울한 감정 등을 표현하여 자신감과 긍정적인 자아상을 가질 수 있도록 도와야 한다. 또한 어머니는 자신의 문제를 자각하고 통찰하여 어머니 역할을 효율적으로 수행할 수 있도록 해야 한다.

1.3
내 아들이니까 내 마음대로
엄마가 시키는 대로 해!

[그림 4]

그림 4는 5세, 8세 두 아들을 둔 주부가 남편과 본인, 큰아들, 작은아들을 차례로 그린 것이다. 가족 모두 웃고 있는 모습이다. 가족 모두 발을 그리지 않았다. 큰아들이 학교에서 친구들과 자주 싸우고 갑자기 소리를 지르거나 교실 바닥에 드러눕는 등 이상한 행동을 한다면서 담임선생님이 병원에서 검사를 받아볼 것을 권했다고 했다. 아들은 병원에서 ADHD 진단을 받았으며, 약을 처방받아 아이에게는 비타민제라고 속이며 약을 먹였다고 했다. 아들은 매로 때려야 말을 듣기 때문에 혼을 많이 냈다고 했다. 아빠도 아이들이 말을 안 들으면 어릴 때부터 때려서 그런지 아이들이 아빠를 무서워한다고 했다. 큰아들한테 '하지마!'라는 소리를 많이 해서 그런지 눈치를 많이 보고, 작은 목소리로 혼잣말하거나 자신감이 부족하고 위축된 행동을 한다며 속상하다고 했다.

'가족화'에서 가족이 서로 손을 잡고 있고, 표정은 모두 웃는 모습이다. 이는 가족이 서로 웃으며 행복하게 살고 싶은 소망이라고 할 수 있다. 그림에서 가족 모두 발이 생략되어 있는데, 이는 문제를 회피하거나 부적절함을 의미한다고 볼 수 있다. 어머니는 아들이 말을 듣지 않을 때는 매로 때린다고 했다. 이는 자녀 학대 행위로 아들이 불안하고 자아존중감이 낮을 수밖에 없는 환경에 노출되어 있음을 뜻한다.

부모로부터 심하게 처벌받거나 혼이 많이 나는 자녀들은 심하게 위축되고 불안한 행동을 나타낸다. 부모와의 관계에서 따뜻하고 안정된 경험을 하지 못한 경우에는 스스로 부정적으로 생각하거나 친구 관계에서도 위축된 행동을 보이며 놀림의 대상이 되기도 한다. 따라서 학교생활에서도 흥미를 잃게 되고 학업도 부진하며, 친구들과 친밀감의 부족으로 향후 대인 관계에서도 자신감 부족으로 인한 사회불안이나 대인공포증이 생길 수도 있다.

아빠를 무서워하며 위축된 아동은 내면에 불안과 갈등이 많아서 산만하거나 친구들과의 관계에서도 스트레스를 많이 받게 되어 갑자기 소리를 지르고 이상한 행동을 하게 된 것으로 보인다. 아동은 스트레스를 받으면 스스로 감정을 잘 통제하지 못한다. 그리고 사회 기술 능력이 부족하여 친구들과 원만한 관계를 맺거나 유지하지 못하고 갈등을 겪을 수 있다. 위축된 아동들은 자신 있게 말하지 못하고 자기주장을 제대로 펼치지 못해 친구 관계에서도 오해받으며 스트레스가 쌓인다. 아동은 친구들과 있을 때 혼잣말하거나 엉뚱한 말을 하고 말끝을 흐리며 표현을 잘하지 못하기 때문에 친구들에게 놀림당하기도 한다. 또한 실수할까 긴장하고 지나치게 불안해하며 위축된 행동을 해서 친구들에게 부정적인 평가를 받는다. 따라서 자녀의 자존감 향상을 위해 부모는 자녀가 스스로 노력하고자 하는 행동에 대해 칭찬을 구체적으로 해주고, 실수했을 때도 격려와 위로를 해주는 너그러운 태도가 필요하다. 또한 자녀들이 부모를 신뢰하고 자신감을 가지고 편안하게 어떠한 이야기도 할 수 있도록 허용적인 분위기를 만들어 주어야 한다.

1.4
독선적인 아버지
나는 왕이로소이다!

[그림 5]

그림 5는 여자 중학생 1학년이 그렸으며, 학생의 말에 따르면 사자는 아버지이며, 아버지는 집에서 왕이라고 했다. 아버지는 가족들에게 무조건 복종하라고 하고 가족들이 명령에 따르지 않으면 죽음이라고 했다. 사자가 웃는 것 같지만 실은 화를 내는 모습이라고 하면서 아버지는 가족에게 엄격한 규칙을 정해놓고 그 틀에 맞추어 움직이도록 강요한다고 했다. 또한 아버지는 가족에게 늘 비난적인 말투로 짜증을 자주 냈기 때문에 가족들이 모두 고통스러워한다고 했다. 가족들 간에는 친밀감이 없으며 아버지를 두려운 존재로 여기며 무슨 말만 해도 비난하기 때문에 대화를 거부한다고 했다. 퇴근해서 집에만 오면 공부하나 안 하나 살펴보고, 혹여 TV를 보거나 놀고 있으면 그리 맨날 집에서 빈둥대고 놀기만 하니까 공부를 못한다고 소리를 버럭 지르고 화를 내기 때문에 아버지가 집에 들어오는 게 싫다고 했다. 아버지가 집에 있는 시간에는 아버지의 눈치를 보다가 주무시면 살짝 밖

으로 빠져나가 친구들하고 밤새 어울리며 돌아다니다가 늦게 집에 들어온다고 했다. 엄마도 아버지를 피해서 밤에는 밖에 나가서 친구들과 노래방에 가거나 술 마시고 놀다가 집에 늦게 들어오기 때문에 엄마도 잘 모른다고 했다.

　　자녀는 부모의 소유물이 아닌데도 부모들은 자녀에게 함부로 대하며, 자녀가 부모와 독립된 소중한 인격체라는 사실을 깨닫지 못하고 자신의 방식대로 강요하며 따르게 하고 있다. 가족이 건강하고 튼튼해야 사회도 국가도 행복하다. 부모에게 적절한 도움을 받지 못하는 위기 가족의 자녀들은 자신의 가치와 중요성을 인식하지 못하고 가정, 학교, 사회에서 반복적으로 부적응이나 행동을 보이는 경향이 있다. 부모가 지배적인 성향이 있을 때 자녀에게 문제가 나타날 가능성이 크다. 특히 부모에게 성격 결함이 있으면 자녀는 정서 발달이 늦어지고 자주성과 창조성이 부족하고 신경증적 문제를 경험할 수 있다. 독선적인 부모는 대체로 부모-자녀 관계에서 여러 방법을 사용하여 자녀가 부모에게 무조건 복종하도록 요구하며 강압적인 제재를 가한다. 부모의 병적인 인격 장애나 양육 태도는 아동의 성격 형성에 장애 요인이 된다. 또한 과잉보호와 무관심, 아동의 감정과 불일치 등 양육상의 부조화도 아동의 성격 형성에 장애 요인이 된다. 복종을 강요하는 부모 밑에서 자란 아동은 친구와의 관계에서 주도권을 잃고 사회적 관계에서 불안감을 나타낸다. 이러한 상태에서 자녀들이 청소년기에 접어들면 많은 갈등과 스트레스를 겪게 되고, 이에 대한 대처 능력이 부족하거나 사회적 지원이 부족할 때 정서적으로나 행동 면에서 부적응 상태에 놓이기 쉽다. 내면적인 갈등과 스트레스가 우울증이나 불안증으로 발전하거나 사회적으로 위축되기도 한다. 또한 자학이나 비행(非行)을 저지르거나 공격적 태도를 보이게 되기도 한다.

　　가족을 지배하고 통제하는 독선적인 부모로 인한 희생양들의 문제 또한 심각하다. 독선적인 부모는 가족을 통제하고 자녀에게 공포심을 주는 수단으로 폭력을 사용한다. 자녀들이 자기주장을 하게 되면 부모는 이를 권위에 대한 도전으로 받아들이기 때문에 무조건적 복종이 요구되고, 만약 순종하지 않으면 화를 내며 위협하거나 협박하며 폭력을 행사한다. 이러한 독선적인 부모 밑에 자란 자녀들은 수동적인 사람으로 자라거나 공격적·보복적·반항적인 행동을 하면서 부모를 괴롭히게 된다. 독선적인 부모는 쉽게 바뀌지 않는다. 독선적인 부모는 자녀들이 부모가 시키는 대로 따르지 않거나 기대에 어긋난 행동을 하게 되면 자녀들을 비난하거나 협박하며 처벌한다. 독선적인 부모는 자녀에게 "부모를 사랑한다면 부모님이 무엇을 하는지 늘 관심을 가져야 하고 효를 다해야 한다. 너희들을 위해서 얼마나 희생했는데 은혜를 꼭 갚아야 한다."라고 말한다. 대체로 독선적인 부모는 이기적인 부모이며 자식을 사랑하지 않는 부모이다. 부모의 진정한 사랑은 자식에게 되돌려 받지 않는, 무조건 베풀고 조건 없이 주는 사랑이다. 속박과 협박으로 효를 강요하는 것은 사랑이 아니다.

1.5
군림하는 엄마
잘난척하는 엄마

그림 6은 어머니(38세)가 그린 여왕 그림인데, 아들(초등5)은 어머니의 그림을 보며 '엄마 그림 잘 그린다!'라며 칭찬을 했다. 그리고 나서 아들은 어머니의 여왕 그림 주변에 칼과 총을 들고 있는 군인들을 그려 넣었다. 어머니는 집에서 아들한테 전혀 칭찬하는 일이 없다고 하면서, 아들한테 간섭하고 잔소리하면 아들이 '나는 바보인가봐! 매일 분노와 스트레스만 먹고 살아야 해!'라며 불만을 터트린다고 했다. 어머니는 아들과 다정스럽게 이야기를 나눠본 경험이 없었다면서 왜 그렇게 하지 못했나 하는 생각이 든다고 했다.

[그림 6]

어머니는 자신을 의자에 앉아 있는 여왕의 모습으로 나타냈다. 자신을 상징하는 여왕을 중앙에 크게 그린 것은 고립된 상태와 소외감을 나타내며, 과시적이고 자기중심적이며 미성숙한 인격을 의미한다고 볼 수 있다. 어머니의 여왕 그림 주변에 아들이 그려 넣은 인물상들은 손에 칼을 들고 있거나 총을 들고 공격적인 자세를 취하고 있다. 어머니의 잘못된 양육 태도로 인해 많은 상처를 받고 위축된 행동을 했으나 '엄마 그림 잘 그린다!'라고 말하며 긍정적인 시각으로 바라보는 점으로 보아 내면의 부정적인 감정이 순화되어 안정감을 회복하고 있다고 볼 수 있다. 그러나 어머니의 그림과 아동의 그림이 부조화를 이루고 있는 점을 미루어 보아 서로에 대한 관심·공감·배려심 등이 부족할 가능성이 있다. 또한 아동의 내면에 공격성·적대감·분노·공포 등의 부정적 감정과 어머니에 대한 심리적 거리감이 있음을 의미할 수 있다.

1.6
위협적인 엄마의 눈빛
지배적인 엄마

그림 7은 초등학교 4학년 여학생이 그렸으며, 엄마의 눈빛은 엄격하고 위협적으로 그렸다. 꿈속에서 영어 알파벳 귀신이 목을 조르고 있었는데 엄마가 "공부 안 하고 왜 자나?"라고 말하며 공부하라고 깨워서 깜짝 놀라 일어나는 모습이라고 했다. 엄마는 못마땅할 때 눈을 동그랗게 뜨고 화를 낸다고 했다. 며칠 전에는 영어학원에서 시험을 쳤는데 성적이 떨어졌다고 엄마한테 맞았다고 했다. 학교에서 같은 반이고 같은 학원에 다니는 옆집에 사는 애는 학원에서 맨날 100점을 맞는다며 엄마가 그 애는 성적이 안 떨어지고 공부를 잘한다며 비교한다고 했다. 처음에 학원 다닐 때는 둘 다

[그림 7]

똑같이 잘했는데 자신은 왜 성적이 떨어지는지 모르겠다고 하면서 아마도 엄마가 억지로 시키니까 공부가 더 안 되는 것 같다고 했다. 학원에서 엄마 얼굴을 생각하면 멍해지고 공부가 안된다며 영어 공부가 점점 더 어려워져서 힘들다고 했다. 성적이 더 떨어지면 엄마가 집에서 나가라고 했다면서 엄마가 무섭다고 했다. 엄마는 집에서 초등학교 아이들 수

학 과외를 하는데 딸이 공부를 못하면 다른 사람들한테 창피하다고 공부를 잘해야 한다고 항상 공부하라고 윽박지른다고 했다. 엄마는 옷도 잘 사주지 않고 맛있는 음식도 한 번도 해주지 않고 구두쇠처럼 간식도 사주지 않으며 아이스크림은 몸에 해로우니까 못 먹게 한다고 했다. 과자는 몸에 더 나쁘다고 절대 못 먹게 한다면서 과자를 사먹을까봐 용돈도 잘 주지 않는다고 했다. 엄마가 시켜서 억지로 책상에 앉아 공부해도 공부가 잘 안되었고, 놀고 싶은 마음만 들었다고 했다. 어릴 때부터 엄마가 틀어주는 녹음기를 들으며 영어 단어를 외워야 하는데 못 외우고 틀리면 회초리로 손바닥을 맞았다고 했다. 유치원에 다닐 때도 집에 오면 항상 영어 공부만 했고, 엄마는 지금까지 친구들을 절대 집에 데려오지 못하게 했으며 자신은 단 한 번도 친구들과 놀지도 못했다고 했다. 다른 엄마들은 친구들을 집에 초대하고 함께 잘 놀으라고 하는데 엄마는 친구들 집에도 못 가게 하고 맨날 공부만 시킨다면서 '나쁜 엄마'라고 했다.

엄마의 무서운 눈빛에 제압당한 아동은 공포감을 느끼고 위축될 수 있다. 아이들은 주된 양육자인 엄마의 지속적이고 따뜻한 눈길을 받을수록 안정감을 느낀다. 눈으로 소통하는 것은 매우 중요하다. 아이를 사랑스러운 눈길로 쳐다보며 대화하면 아이는 신뢰감이 생겨 자기 확신적이고 자신감이 있으며 독립적인 사람이 될 수 있다. 엄마와의 따뜻한 관계는 대인 관계의 확대로 이어져 긍정적인 인간관계를 형성할 수 있게 된다. 하지만 따뜻한 눈길을 주지 않는 차가운 엄마에게서 자란 아이는 내면의 세계에 갇혀 혼자 놀기를 좋아하고 자신의 감정을 잘 표현하지 않으며 타인을 믿지 못하고 대인 관계를 회피하는 경향이 있다.

권위주의적인 부모는 자녀에게 무조건 복종하도록 요구하며, 강압적인 제재를 가하는 것이 보편적이다. 부모-자녀 관계에서 부모는 자녀가 복종하도록 여러 방법을 사용한다. 복종을 강요하는 부모 밑에서 자란 아동은 친구와의 관계에서 주도권을 쥐지 못하면 사회적 관계에서 불안감을 나타내기도 한다. 부모의 병적인 인격 장애나 양육 태도는 아동의 성격 형성에 장애 요인이 되며 과잉보호와 무관심, 아동의 감정과 불일치 등 양육상의 부조화도 아동의 성격 형성에 장애 요인이 된다. 특히 어머니가 지배적인 성향이나 지나친 보호적 성향을 지니고 있을 때 자녀에게 문제가 나타날 가능성이 높으며, 어머니에게 성격 결함이 있으면 자녀는 정서 발달이 늦어지고 자주성·창조성이 부족하며, 나아가 신경증적 문제가 발생할 수도 있다.

[그림 8]

그림 8에서 어머니는 색연필로 먼저 바탕선을 그리고 빨간색, 초록색으로 나뭇잎을 그렸다. 잎 모양이 흡사하고 같은 뿌리를 가지고 있어서 하나인 줄 알았는데 전혀 다른 색을 가진 두 잎이 하나가 된 것이라며, 자신과 아이는 완전히 다른 두 개체이며 서로의 성장을 도울 때 열매를 맺을 수 있다고 했다. 자신을 합리화시키고 변명하며 아내를 괴롭히는 폭력 남편처럼, 자신도 '엄마가 자식을 사랑하지 않으면 이렇게 했겠나!'라고 생각하며 계속 딸을 괴롭혔다는 것을 깨달았다고 했다. 그동안 자신이 심하게 괴롭혀도 딸이 아무 반응이 없어서 더 화가 나 열을 올렸다고 했다. 그동안 그 상처가 너무나 커서 기억하지 못했는데 이제야 알았다고 했다. 세 살 버릇 여든까지 간다고 어릴 때부터 딸의 잘못된 습관을 고쳐야한다는 비합리적 신념을 가지게 되었다며 자신의 양육법에 문제가 아주 컸다는 것을 이제야 깨닫게 되었다고 했다. 아이가 잘못하면 가차 없이 혼을 냈었고, 로봇으로 만들어서 자신의 앞에 두고 조종해야 직성이 풀렸다고 했다. 자기 부모도 자식을 어떻게 키우는 것이 훌륭한 방법인 줄 모르고 자식을 양육했듯이 자신도 역시 잘 몰라서 친정어머니와 똑같이 잘못을 저질렀다고 했다. 딸을 도서관에 가둬 놓았다는 것을 이제야 알게 되어 죄책감이 들었다고 했으며, 그동안 자신에 대한 미움을 딸에게 분풀이해서 미안하고 불쌍한 생각이 들었다고 했다.

어머니는 자신의 부모님이 훌륭한 양육법에 대해 잘 모르고 자식을 키웠듯이 자신도 역시 잘 몰라서 친정어머니와 똑같이 잘못을 저질렀다며, 지금까지 아이한테 친구 관계, 공부 등 모든 것을 간섭하고 통제만 했다면서 후회하고 있다. 자신의 양육법에 문제가 많았다는 점에 대해 스스로가 깨닫게 되었고 행동을 수정하려고 노력하는 모습을 나타냈다.

[그림 9]

[그림 10]

그림 9는 어머니가 그린 '벼랑 끝의 꽃'으로 가장 힘들었던 때의 모습이다. 대학 3학년 때 종교 생활에 빠져있을 때 결혼해서 자식을 열심히 키운다는 것이 아이를 더욱 힘들게 했다는 것을 알게 되었고, 남편에 대한 실망과 포기가 큰딸에 대한 집착으로 옮겨져서 딸한테 공부를 강요하고 로봇처럼 시키는 대로 하게 하였다면서 딸에게 죄책감이 든다고 했다.

그림 10은 아동이 그린 '변화된 내 모습'으로 아동은 자신의 겉모습이 달라졌다고 했다. 예전에는 어머니한테 혼날 때 무서워 벌벌 떨었는데 이제는 어머니를 무섭게 생각하지 않는 것이 달라졌다고 했다. 이제는 어머니한테 어떤 말도 할 수 있을 것 같다고 했으며 어머니가 화를 내면 '왜 또 그러지? 욕심이 또 생기나? 그럴 수도 있지!'라며 어머니를 이해한다고 했다.

아동은 독선적 부모에게서 벗어나는 방법, 대처하는 방법을 나름대로 터득하고 있는 것으로 보인다. 어머니는 어릴 때 상처받고 자란 아이들이 커서도 폭력을 유발해서 계속 상태를 악화시킨다며, 그렇게 자란 자신이 자신도 모르게 싫은 상태를 유발해서 딸에게 비인간적인 행동을 했음을 깨달았다고 했다. 자신의 양육법에 문제가 있다는 것을 잘 몰랐으나 이제는 자신의 양육법이 잘못되었음을 깨달았다고 했다. 딸의 모습에서 과거의 자기 모습을 보게 되었고, 자신의 풀리지 않았던 과거 문제가 딸에게서 반복되고 있는 것에 대해 큰 충격을 받았다고 했다. '딸은 나를 닮으면 안 된다'라는 욕심에 딸을 더 미워하고 괴롭혔던 것 같다고 했다. 이제는 좀 어렵겠지만 용기를 가지고 과감하게 자기 행동을 수정하고 싶다고 했다. 자신의 욕심 때문에 딸한테 모질게 대했으며, 딸을 정신적으로 고통스럽게 했다는 것에 대해서 미안한 마음이 든다고 했다. 그리고 딸에게 사랑을 충분히 주지 못해 후회스럽고 마음이 아프다며 앞으로는 딸에게 사랑을 듬뿍 주어야겠다고 다짐했다. 이와 같은 어머니의 깨달음은 향후 어머니의 양육태도에도 긍정적인 변화를 가져올 것이다.

1.7

근엄한 아버지
실수를 용납하지 않는 아버지

[그림 11]

그림 11은 50대 부부가 서로의 이미지에 대해 생각나는 대로 표현한 것이다. 종이의 왼쪽에는 아내가 남편의 이미지에 대해 그렸는데 근엄한 얼굴과 잘 웃지 않는 얼굴, 책 읽기와 성경 읽기로 남편의 이미지를 표현했다. 아내는 남편이 집에서 항상 근엄한 얼굴이며 대화하지 않는다고 했다. 한편, 남편은 종이의 오른쪽에 아내의 이미지를 컴퓨터, 웃는 얼굴, 화사한 얼굴, 손자, 강아지로 표현했다. 손자는 딸의 아기라고 했으며, 아들도 결혼해야 하는데 지금까지 여자 친구가 단 한 번도 없었고 사귀는 아가씨조차 없다고 하면서 아들이 교회도 열심히 잘 다니고 시키는 대로 잘 따르는 편인데 여자를 사귈 줄 모르는 바보 같다고 했다. 아내는 남편이 어릴 때부터 아들이 조그마한 실수를 해도 용납하지 않고 무섭게 해서 그런지 아들이 말을 잘 하지 않는다고 했다. 학교 다닐 때도 집에서 책상에 앉아 공부하는데도 학교 성적이 안 좋게 나와서 답답했는데 밥 먹을 때마다 성적이 안 좋다고 아버지가 호통

을 많이 쳐서 그런지 아버지와 함께 식사를 안 하려고 한다고 했다. 아들이 아버지와 식사를 함께 할 때는 항상 급하게 밥을 먹는다고 하면서 어떨 때는 밤 11시가 지났는데도 밖에 혼자 나가서 부대찌개 2인분을 시켜서 먹고 집에 와서 바로 잔다고 했다. 아들이 먹는 것에 대해 집착을 너무 많이 해서 과체중이라서 걱정이라고 했다. 또한 아내는 아들이 직장에서 월급을 받으면 며칠 만에 다 쓰고 엄마한테 돈을 달라고 한다면서 남편 몰래 아들에게 용돈을 줬는데 계획성이 없이 살기 때문에 미래가 많이 걱정된다며 우려를 나타냈다.

어릴 때부터 부모로부터 사랑받지 못하고 보호받지 못한 채 학대받은 아이들은 자라서 어떠한 사람이 될까? 원만한 사회생활에서 요구하는 자기 존중감, 책임감, 용기, 양보, 친절, 이해심, 사랑, 협동심 등의 자질을 배우고 익혀 남과 더불어 행복하게 살아갈 줄 아는 인격이 형성될 수 있을까? 우리는 누구나 행복하게 살아갈 권리가 있다. 아이는 존재 자체만으로 하나의 작은 우주이며 하나의 인격체로 존중받고 자라야 한다. 그럼에도 불구하고 부모와 사회로부터 소외되고 방치된 채 존중받지 못하고 올바르게 잘 자라지 못한 아동이 많다는 사실은 매우 안타까운 현실이다.

부모는 자녀에게 통제를 가하거나 억압적이지 않아야 하며, 따뜻한 관심과 애정으로 대해야 한다. 부모는 세상에서 가장 소중한 자녀를 대하는 책임감을 느껴야 한다. 대부분 부모는 자기 아이를 사랑하고, 자녀들은 자기 부모를 사랑한다고 말한다. 하지만 모든 가족이 행복하지는 않다. 사회학자들은 오늘날 우리 사회를 '병든 사회'로 진단을 내린다. 표면적으로는 호화롭고 풍요로워 보이지만, 그 안을 들여다보면 사회의 구석구석에 범죄와 각종 사건 사고, 이상 행동 등이 하루도 빠짐없이 언론에 보도되고 있음을 알 수 있다. 사회가 병들었다는 것은 그 사회를 구성하고 있는 사회의 기본 단위인 가정이 병들었다는 뜻이고 가정이 병들었다는 것은 그 가정을 구성하고 있는 우리 개개인이 병들었다는 것을 의미한다. 현대인들은 고통과 절망, 슬픔, 외로움, 피로, 공허감, 스트레스 등으로 인해 지쳤다. 그러나 마음의 소리에 귀를 기울이면서 다시 행복을 찾을 수 있다는 믿음을 가지는 것이 중요하다.

자식이 어릴 때 거울 역할을 하는 사람은 어머니이다. 사람은 자기 스스로 자신을 깨닫지 못하며 어머니를 통해서 '나'를 알아간다. 따라서 어머니가 아기를 보는 시각이 불안하거나 부정적이면 아기도 자신을 불안하게 또는 부정적으로 본다. 부모님과의 정서적 접촉이 부족한 상태에서 성장하면 정서 장애를 겪게 될 가능성이 높다. 아동은 제 나이에 맞는 행동과 지적 수준을 지닐 때 자신을 가장 정상적이고 행복하다고 여긴다.

어린 시절 아름다운 추억을 갖지 못한 사람처럼 불행한 사람은 없을 것이다. 흔히 말하듯, 행복은 성적순이 아니다. 우리의 아이들은 어린 시절부터 부모의 기대에 따라 성적에 열을 올린다. 어느 도시에서나 학생들은 학교 수업이 끝나면 곧바로 학원으로 가 공부해야 하기 때문에 친구들과 어울려 놀 기회가 거의 없다. 각박한 경쟁 사회 속에서 성공과 출세를 하기 위해서는 남보다 먼저 훨씬 더 노력해야 하므로 아이들은 마음 껏 쉬거나 놀지 못한다. 자식에 대해 과잉으로 기대하는 부모들은 자식들이 부모의 기대에 어긋나지 않기 위해 얼마나 힘겨워하는지 그 마음을 헤아리지 못한다. 독선적인 부모는 건강한 자아 발달을 위한 인성 교육을 자녀에게 제대로 하지 못하는 경향이 있다. 자녀들은 독자적인 인격체로 존중받아야 하는 권리의 주체다. 부모의 정성스러운 양육이나 보호는 아동들이 누리고 받아야 하는 당연한 권리다. 아동의 보호자인 부모의 권리도 존중받아야 하지만, 부모가 행사할 수 있는 권리는 자녀를 하나의 권리주체로 인정하는 범위 내에서만 유지되어야 할 것이다.

부모는 자녀가 소유물이 아니고 또한 마음대로 통제할 수 있는 대상이 아니며, 존중 및 보호받아야 할 권리의 주체라는 사실을 인식해야 한다. 자녀들의 인격을 존중하는 민주적인 가정에서는 아동문제가 거의 발생하지 않는다는 사실을 많은 연구가 증명한다. 지나치게 권위적이고 가부장적인 가족 문화에서 성장한 부모들은 자녀의 권리를 존중하는 방법을 모를 수 있다. 부모들이 아동의 권리를 존중하는 방법에 대해 배우지 못했거나, 바람직한 양육법을 알아차리지 못한 까닭에 자녀들의 인격을 무시하게 되는 것이다. 따라서 부모는 아동의 권리를 존중하는 방법을 배워야 한다. 인간은 자신이 존중받은 만큼 다른 사람의 권리를 존중할 수 있다.

바람직한 부모는 자식을 독립된 인격체로 존중하고 그들의 생각과 느낌에 공감하며, 자식이 도움을 요청할 때 적절하게 반응하는 부모이다. 자식은 언제나 부모와 연결되어 있다는 느낌으로 사는 존재이다. 아이는 부모가 자기를 이해하고 공감해주기를 희망하지만, 부모에게 거절당하거나 무시당하면 혼란스러워하며 불안정한 애착 패턴을 형성하기도 한다. 부모가 자녀를 잘못 양육하면 자녀들은 마음의 병을 얻을 수 있다. 자식에게 조건 없는 사랑을 주고, 자식에게 무한한 꿈을 펼치도록 힘이 되어주는 조력자의 역할을 하는 부모는 분명 자식에게 행복을 주는 부모일 것이다. 가족의 정서적 분위기가 어떠한지 살펴보면 그 가족이 얼마나 건강한지 미루어 짐작할 수 있다. 가정은 가족 개개인이 성숙한 인간으로 자라도록 비옥한 토양이 되어주기 위해 존재한다. 가족이라는 관계는 토양 위에서 자아 독립성과 생산성을 분명히 자각할 수 있도록 일깨워준다. 따라서 부모는 자녀의 발달과 교육을 올바르게 이해해야 하며, 부모 자신의 성장 발달과 바람직한 자녀 교육을 위하여 노력해야 한다.

　　　자녀를 둔 부모라면 훌륭한 부모의 역할을 하기가 얼마나 어려운지 실감할 것이다. 자녀는 부모님이 넓은 마음으로 이해해주고 진심으로 공감해준다는 느낌을 받을 때 부모를 신뢰한다. 자녀를 무시하고 거부하는 부모는 아이를 외롭게 한다. 어릴 때 부모의 사랑을 충분히 받지 못하고 자라면 대인 관계에 많은 갈등을 일으켜 어려움에 부닥칠 수도 있다. 또한 부모로부터 친밀한 감정을 제대로 느껴보지 못한 경우, 다른 사람에게 가까이 다가갈 수 없는 소극적인 성격의 소유자가 될 수도 있다. 부모가 자녀의 조그마한 실수도 용납하지 못하고 비난, 잔소리, 짜증 등으로 화를 내며 정서적으로 불안 공포를 조성하면 자녀들은 마음에 상처를 받게 된다. 또한 억울함과 분노의 마음이 혼재되어 불안하고 혼란스러워하거나, 낮은 자존감으로 세상을 부정적인 시각으로 바라보며 감정 자체를 회피하고 다른 사람과의 관계를 멀리하게 될 수 있다. 자녀를 대할 때 지나치게 위협적으로 통제하거나 억압적이지 않아야 하며, 따뜻한 관심과 애정으로 대해 주어야 한다.

　　　가족 구성원 간에는 효과적인 의사소통이 중요하며, 의사소통을 잘하기 위해서는 공감이 필수적이다. 공감은 자신이 직접 경험하지 않고도 다른 사람의 감정을 거의 같은 내용과 수준으로 이해하는 것이다. 공감을 잘하려면 무엇보다도 먼저 상대방의 감정을 잘 이해해야 한다. 부모가 자녀의 감정을 잘 읽기 위해 노력하고, 자녀를 이해하고 공감하는 마음이 자녀에게 전달되면, 신뢰가 형성되어 자녀는 부모에게 자신을 더 깊이 드러낼 수 있다. 인간관계는 삶의 본질이며, 의사소통은 관계를 맺는 본질적

수단이다. 우리가 서로를 이해하고 세상에 관해 아는 것들을 서로 나누며, 공감적인 유대관계를 가지고 살아가기 위해서는 바람직한 의사소통법을 알아야 한다.

　　　인간이 의사소통을 통해 다른 사람과 관계를 맺고, 의사소통에 대한 지식을 바탕으로 일상생활에 적용하려는 훈련을 했을 때 비로소 바람직한 결과를 얻을 수 있다. 바람직한 대화를 하기 위해서는 자녀의 말을 끝까지 귀담아 잘 듣는 연습이 무엇보다 필요하다. 또한 지지적인 대화를 위해서는 평가하는 말보다 있는 그대로 기술하는 말을 사용하고, 문제 해결에 도움이 될 수 있는 말을 해야 한다. 솔직한 대화를 나누도록 해야 하며, 자녀를 존중하고 융통성을 가지고 생각과 감정을 수용하도록 노력해야 한다. 이러한 과정이 진행됨에 따라 촉진적인 관계가 이루어진다. 공감하고 이해하기 위해서는 먼저 의사결정 문제, 불안, 좌절, 환경적 압력 등에 관하여 자녀의 관점에서 느끼려고 노력해야 한다.

1.8
아버지 생각만 해도 고통스러운 아들
억울한 인생살이

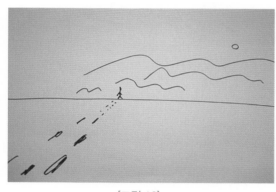

[그림 12]

그림 12는 이혼한 50대 남성 내담자의 것으로, 혼자서 하염없이 어디론가 걸어가고 있는 장면이라고 했다. 한 직장에 끈기 있게 다니지 못하고 계속 옮겨 다니며 늘 어디론가 헤맨다면서 지금까지 적성에 맞는 곳이 단 한 군데도 없었다고 했다. 여러 가지 사업도 해보고 사회봉사도 많이 하고 다녔는데 직장에 들어가면 곧 싫증이 나고 조그마한 일에도 화가 나서 견디지를 못해 정착하지 못한다고 했다. 아내는 딸을 혼자 키웠고 주일에는 꼭 사회봉사를 하는 착한 사람이었는데 마음이 변해서 이상해졌다고 했다. 내담자는 직장 일로 지방에 내려와서 열심히 돈을 벌어 매달 꼬박꼬박 생활비를 아내한테 보내주었는데, 어느 날 딸이 "아빠 집에 왜 들어오세요. 생활비만 보내면 되지 집에는 왜 들어오세요? 집에 들어오지 마세요."라고 해서 화가 났다고 했다. 아내도 생활비를 조금밖에 안 주면서 집에 들어와서 잔소리하고 화를 내니까 같이 살고 싶지 않다며 이혼하자고 해서 어

이가 없다고 했다. 그동안 가족을 책임지기 위해 열심히 살아왔는데 이혼당한다고 생각하니 어이가 없었다며 뒤통수를 한 대 얻어맞은 것 같고 인생을 잘못 산 것 같아서 속상하다고 했다. 내담자는 "중고등학교에 다닐 때 반에서 1등을 하지 못하면 아버지가 늘 혼을 냈는데 고2 때 1등을 못 했다고 아버지가 욕실에 가둬놓고 나오지도 못하게 밖에서 대못을 박아버려서 사흘 동안 물만 마시고 아무것도 못 먹고 욕실 안에 갇혀 있었다."고 했다. 그리고 "엄마는 문밖에서 울고만 있었고 누구도 구해주지 못했다."라고 하면서 크면 아버지를 죽여 버릴 거라는 생각이 들었다고 했다. 결국 어머니는 아버지가 싫어서 딸이 사는 외국으로 가서 사시고, 아버지는 시골에서 혼자 외롭게 사시는데 가끔 찾아가면 잔소리를 심하게 해서 화가 나지만 자식이 어떻게 할 수도 없어서 힘들다고 했다. 아버지를 보기 싫어서 외국에 가서 몇 년씩 있다가 한국에 들어오기도 한다면서 아버지만 생각하면 화가 난다고 했다.

독선적인 아버지로 인해 상처받은 내담자는 하고 싶은 일을 가로막은 아버지, 폭력으로 상처를 준 아버지에 대한 원한으로 분노의 감정에 사로잡혀 있다. 또한 내담자는 자기 자신을 향한 좌절과 분노의 감정에 쌓여 자기혐오에 시달리고 있다. 내담자는 한곳에 정착하지 못하며, 조그마한 일에도 화가 나서 견디지를 못하며 분노의 감정을 극복하지 못하고 혼란스러워한다. 남편으로서 아내에게 생활비만 보내면 역할을 다했다고 생각하는 내담자는 아버지와 남편의 올바른 역할에 대해서 잘 모르고 있다. 또한 과거 아버지로부터 받은 억울함, 원망, 분노 등 부정적인 감정을 극복하지 못하고 자기 가족에게도 바람직한 남편과 아버지 역할을 하지 못하며 자기 아버지를 답습하다가 이혼하게 되니까 인생을 잘못 살았다는 실패감으로 후회와 자책을 하고 있다. 내담자는 아버지가 자기에게 고통을 주기는 했지만, 자식이 잘되기를 바라는 마음에서 벌을 준 것이기 때문에 아버지에게 효도해야 한다고 생각한다. 그래서 아버지만 보면 원망스럽고 화가 나서 피하기만 했던 자기 자신에 대해서도 죄책감과 분노를 느끼고 있다.

실패감과 죄책감에 시달리는 내담자는 원가족으로부터 해결하지 못한 문제가 있다. 한편으로는 아버지에게 충성심을 느끼며 잘하고 싶지만, 독선적인 아버지에게 박탈감을 느끼기 때문에 아버지를 거부한다. 결국 내담자는 죄책감과 분노를 동시에 느끼며 혼란스러워한다. 또한 학대하는 아버지로부터 기본적인 신뢰감이 손상되어 개인의 모든 관계에 영향을 받게 된다. 상처받은 사람은 다시 상처를 주는 사람과 사랑에 빠져 결혼을 하게 되고, 서로의 문제들을 해결하지 못한 채 다시 상처를 주거나 받으며 불행을 겪게 되는 악순환을 경험할 수 있다.

1.9
과잉기대하는 부모님
불쌍한 우리 부모님!

[그림 13]

그림 13은 중학교 2학년 여학생 내담자의 것이다. 내담자는 과잉기대하는 부모님이 불쌍하다고 하면서 왕관을 쓴 사람은 자신이라고 했다. 무엇을 보고 있느냐는 질문에 사람들이 이 세상을 살아가기 위해 팔을 펼치면서 몸부림치는 모습을 구경한다고 했다. 엄마만 생각하면 괴롭다고 하면서 머리모양부터 옷 입는 것까지 다 간섭하고, 공부하라고 잔소리 한다고 했다. 집에서도 꼼짝도 못하게 하고 나가지고 못하게 한다며 엄마는 참 이상한 사람이라고 했다. 왜 딸을 가만히 두지 않고 괴롭히는지 모르겠다면서 할머니는 안 그랬던 것 같은데 엄마는 너무 심하게 구속하는 것 같아서 숨통이 막힐 지경이라고 했다. "아마 엄마는 병이 들어도 단단히 들어서 안 될 거예요. 항상 어떤 생각을 말해도 비난하고 어떤 행동을 해도 부정적으로 받아들이기 때문에 고칠 수 없을 거예요. 아마 심리치료를 받지도 않을 거예요. 엄마 자신은 아무 문제가 없다고 생각할 거니까요. 엄마는 엄마 역할을 잘한다고 생각할 거예

요. 참으로 우리 엄마는 한심해요. 그러면 그럴수록 내가 더 못된 행동을 할 텐데… 그것도 모르고 자꾸 저를 괴롭혀요. 엄마는 바보인가 봐요."라고 말했다.

딸은 어머니가 너무 심하게 구속해서 숨통이 막힐 지경이라고 하소연하고 있다. 딸은 엄마를 '스스로는 아무 문제가 없다고 생각하는 엄마', '딸을 괴롭히는 바보 엄마', '병이 들어도 단단히 든 엄마', '한심한 엄마' 등으로 완전히 나쁜 엄마로 평가절하(平價切下)하며 불신과 불만을 드러냈다. 딸은 대처하기 어려운 감정들을 통합하지 못하고 스스로 견디기 힘들어지자 이를 극복하려는 방법으로 부정적인 근원을 어머니에게 과장되게 돌리며 방어하고 있다고 볼 수 있다.

1.10
딸을 창피하게 생각하는 엄마
시키는 대로만 해!

[그림 14]

그림 14는 대학생 딸을 둔 48세 주부의 그림으로, 딸에게 심하게 집착하며 딸을 괴롭히는 어머니는 딸을 미대에 보내려고 미술학원에 열심히 보냈다고 한다. 그러나 딸이 원하는 학교에 지원했다가 떨어져서 2년제 학교에 다닌다며 딸을 생각하면 창피하다고 했다. 대학교에 떨어져서 분통이 터지고 화가 나서 매로 딸을 때렸고, 온갖 욕설을 퍼부으며 딸을 괴롭혔다고 했다. 어릴 때 어머니로부터 욕설을 들었냐는 질문에 잠시 멈칫하며 무언가를 생각하더니 자신의 어머니가 욕을 자주 했는데 온갖 수치스러운 욕을 많이 해서 창피했다고 했다. 주로 누구에게 욕을 했냐는 질문에 언니와 동생한테는 욕을 하지 않았는데 둘째인 자기에게만 했다고 했다. 그렇게 욕을 얻어먹고 기분이 나빴고 화가 났음에도 불구하고 자신이 어머니가 되어서 딸에게 똑같이 욕을 했다며 속상하다고 했다. 딸만 보면 답답하고 욕설이 나온다고 했다. 엄마가 시키는 대로 하지 않고 매사에 거짓말하고

속이고 게임을 안 한다고 해놓고 매일 게임만 한다면서 딸이 미워 죽겠다고 했다.

　　그림 15는 어머니의 권유로 상담을 받으러 온 대학생 내담자의 것이다. 첫 만남에서 내담자는 치료자의 인사에 아무런 반응을 하지 않았으며, 상담실로 들어온 이후에도 아무 말을 하지 않고 고개만 숙이고 있었다. 지금 생각나는 것을 무엇이든 그림으로 표현해보라고 하자, 하늘

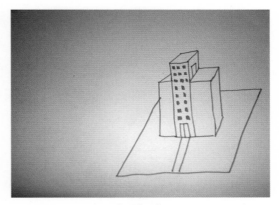

[그림 15]

색 사인펜을 쥐고 그림을 그리려고 점을 찍더니 10분 정도 소리 없이 눈물을 흘리며 울고 있었다. 잠시 침묵이 흐른 뒤 울면서 "엄마가 무서워요!"라고 말했다. 잠시 진정한 후에 그림을 그리기 시작하더니 아파트를 완성했다. "우리 집이에요. 저는 우리 집이 싫어요."라고 말했다. "엄마는 저만 보면 화를 내고 욕을 해요. 무엇이든지 혼자 못하게 하고 간섭하고 혼자 하면 잘하지 못한다고 늘 화를 내요."라고 말하며 학교에도 혼자 가면 되는데 혼자 못 가게 하고 엄마가 학교까지 태워다 준다고 했다. 엄마는 불안해서 혼자 못 보낸다며 학교에 갈 때마다 차를 태워주는데 수업 마칠 때까지 학교 앞에서 기다린다고 했다. 엄마는 차를 태워주면서 차 안에서 온갖 욕을 하고 화를 낸다고 했다. 혼자 학교에 간다고 해도 안 된다고 하고, 학교 근처에서 자취하겠다고 해도 불안해서 방을 안 얻어준다면서 엄마는 무엇이든지 딸의 의견은 항상 무시한다고 했다. 한 달 전에는 컴퓨터 앞에 앉아서 게임만 한다고 엄마가 컴퓨터를 없애 버렸는데 컴퓨터가 없어서 과제도 못한다며 엄마는 자기를 너무 힘들게 한다고 했다.

　　딸을 자신의 소유물로 여기는 어머니는 성인이 된 대학생 딸을 무시하며 비난, 처벌, 과잉보호, 집착 등으로 딸의 인성 발달을 저해하고 있다. 또한 딸에게 온갖 간섭과 통제를 하면서 불안과 공포를 조장하며 신체적·정신적인 학대를 가하고 있다. 딸은 무서운 어머니의 욕망에서 벗어나지 못하고 고통에 시달리며 견디기 힘들어 하고 있는 것으로 보인다. 이처럼 지나치게 엄격하고 가혹한 어머니의 태도로 인해 딸은 자기 징

계와 죄책감, 자기왜곡 등의 괴로움을 겪고 있다. 어머니를 통해 만들어진 무가치하고 실패한 못난 사람이라는 이미지는 자학적인 사고로 이어져 자기 자신을 사랑하지 못하는 부정적인 사람이 되게 할 수 있다. 부모가 자녀를 지나치게 비난하고 처벌하면, 자녀는 내면화되어 자기 스스로 부정적이고 공격적으로 변하거나 우울증을 경험하게 될 수도 있다.

1.11
화나면 말하지 않는 엄마
엄마의 모습을 보면 미칠 것 같아요.

그림 16은 25세 남자의 것으로, 얼마 전에 군에서 제대했는데 무엇을 해야 할지 미래에 대한 고민과 가족에 대한 고민으로 머리가 복잡하다고 했다. 그림은 '내 마음'이라고 하면서 '미궁' 속에 빠져버린 자신의 마음이라고 했다. 그림을 보면서 무엇이 생각나냐고 묻자, 어머니가 생각난다고 했다. 어머니는 화가

[그림 16]

나면 한 달 이상 아무런 말을 하지 않고 인상만 쓰고 있다고 했다. 그러는 엄마를 보고 있으면 미칠 것 같다고 했다.

뜻대로 해주지 않는 아들의 행동이 못마땅한 어머니는 말을 하지 않는 방법으로 분노를 표출하며 감정을 단절키는 행동을 취하고 있다. 어린아이와 같은 퇴행한 행동으로 분노를 표출하면서 아들을 지배하려고 하고 있다. 퇴행한 행동은 심한 좌절감을 느꼈을 때 현재보다 유치한 과거의 수준으로 후퇴한 행동을 하는 것을 의미한다. 보통 아이들은 화가 나거나 관심을 끌기 위해 말을 하지 않거나 물어도 입을 꼭 다무는

등 어린 동생이 할 법한 철없는 행동을 하기도 한다. 어른이면서도 아이같이 입을 꽉 다물고 말을 하지 않으며 화나는 감정을 표출하는 행동은 어른답지 못한 행동이라 할 수 있다.

과도한 공격 반응은 상대방뿐 아니라 본인에게도 피해를 줄 수 있다. 상대방에 대한 분노가 지속된다면 그 사람에게 내 분노를 표현할 가치가 있는지를 곰곰이 고민해 보아야 한다. 타인에 대한 분노 표출은 감정을 서로 다치게 한다. 분노를 표출하는 것은 내 마음도 다치게 하는 일이기에 그럴 가치가 없는 상대라면 그냥 관계를 멀리하는 것으로 분노를 표현하는 것이 좋다.

화를 낸다는 것은 미성숙한 행동이다. 화를 낼 가치가 있다면 최대한 구체적으로 상대방의 어떤 행동이 나를 속상하게 했는지를 말해줘야 한다. 그냥 '넌 왜 그 모양이니?', '넌 어쩔 수가 없는 애야! 내가 포기했다'라는 식으로 분노를 표출하면 관계는 개선될 수 없다. 마음의 상처만 더 커질 뿐이다. 위의 어머니 사례처럼 화가 나면 며칠 동안 말을 하지 않는 행동은 미성숙한 태도이다.

상대방에게 불쾌한 말을 퍼붓거나 말을 하지 않으면서 상대방을 지배하려는 속셈은 대개 상대방을 자극하여 화를 돋운다. 상대방을 자극해서 머리를 혼란스럽게 만들어 자신의 의도에 말려들게 하려는 것이다. 공격자의 속셈에 말려들지 않기 위한 가장 효과적인 방법은 상대의 공격에 말려들지 않는 것, 즉 상대의 터무니없는 말을 무시하고 지나치는 것이다. 공격에 말려들 것이냐 말려들지 않을 것이냐는 전적으로 본인 자신이 결정해야 한다. 상대방은 나를 우롱하고 분쟁의 소용돌이 속으로 끌어들일 것이다. 불쾌한 말을 하거나 말을 하지 않으면서 괴롭히는 행동을 할 때는 상대방을 무시하면서 영향을 받지 않도록 해야 한다.

어머니가 말을 하지 않으면서 화를 낼 때 아들이 고통스러워하는 표정을 지으면서 눈치를 보면 어머니는 계속 아들이 복종할 때까지 화를 멈추지 않게 된다. 이러한 경우에는 화내고 있는 어머니와 똑같이 화를 낼 것이 아니라, 기죽거나 포기하지 말고 당당한 모습으로 어머니와 대화하도록 노력해야 한다. 싸움에 말려들지 말고, 불쾌한 말과 태도를 무시해야 한다. 이렇듯 싸우지 않고 자신을 방어하는 전략은 매우 확실한 장점이 있다.

1.12
일벌레 엄마
완벽주의 엄마

그림 17은 27세 남성의 것으로, 집 마당에 서 있는 사람들은 가족이라고 했다. 가족이 모두 강아지를 바라보고 있는 모습이 인상적이다. 아버지는 병환으로 일찍 세상을 떠났고, 어머니는 개인 사업을 한다면서 어머니가 미친 듯이 일만 하고 돈만 벌려고 한다면서 불만을 나타냈다. 어머니는

[그림 17]

자신과 대화를 전혀 하지 않고 할머니와도 아무런 말을 하지 않으려 한다며 가족과 전혀 친밀감이 없고 오로지 일만 열심히 한다고 했다. 또한 어머니의 건강에 문제가 생길까 걱정이라고 했다. 어머니가 본인이 공부를 못해서 대학에 못 간 것에 불만이 있다며 자신에게도 노력하지 않고 게으르다고 꾸짖고 화내며 앞날이 걱정된다며 늘 무시한다고 했다.

아들은 일중독에 빠진 어머니의 건강을 염려하면서도 한편으로는 어머니에 대한 강한 불만을 드러내고 있다. 어머니 역할을 제대로 해주지 않았던 어머니에게 불만과 분노를 느끼고 있다.

1.13
시골, 그리고 가난했던 어린 시절
원망스러운 아버지

[그림 18]

그림 18은 50대 남성 가장의 그림으로, '가난했던 어린 시절 시골 풍경'을 그린 것이다. 집(본채), 사랑채, 곡식 창고, 외양간, 어머니가 베를 짜던 곳, 배나무, 감나무, 집 뒤 대나무밭, 동네 우물, 물을 길어서 나르는 장면을 그리더니, 물을 가득 담고 옮겼는데 집에 가서 보면 물이 흘러내려서 많이 없어져서 어이없었다고 했다. 감나무에서 떨어져서 아버지와 형이 수레에 싣고 산 넘어 먼 곳에 있는 병원에 갔던 기억, 형과 함께 소한테 먹일 풀과 짚을 작두로 자르다 손가락 끝이 잘려서 어머니가 숯가루를 가지고 와서 뿌려주었던 기억, 형과 둘이 싸우면 어머니한테 빗자루로 둘다 맞았던 기억들이 떠오른다고 했다. 어릴 때 아버지가 너무 무서워서 가족들이 모두 벌벌 떨었고 자식들은 감히 아버지 옆에 있지 못했다고 하면서 아버지에게는 소가 최우선이었다고 했다. 소만 소중하게 여기는 아버지는 조그마한 것을 가지고도 생트집을 잡아서

화를 냈다고 한다. 술을 마시고 밤에 늦게 들어와 소에게 여물을 안 줬다고 가족들을 다 깨우기도 했는데, 어머니가 애들이 여물을 주고 깨끗하게 씻어놨다고 해도 흔적이 없다고 생트집을 잡아서 화를 냈다고 했다. 지금 생각해보면 술을 마시고 집에 들어왔으면 조용히 자면 되는데 아버지가 왜 그랬는지 이해가 안 된다고 했다. 어머니는 모질고 독한 남편을 만나 딸만 셋을 낳고 아들을 못 낳는다고 구박받고 고생했는데, 아들 둘을 낳고 나서도 아버지의 구박은 멈추지 않았다고 했다.

아버지는 가족들에게는 정을 하나도 주지 않고 참으로 모질고 독하게 대했다고 하면서 못된 아버지 만나서 고생만 하시다 돌아가신 어머니를 생각하면 안쓰럽다고 했다. 어머니는 할머니(시어머니)가 아파서 걷지를 못했기 때문에 시어머니도 수발하면서 자식 5남매를 키우셨다고 했다. 남편이 폭력을 저지르지 않고 감싸주면서 살아도 살기 힘들었을 텐데 얼마나 힘들었을까 애처로운 생각이 든다고 했다. 어머니가 돌아가시고 고모(아버지 누나)가 아버지한테 "너 때문에 올케가 저세상에 일찍 간 거다."라고 하자, 아버지는 고모한테 그렇게 말한다고 화를 내서 둘이 큰소리치며 싸웠다고 했다. 아버지는 자기 잘못을 인정하지 않고 언제나 화만 내는 못된 사람이었다고 했다.

본인은 평소에 싫었던 일에 대해 자꾸 생각하면 부질없는 것 같고 스트레스를 받기 때문에 좋은 기억만 생각하려고 노력한다고 하면서 안 좋은 기억, 나쁜 기억에 대해서는 잘 기억하지 못한다고 했다. 그런데 아버지에 대한 기억은 잊으려고 해도 도저히 잊히지 않는다며 아버지만 생각하면 열이 받기도 하고 애처롭기도 하고 불쌍한 생각이 든다고 했다. 어릴 때 아버지한테 잘못한 일이 있어도 사실대로 말하면 혼나기 때문에 무서워서 늘 거짓말을 했다고 했다. 아버지가 누나들 셋 다 선 한 번 보고 무조건 시집가라고 해서 신랑 될 사람 얼굴 한 번도 제대로 못 보고 시집을 갔다고 했다. 둘째 누나는 농사짓는 집이라서 고생한다고 어머니가 엄청 반대했는데도 강제로 시집을 보냈다면서 어머니는 딸을 시집보내고 딸이 불쌍하다고 많이 울었다고 했다.

가족들에게 항상 모질고 엄격했던 아버지가 참으로 원망스럽고 아버지 생각조차 하기 싫다고 했다. 아버지는 동네 사람들과 화투 치고 술 마시는 것을 좋아했는데 밤늦게 집에 들어와서도 가족들이 자고 있으면 모두 다 깨워서 괴롭혔다고 했다. 초등학교 다닐 때 밭에 가서 일하라고 해서 학교를 제대로 다니지 못했는데, 어머니가 아버지 몰래 책가

방을 가지고 와서 학교에 간 적도 있다고 했다.

내담자가 중1이었을 때 어머니가 돌아가셨는데, 2학년 때 소풍에 도시락을 못 가지고 가서 친구들이 밥을 다 먹을 때까지 혼자 한쪽에 앉아서 기다리던 기억이 난다고 했다. 중학교에 다닐 때까지 부모님께 용돈을 받아 본 기억도, 돈을 써본 기억도 없다고 했다. 큰누나도 결혼해서 직장도 다녀보지 못하고 자식들 키우면서 밥하고 빨래하고 청소만 하면서 살았다고 했다. 큰누나의 남편이 돈을 전혀 주지 않아서 혼자 물건을 살 줄도 모르고 돈도 쓸 줄 모르는 바보가 되어 무의미하게 살고 있다고 했다. 매일 집안에 갇혀 청소만 하면서 사는 누나가 불쌍하다고 했다. 그리고 어릴 때 형하고 많이 싸워서 어머니에게 많이 맞았는데, 형이 아버지를 많이 닮은 것 같다고 했다. 형이 자기 가족한테 말도 함부로 하고 상처를 많이 준다며 왜 그런 나쁜 성격을 닮았는지 모르겠다고 했다.

내담자는 고등학교 1학년 때 아버지가 병환으로 집에서 누워계셔서 본인이 직접 수발을 들었다고 했다. 수학여행을 간다고 하니까 한 번도 용돈을 주지 않았던 아버지가 호주머니에서 2,000원을 꺼내서 아무 말도 하지 않고 주셨는데 그게 아버지한테 처음이자 마지막으로 받은 돈이었다고 했다. '무섭고 독한 아버지도 병이 드니까 무력하고 불쌍하게 되는구나!'라는 생각이 들었다고 했다. 시간이 지나 생각해보니 아버지는 무덤에서도 자식들한테 많은 영향을 미치는 것 같다면서, 아버지는 왜 가족들한테 그토록 독하게 대했는지 이해가 안 된다고 했다. 가족에게 모질고 나쁜 아버지였지만 한편으로는 아버지도 불쌍하다는 생각이 들어서 지금은 정성껏 묘지를 가꾸고 제사를 모신다고 했다.

자녀에게 폭력으로 대하는 역기능적인 가족에서는 자녀가 성장해도 부모로부터 정신적으로 벗어나지 못할 수 있다. 아버지를 싫어하면서도 아버지와 똑같은 모습으로 가족들을 통제하고 엄격하게 대하게 되는 것이다. 아버지를 미워하면서도 불쌍한 사람이라고 여기는 양가감정을 가지고 있고, 좋은 기억만 하려고 과거를 억누르며 차단하고 있다는 것을 알 수 있다. 과거를 잊어버리려 하고 과거를 떠올리지 않는 사람은 영원히 과거를 되풀이하는 실수를 저지르게 된다. 고통스러운 과거를 기억 속에서 억압해서 과거의 기억이 거의 없기 때문이다. 상처받은 사람들은 어린 시절에 기억나는 것이 거의 없다고 말한다. 하지만 기억이 나지 않는다고 해서 기억이 머릿속에서 완전히 사라진 것이 아니라 억압되어 묻혀 있을 뿐이다.

정신분석 이론에 의하면 인간은 무의식적인 존재이다. 사람들이 겪는 심리적 문제를 무의식이 작용한 결과로 본 것이다. 마음에 담겨 있는 것 중에 이미 알고 있는 것은 '의식'이고, 존재하지만 자각하지 못하고 있는 것은 '무의식'이다. 무의식은 사람들이 한때는 생생히 알고 있지만 어떤 사연으로 인해 망각해버린 것들을 모두 모아놓은 기억의 저장고이다. 무의식이라는 기억의 저장고에 차곡차곡 쌓여있는 것들은 사람들의 마음이 차라리 의식하지 않는 것이 더 낫다고 결정한 것들이다. 의식 상태에 붙잡아 두기에는 너무 위협적이거나 고통스러운 경험들은 대부분 무의식 상태로 잠복하게 된다. 지극히 무섭거나 극도로 창피하거나 너무나도 괴로웠던 심리적 경험들은 대부분 무의식 상태로 잠복하게 된다. 계속해서 기억하는 것보다는 차라리 기억에서 없애버리는 것이 더 낫다고 보기 때문이다. 그러나 없애버리고자 했던 기억들은 결코 완전히 사라지지 않는다. 그 기억들은 무의식의 저장고 속에서 마음의 방어가 약해지기만을 기다린다. 사람들은 자신의 극히 일부분만을 깨닫고 있으며, 깨어있는 의식은 무의식의 지배를 받는다. 사람들이 겪는 심리적 문제 역시 무의식이 작용한 결과이다.

정신분석 치료는 과거를 주로 다룬다. 과거의 좋지 못한 사건들을 단순히 끄집어내어 재연하지 않고 과거를 통해서 자신의 왜곡된 부분을 알 수 있도록 돕는다. 과거는 우리 자신을 비추어 주는 거울이다. 내담자들은 자기 모습을 스스로 볼 수 없으므로 자기 행동이나 생각이 어디에서 잘못되었는지를 모른다. 심리치료의 목적은 과거를 반사하여 볼 수 있게 도와주며, 과거와 현재를 연결해서 잘못된 부분을 수정하도록 도와주는 것이다. 현재 일어나는 문제의 원인을 과거로 되돌아가서 찾아 스스로 깨닫도록 하는 과정을 다룬다. 사람들은 습관화된 행동을 자신도 모르게 자연스럽게 표현하기 마련이다. 편안하고 안정된 분위기에서 자신도 모르게 자신의 습관화된 행동을 저절로 하게 되는 것이다. 치료자는 이것을 연결하여 원인을 명료하게 설명해준다.

양가감정을 통합하면 자아가 강해진다. 내면에 존재하는 아버지의 목소리를 지워내야 한다. 아버지의 목소리가 내면화되어 마음 깊은 곳에서 재생되어 죄의식을 조장하는 것이다. 무서운 아버지의 목소리는 초자아를 의미하며 초자아가 지나치게 강해서 자아를 위협한다. 독선적인 아버지에게서 벗어나 자유로워지기 위해서는 자아를 강하게 단련해야 한다. 자아가 강해지면 어린 시절 아버지의 목소리를 제거하는 일도 쉬워진다. 자아가 강해지면 엄격하고 무서웠던 아버지의 모습은 사라지게 되고 늘 긴장되었던 상태도 온화하게 되어 관대해지고 너그러워지고 편안해진다. 무의식 속에 뿌리박힌 깊은 상처와 아동기의 억압된 감정을 다루어 마음이 회복되고 성격이 긍정적으로 변화되어 편안해졌다고 해도, 가끔 아버지의 무서운 모습이 또다시 무의식을 지배할 수도 있으므로 자기관찰을 통해 자아를 잘 지켜보는 것이 중요하다.

1.14
희생양 부모
불행했던 어린 시절

그림 19는 초등학교 5학년 아동과 어머니가 함께 그린 '협동화'이다. 어머니는 초록색, 아동은 황토색으로 그렸다. 아동은 개미를 박멸하는 세스코(해충박멸기업의 로고)를 피해 개미가 이상한 동굴로 계속 피신한다고 했다. 어머니는 아들이 3살 때 시장 한복판에서 뒹굴고 소리 지르며 울고 떼를 쓰기에 창피해서 그냥 놔두고 가버렸더니 뒤따라왔다

[그림 19]

고 했다. 그리고 아들이 숙제도 전혀 하지 않고 가정통신문도 써오지 않는다고 했다. 친구들한테 돈을 뺏기기 때문에 돈을 일절 주지 않는다고 하면서, 3학년 때까지 일기도 스스로 쓰지 못해서 매일 불러줘서 썼고 숙제도 다 챙겨줬는데 4학년 때부터는 포기했다고 했다. 자신의 양육법이 무엇이 잘못됐는지 잘 모르겠다면서 아이를 키우는 것이 너무 힘들다고 했다.

'협동화'는 어머니와 아들이 함께 그림을 완성하면서 서로의 감정을 알게 되고 마음을 이해하는 데에 매우 효율적이다. 아동의 그림은 크기가 매우 작으며 신호등, 개미, 로봇, 알 수 없는 기호 등을 표현하는 방식에서 내면의 혼란스러움이 엿보인다. 개미(피해자)가 개미를 박멸하는 세스코(가해자)를 피해 동굴로 계속 피신하는 것은 불안 심리로 해석되며, 아동은 어머니의 그림 옆에 계속 따라 그리면서 의존성을 드러냈다.

어머니의 그림은 아동의 그림에 비해 매우 크고, 주로 왼쪽 부분에 치중해 있다. 이를 통해 타인에 대한 배려심이 부족하고 다소 자기중심적인 성향을 가지고 있음을 짐작해볼 수 있다. 그림 작업 후 나눈 대화에서 어머니는 시장 한복판에서 떼쓰고 우는 창피한 아들을 놔두고 갔다고 하였는데, 이를 통해서도 자기 체면을 중요시하며 아들을 지배하고 통제하는 매정한 어머니의 모습을 엿볼 수 있다. 아동은 잘못하면 매정한 엄마한테 버림받게 된다는 두려움을 가지고 버림받지 않으려 스트레스를 많이 받았을 것으로 예상된다. 이러한 어머니의 처벌적인 양육법은 아들의 불안 증상에도 영향을 미치게 된다. 어린 시절의 부정적인 경험이나 충격적인 상처는 강렬한 기억으로 남아 지속적으로 나쁜 영향을 미칠 수 있다. 자신의 행동이 무엇이 잘못됐는지 잘 알지 못하고 혼란스러워하는 어머니는 바람직한 부모 역할의 중요성에 대해 인지해야 할 필요가 있다.

2장

역기능 가족·병든 가족

역기능 가족은 정상적인 기능을 상실한 가정으로 자녀의 기본적인 신체적 욕구와 정서적인 욕구를 제대로 충족시키지 못한다. 역기능 가족의 구성원들 사이에는 건강하지 않은 관계유형이 존재한다. 가족관계에서 대립, 긴장, 갈등이 발생하여 가족 구성원끼리 의사소통이 잘 이루어지지 않고, 서로의 불만을 해결하지 못하며, 부모가 자녀를 제대로 사회화하고 양육하지 못할 정도로 혼란스럽다. 또한 역기능 가족은 서로 친밀감이 없으며, 가족 구성원들은 수치심을 가지고 있는 경향이 있다. 우울증, 자기 회의, 고립적인 소외감, 편집증과 강박적인 행위, 자기 분열, 완전주의, 뿌리 깊은 열등감, 부적응과 실패, 자기도취적 증상 등은 수치심에서 비롯될 수 있다.

2.1
엄마 아빠가 무서워요!
엄마 아빠의 싸움으로 불안을 느끼는 유아

[그림 1]

[그림 2]

[그림 3]

그림 1, 그림 2, 그림 3은 5세 여아가 그린 것이다. 유아는 엄마 아빠가 무섭게 싸워서 집 밖 복도에서 무서워 떨고 있는 모습이라고 그림을 설명하면서 "엄마 아빠가 제발 안 싸우면 좋겠어요."라고 말했다.

그림 4는 5세 남아의 것이다. 유아는 아빠가 술을 마시고 집에 늦게 들어오면 화가 난 엄마가 문을 열어주지 않아서 아빠가 소리 지르고 발로 문을 차며 들어오려는 모습이라고 했다.

[그림 4]

불안한 가정 환경에서 자녀들은 바람직하지 못한 부모의 모습을 보며 심리적으로 불안감을 느낀다. 자녀들은 부모가 단 한 번을 싸워도 심리적으로 상처받고 불안을 느낀다. 부모의 양육 태도는 자녀의 인격 형성에 영향을 미친다. 자녀의 문제행동은 대부분 가족 내 갈등이나 부모의 잘못된 양육법 등 역기능적 가족의 문제에서 비롯된다.

2.2
불안한 유아
공룡이 잡아먹어요.

[그림 5]

[그림 6]

그림 5부터 그림 8까지는 5세 남아의 그림이다. 유아는 유치원에서 친구들과 장난이 심하고 공격적이며 주의집중을 잘하지 못한다. 유아는 사람이 공룡에게 잡아먹혀 죽었는데 공룡의 배 속에서 똥을 쌌다고 하면서 공룡은 사람을 잡아먹어 기분이 좋아서 웃고 있다고 했다. 사람은 죽었는데 공룡 뱃속에서 똥을 쌌다고 하면서 평소에 엄마는 회초리로 때리고 아빠는 몽둥이로 때린다고 했다. 유아는 누나와 싸울 때 많이 맞는다고 하면서 둘이 싸우면 엄마가 장난감을 집어 던져서 장난감이 부서지기도 했다고 했다.

[그림 7]   [그림 8]

그림에서 공룡이 사람을 잡아먹어서 기분이 좋아 웃고 있다는 장면이 인상적이다. 괴물이 나타나 괴물을 피해 도망을 다니는 유아의 심리는 내면의 불안감을 의미한다. 유아는 꿈속에 자주 나타나는 것들을 그림으로 표출하는데, 일반적으로 그림 속에 두려움의 대상이 의인화되어 나타나기도 한다. 그림은 비언어적이기 때문에 언어표현이 미숙한 유아들이 쉽게 내면세계를 드러낼 수 있다. 유아를 대상으로 그림을 진단할 때는 유아 발달 심리를 잘 이해하고 있어야 더 효율적으로 상담할 수 있다.

2.3
공격적이고 산만한 유아
형을 죽이고 싶은 동생

[그림 9]

[그림 10]

[그림 11]

　그림 9에서 그림 14까지는 5세 남아의 그림이다. 그림 9에서 유아는 종이로 물감 찍기 놀이를 하며 즐겁게 표현했다. 유아는 괴물들이 사는 섬이라고 표현했으며 괴물들을 죽여야 한다고 했다. 그림 10에서 유아는 화가 나서 얼굴을 새까맣게 칠했다. 형을 개미로 만들어서 가두어 버리고 죽이고 싶다고 했다. 그림 11에서 유아는 나쁜 괴물을 해치우는 착한 용들이 성안에 있다고 했으며, 나쁜 괴물들을 무서워한다고 했다.

　그림 12에서 유아는 검정 사인펜으로 10개의 칸을 나누더니 칸마다 진지하게 무언가를 표현했다. 한가운데의 칸에 있는 사람은 검은색으로 칠했으며 빨간색 크레용으로 덧칠을 했다. 이복형에 대한 분노가 가득 차 있는 유아는 형과 싸우는 장면이라면서 "형아를 발로 더럽게 만들어버리고 형아를 작게 만들어버려서 칼에 넣어서 베어버리고 형아

[그림 12] [그림 13] [그림 14]

를 바닷속으로 집어 던져버려서 문어한테 잡아먹히도록 하면 형아가 죽겠지요?"라고 말했다. 그리고 형아를 귀신처럼 만들고 싶다면서 "종이로 형아를 만든 다음 인형으로 만들어버리면 그 다음에는 형아를 블록으로 만들어서 죽이면 돼요!"라고 말했다.

그림 13에서 유아는 꿈에 나타나는 '시계괴물'이라면서 검은색으로 그렸으며, 고래괴물을 그렸다. 엄마 아빠가 비가 오는데 고래괴물들에게 잡아먹히는 장면이라고 했다. 유아는 "이거는 파도예요!"라고 말하면서 파란색으로 칠했으며 빗방울처럼 생긴 형체는 비밀이라고 했다. 빨간색 인물상과 초록색 인물상은 괴물과 싸우는 사람들이라고 하면서 다양한 색깔로 산만하게 그렸으며 혼란스러움을 나타냈다.

그림 14에서 유아는 한 가지 색(검정)으로 자신과 형을 그렸으며 본인은 울고 형은 인상을 쓰는 모습이라면서 형이 화가 많이 났다고 했다. 형이 책을 읽고 있을 때 형의 발에 낙서해서 형이 화가 났다고 하면서 "형의 화를 멈추게 하는 방법이 있죠! 그거 알고 싶지요?"라고 말하더니 "아파트에 형아 머리를 찍어버리면 돼요. 형아가 땅에 들어갈 때까지 찍으면 돼요."라고 했다. 매우 산만한 태도를 보이다가 갑자기 크게 웃더니 "형아를 제품으로 만들어서 형하고 똑같이 만들어서 다음에는 저주를 건 다음에 형아를 그 안에 넣기만 하면 형이 죽을 것 같아요."라고 말하더니 "더 좋은 방법은 벽돌로 형아를 죽이면 돼요."라고 말했다. 큰 소리로 갑자기 웃더니 "칼로 형아 머리를 펑펑펑 한 다음에 형아를 칼로 때리면 돼요." "아! 생각났어요. 형아를 개미집으로 처넣어버리고 쫓아내면 돼요. 선생님 너무 웃기지요? 형아 좀 찝찝하겠다." 유아는 혼자 말을 신나게 하면서 웃다가 그림 그리면서 돌아다니다가 다시 자리에 와서 그리는 매우 산만한 태도를 보였다. 잠시도 가만히 앉아있지 못하고 큰소리를 내며 신나게 웃고 돌아다니며 뛰어다니다가 책상에 머리를 부딪치자 한참 큰소리를 내며 울었다. 그러고는 다시 앉아서 그림을 그리며 말을 계속하

더니 형을 죽이는 장면을 웃으면서 말했다.

유아는 부모님의 이혼으로 할머니, 아버지, 이복형과 함께 살고 있다. 유아는 이복형(중3)에 대한 피해 의식과 분노로 인해 정서적으로 매우 불안하며, 공격적인 행동을 하거나 공격에 대한 대항으로 말대꾸를 하거나 지나치게 예민해서 위축된 행동을 한다. 아버지는 아들한테 매우 엄하게 대하고, 유아는 이복형과 관계가 원만하지 못해 형에게 스트레스를 많이 받고 있다는 것을 알 수 있다. 형이 동생을 억압하고 통제하며 폭력적으로 동생을 대하기 때문에 유아는 화를 많이 내는 형의 행동으로 인해 적대감과 분노심을 느끼고 있고, 자신을 피해자로 인식하며 형을 무척 싫어한다. 이는 형에 대한 피해의식의 반응으로 심각한 분노를 느끼며 일방적으로 형을 미워하고 골탕먹일 기회를 살피고 있다는 것을 알 수 있다.

담임 교사의 말에 의하면 유아는 유치원 교실에서도 잠시도 가만히 앉지 못하고 혼잣말하거나 공격적인 태도를 나타내며 친구들을 괴롭힌다고 한다. 정리정돈을 하지 않고 화가나면 큰소리를 내며 울고 구석진 곳에 숨어서 얼굴을 가리고 웅크리고 앉아있는 등의 위축된 행동을 한다고 한다. 친구와 함께 놀다가도 기분이 나쁘면 갑자기 울면서 책상 밑으로 들어가버려서 담임 교사와 친구들이 왜 그러냐며 나오라고 해도 나오지 않고 숨어 있다가 한참후에 나와서 친구들을 괴롭히며 공격적인 행동을 한다고 한다. 유아는 편식이 심해서 집에서도 TV를 보며 돌아다니면 할머니가 먹여줘야 밥을 먹는 등 자기의 일을 스스로 하지 못하고 의존적인 행동으로 할머니를 괴롭힌다고 한다.

산만하고 혼란스러운 유아의 심리상태를 파악하기 위해 실시한 '자유화'에서 유아는 형에 대한 피해 의식과 분노로 가득 차 있다는 것을 알 수 있다. 착한 용, 성안에 갇힌 자기 모습으로 '피해자'의 고통스러운 심리를 잘 드러내고 있다. 또한 형을 공포의 상징인 '괴물'과 '나약한 개미'로 만들어서 죽이는 모습을 연상하며 형에 대한 분노를 표출하고 있다는 것을 알 수 있다. 꿈속에서 괴물과 싸우고 잡아먹히는 장면은 정서적으로 혼란스러움과 불안감을 의미한다.

유아는 부모님의 이혼으로 인해 치명적인 상처를 받았으며, 심리적인 불안감, 상실감, 좌절감 등 정서적인 혼란을 겪고 있는 것으로 보인다. 유아는 매우 엄한 아버지의 양육방식, 이복형에 대한 분노 등 극도로 심각한 피해 의식 때문에 산만하고 공격적이고 위축된 행동을 보이며 분열 상태를 나타내고 있다. 혼란스럽고 불안정한 환경으로 인해 정서적으로 심각한 문제를 보이는 유아에게 가정에서 지속적인 사랑과 관심을 가져야 하며 형에게 피해를 받지 않도록 해주어야 한다. 형도 피해자이기 때문에 형에게도 동생과의 관계를 소중하게 여겨야 한다는 것을 인식시키고 서로 피해주거나 받는 일이 없도록 지도해야 할 것이다. 불행한 가정 환경 때문에 피해받는 유아는 심리적으로 매우 불안한 상태를 나타내기 때문에, 사춘기가 되면 일탈 행동을 하는 청소년이 되거나 평생 지속적인 피해 의식으로 정신 건강에 해로운 영향을 받을 수 있다. 따라서 건강하고 행복한 사람으로 성장하기 위해서는 부모님의 지속적인 사랑과 관심이 필요하다. 자녀의 올바른 지도를 위해 부모 교육이 가장 시급하며 가정의 안정이 최우선으로 요구된다. 자녀가 평온한 마음으로 독립심을 가지고 자유롭게 세상을 탐색할 수 있도록 자녀에게 행복하고 안정적인 가정 환경을 만들어 주어야 한다. 그러기 위해서는 자녀의 심리를 잘 파악하고 이해할 필요가 있다. 아이들의 행동에는 다 이유가 있으므로, 불안해하고 두려워하는 아이의 마음을 잘 파악해야 한다. 아이에게 미운 행동을 한다고 화내거나 벌과 체벌을 가하기보다는 아이가 왜 그런 행동을 하는지 이해하고 격려와 용기를 심어주는 온정적인 부모의 역할이 필요하다.

2.4
무서운 우리 집!
엄마 아빠 싸우지 마세요.

[그림 15]

그림 15와 그림 16은 어머니(32세)와 딸(5세)이 함께 그린 작품이다. 그림 15에서 유아에게 동그라미가 그려진 용지를 제시하며 가족이 집에서 각자 무엇을 하는지 그림으로 그려보라고 하자, 유아는 엄마를 가장 먼저 그렸다. 유아는 자신과 엄마와 언니는 서 있는 모습이고, 아빠는 누운 모습이라고 했다. 가족이 무엇을 하고 있냐는 질문에 엄마와 아빠가 싸우는 모습이라면서 아빠가 엄마를 때리고 있다고 했다. "엄마는 손에 무언가를 들고 있네? 무엇인지 궁금하네."라고 묻자 유아는 "망치를 들고 있어요."라고 대답했다. "손에 들고 있는 것이 무엇인지 궁금했는데 망치였네! 망치로 무엇을 하려고 할까?"라고 묻자, "엄마가 아빠를 죽일 것 같아요."라고 했다. "엄마가 아빠를 죽일 텐데, 아빠는 그것도 모르고 웃고 있어요. 아빠가 불쌍해요."라고 말했다. 유아는 "엄마 아빠 싸우지 마세요!"라고 말하고 싶지만 놀라서 아무 말도 못 하고 울고 있다고 말했다. 언니도 화가 나 있고 자신은 마음이 슬프다고 했다. 엄마는 화가 나서 "아빠가 죽었으면 좋겠다!"라는 말을

한다고 하면서 아빠가 죽을 것 같아 불쌍하다고 했다. 엄마 아빠는 서로 안아주지 않으며 기분이 나빠서 싸운다고 했다. 유아는 큰 소리로 싸우는 아빠가 TV를 던지고 엄마를 세게 때리면 무서워서 큰방에 숨는다고 했다. 아빠는 혼자 돈을 많이 쓰면서 엄마한테는 못 쓰게 한다고 했다. 그래서 엄마가 화가 나서 아빠한테 욕하기 때문에 아빠도 화가 나서 엄마를 때리는 것이라고 했다. 아빠가 통닭 사줄 때가 제일 좋고 먹을 거 사줄 때가 제일 좋다고 했다.

그림에 대한 설명을 함께 들은 어머니에게 "딸의 이야기를 들으시고 지금 어떠한 생각이 드시나요?"라고 묻자, 잠시 생각에 잠기더니, 남편과 싸우고 나면 화가 나서 견딜 수가 없다고 했다. 어머니는 화난 감정을 어디에 풀 곳이 없어서 아이들한테 "너희 아버지 콱 죽여 버리고 싶다!"라는 말을 했는데 그래서 그런 것 같다고 했다. 아이가 그런 말을 듣고 불안해하는지 생각하지 못했다고 했다.

어머니는 남편의 폭행에 시달리며 살다가 너무 화가 나서 집을 나가버렸더니, 남편이 혼자 아이들을 키운다고 많이 힘들었는지 잘못했다고 집에 들어오라고 통사정했다고 했다. 다시는 남편과 함께 살고 싶지 않았지만, 아이들을 돌봐줘야 해서 들어왔다고 했다. 어머니는 지금이라도 당장 이혼하고 싶은 생각뿐이라고 하면서 딸이 엄마와 아빠가 서로 사이좋게 지내기를 원하고 있지만, 엄마가 아빠를 싫어하고 또 미워하기 때문에 아빠를 불쌍하게 여기면서도 아빠한테 가까이 가는 것을 싫어하고 피한다고 했다. 어머니는 딸한테 현관 비밀번호를 아빠한테 알려주면 엄마가 집을 나가서 다시는 집에 들어오지 않을 테니까 절대로 가르쳐 주지 말라고 했는데 그 뒤로 아이가 아빠 옆에도 가지 않았다고 했다. 엄마 아빠가 서로 심하게 다투고 싸우니까 아이들도 매우 불안할 거라고 하면서 아이들이 불쌍하다고 했다. 아이들 둘이 자주 싸우는데 동생이 신경질적으로 화를 내고 떼를 쓰기 때문에 스트레스를 많이 받는다며 힘들다고 했다.

내담자의 남편은 화를 잘 내고 낭비가 심하며 직장을 자주 옮겨 다니고 제대로 하는 일이 없는 한심한 사람이라고 했다. 시댁에 의존해 살아왔으나 남편만 생각하면 화가 나서 도저히 견딜 수가 없다고 했다. 폭행당할 때마다 남편을 죽이고 싶은 생각이 떠올라 견딜 수가 없다고 하면서, 살면서 폭행을 10번 넘게 당했으나 본인은 힘이 없어서 그냥 맞기만 했다고 했다. 아이들도 아빠가 엄마를 폭행하는 모습을 보았기 때문에 아빠를 좋아하지 않는다고 했다. 큰딸 역시 아빠한테 자주 맞아왔기 때문에 아버지를 좋아하지 않는다고 했다. 남편과 도저히 더는 살고 싶지 않아 집을 나간 적이 여러 번 있었는데, 남편이 아이들을 돌보면서 직장을 다니는게 힘드니까 집에 들어오라고 했다고 했다. 그래서 아내는 남편이 집을 나가면 집에 들어가 아이들을 돌보겠다고 해서 들어와 살고 있다고 했다. 그래서 다시 아이들과 함께 살게 되었는데 현관 보조키를 바꿔버렸기 때문에 남편이 4개월 동안 집에 들어오지 못하고 밖에서 방황하고 있다고 했다. 내담자는 어릴 때 형편이 어려워서 돈에 애착이 있지만, 남편은 경제관념이 부족하고 계획성 있게 살지 못해서 갈등이 많았다고 했다. 남편은 어릴 때 할머니가 키웠으며 할머니는 손자가 원하는 대로 다 해주었기 때문에 과잉보호를 받고 자랐다고 했다. 그래서인지 남편은 가장으로서 가정을 돌보는 방법을 잘 알지 못했으며 책임감도 없거니와 가족들에게 어떻게 대해야 행복한 가족이 되는지를 전혀 모른다고 했다. 그리고 돈이 없으면 자기 어머니한테 가서 협박해서 돈을 뜯어오고, 또 가져온 돈은 장사한다고 다 날리는 등 돈의 소중함을 모르는 사람이라고 했다. 그동안 어떻게 살아왔는지조차 모르겠다며 속상하다고 했다.

유아는 말을 잘 하지 않으며 표정이 굳어 있고 태도가 경직되어 있었으나, 그림 속에는 부모님의 갈등과 잦은 싸움으로 인해 심리적으로 불안하고 두려워하는 자신의 마음을 잘 나타내고 있다. 유아는 그림에 대해 질문하였을 때 자신의 내면을 솔직하게 표현하였으며, 유아의 표현에서 정서적으로 불안증세가 심각하다는 것을 알 수 있다. 겉으로 드러나는 그림은 언뜻 보기에는 무엇을 나타내고자 하는지 잘 알 수 없지만, 그림 속에는 무의식에 내재한 마음의 세계가 담겨 있으므로 내담자의 그림을 통해 마음을 잘 읽어주는 치료자의 역할이 매우 중요하다.

어머니는 역기능 가족의 부부 갈등 때문에 끝나지 않을 것 같은 고통 속에서 시달리고 있다는 것을 알 수 있다. 배우자한테 폭행당하며 죽이고 싶은 생각이 들어 고통스러워하며, 무능한 배우자를 원망하고 미워하면서 자신의 불행을 한탄하고 있다. 하루라도 빨리 불행의 늪에서 빠져나와 정상적인 가정을 이루고 살기 위해서는 부부가 함께 성숙한 태도로 진정한 대화와 화해를 통해 관계가 회복되도록 노력해야 한다.

[그림 16]

그림 16은 유아가 검은색으로 집·사람·꽃·구름·비·해를 그린 것이다. 아무런 말도 없이 차분하게 그렸으며, 꼼꼼하게 색칠했다. 유아는 하늘에서 비가 내리고 있으며 집에는 엄마, 아빠, 언니가 함께 살고 있다고 했다. 집에 사는 사람들은 싸우지 않고 즐겁게 살고 있다고 했다. 정원에 있는 사람은 혼자서 꽃을 쳐다보며 꽃이 예쁘다고 생각하고 있다고 했다.

유아의 그림에서 비 내리는 모습과 뜨거운 태양이 동시에 나타나는 장면은 내면의 혼란감과 불안감으로 해석되며, 이중성과 양면성을 드러낸다고 볼 수 있다. 또한 화목한 가정이 되기를 간절히 소망하는 유아의 소망을 엿 볼 수 있다. 유아의 그림은 겉으로 보기에는 잘 그린 그림이며 아무 문제가 없는 것처럼 보인다. 하지만 부모 때문에 매우 불안하며 고통스러워하고 있는 면이 분명하게 드러난다. 집안에는 엄마, 아빠, 언니가 함께 살고 있다고 하면서 자신은 집 밖에서 꽃을 바라보고 예쁘다고 생각하는 모습이 외로워 보이며, 비는 내리는데 뜨거운 태양 아래에서 꽃을 바라보며 혼자 서 있는 모습(자아상)이 인상적이다. 유아는 부모님이 서로 자주 싸우기 때문에 정서적으로 매우 불안함에도 불구하고 그림에서는 부모님이 즐겁게 살고 있는 그림을 그렸다. 유아는 엄마 아빠가 싸우지 않고 사이좋게 살기를 바라고, 즐겁고 행복하며 안정된 가정을 원한다는 것을 그림으로 나타내고 있다.

2.5
산만하고 혼란스러운 아동
병원에 안 가고 싶어요!

그림 17은 초등학교 3학년 남학생의 그림이다. 아동은 그림을 그리고 싶다면서 마음에 드는 붓을 고른 후, 아크릴 물감을 골라 섞더니 어두운색으로 변하니까 재미있다며 캔버스(천)에 색칠을 시작했다. 아동이 그림을 다 그린 후, 무엇을 그렸냐고 묻자 아동은 병원이라고

[그림 17]

했다. 병원을 그리면서 무슨 생각이 들었냐는 질문에 아동은 엄마와 같이 병원에 다녀왔다며 왜 병원에 갔는지 모르겠다고 했다. 어머니는 아들이 "병원에 왜 가야 되는데요? 꼭 가야 해요?"라고 묻는다고 했다. 그래서 학교에서 친구들과 장난을 많이 치고 선생님 말씀을 잘 듣지 않고 사고를 저지르니까 병원에 다녀야 한다고 했더니 아들이 안 가면 안 되냐고 하면서 불안해한다고 했다.

아들은 학교에서 풀을 가져오지 않았다며 수업 중에 갑자기 일어나 "야! 풀 있는 사람 나 좀 줘!"라고 친구들에게 큰 소리로 말하는 등 많이 산만하고 수업 중에 집중을 못하며, 친구들을 괴롭히거나 싸우고 거짓말해서 선생님에게서 전화가 왔다고 했다. 선생

님은 아동이 학교에서 많이 산만하고 수업에 집중하지 못하며 갑자기 크게 소리를 내거나 수업을 방해한다면서 병원에 가서 아이의 상태에 대해 진단을 받아볼 것을 권했다고 했다. 그래서 어머니는 아들을 병원에 데리고 갔는데 아들이 ADHD 진단을 받았다고 했다.

어머니는 남편이 자기도 어릴 때 산만하게 뛰어놀면서 컸는데 아이들이 다 그렇지 뭘 그것 가지고 병원까지 가냐고 가지 말라고 했지만, 병원에 가지 않으면 아이에게 문제가 더 생길지 몰라서 병원에 갔다고 했다. 병원에 데리고 가는 것이 부모로서 잘하는 일인지, 엄마가 문제가 있어서 애가 그런지 온갖 걱정과 복잡한 생각이 들었다고 했다.

병원에서 아들은 심리검사를 하기 위해 체크를 하고 있었는데, 의사 선생님은 아

[그림 18]

[그림 19]

이와 대화 한 번 해보지 않고 엄마의 말을 3분 정도 듣더니 ADHD라고 하면서 약을 처방해주었다고 했다. ADHD 처방약을 아들한테 사흘 동안 먹였는데 어린아이한테 정신과에서 주는 약까지 먹여야 하나 고민이 된다고 했다. 누나는 초등학교 6학년인데 집에서도 착하고 학교에서도 아무 문제가 없는데 쟤는 왜 말썽을 피우는지 모르겠다며, 둘이 서로 너무 달라 당황스럽다면서 아들은 키우기가 너무 힘들다고 했다. 약 부작용은 없었느냐고 묻자, 아무렇지도 않은 것 같다고 하다가 잠시 뭔가를 생각하더니, 힘이 좀 없어진 것 같기도 하고 기가 좀 죽은 것 같기도 하고, 뭔가 약간 이상한 것 같기는 하다면서 약을 계속 먹여야 할지 남들이 뭐라고 할지 걱정도 되고 고민이 된다고 했다.

그림 18에서 아동에게 무엇이든지 생각하는 것을 그려보라고 하자, 아동은 연필로 스케치를 시작하더니 지우고 다시 그리기를 몇 번이나 하여 그림을 완성했다.

그림 19에서 아동은 혼잣말하며 '자기 모습'을 가장 먼저 그렸다. "여자 선생님 그려야지!", 태극기를 그리면서 "아까 전에 까먹었다. 어떻게 그리지? 이렇게

이렇게 TV에 나오는 사람들, 이렇게 책상도 있고, 의자도 있어야지! 책상도 그려야지! 이렇게, 이제 저는 발표하는 거예요! 그리고 여기에는 태극기, 그리고 3학년 2반, 칠판에는 말풍선 그려야겠죠! 끝!"이라고 했다. 그림에서 00이(아동의 이름)는 무엇을 하고 있나 물으니, 국어 시간에 발표하고 있다고 하다 갑자기 "선생님! 저 국어 한 개 틀렸어요!"라고 하다가 "선생님! 저는 집에서 누나하고 싸울 때도 있고, 사이좋게 지낼 때도 있는데요. 주로 휴대폰 할 때 마음이 안 맞거나 양보 안 해서 싸워요." 라고 했다. "어떻게 싸우는데?"라고 물었더니 아동은 "그냥 몸으로 싸워요. 발차기로 싸워요. 누나가 때리기도 해요. 말로 싸울 때도 있는데 내 얘기 안 들어주면 싸워요."라고 대답했다.

[그림 20]

그림 20에서는 어머니와 함께 도자기에 그림을 그려보라며 물감을 제시했다. 아동은 접시에 그림이 원하는 대로 잘 그려지지 않자 계속 여러 색을 덧칠하여 그렸다.

그림 21에서 아동은 작은 캔버스(2호)를 가지고 와서 여기에 그리고 싶다고 했다. "캔버스에 그림을 그리고 싶구나! 도자기 물감인데 캔버스에 해도 될 것 같다. 무슨 그림이 나올지 궁금하다."라고 하자, 아동은 여러 색으로 그림을 그리며 재미있어했다.

[그림 21]

그림 22에서 어머니는 도자기에 아들을 그리더니 아들이 축구를 좋아한다면서 축구 골대와 축구공을 그렸다. 그리고 그 아래에 꽃을 그리고 난 뒤 해를 그렸고 하트를 그리더니

[그림 22]

[그림 23]

'사랑해'라는 글자를 썼다. 아들한테 "00아! 사랑해"라고 말하면서 안아주었다.

그림 23은 어머니와 아동이 함께 그린 그림이다. 캠핑 가서 신나게 노는 장면이라고 즐겁게 그렸다. 어린이 집에서 근무하는 어머니는 말이 빠르고 성격이 급해서 아들한테 다그치고 혼을 많이 낸다면서, 아들한테 혼을 많이 내서 미안한 생각이 든다고 했다. 아빠도 혼을 많이 내기 때문에 아이가 집에서 의지하고 기댈 자리가 없을 거라는 생각이 든다고 했다. 누나는 자기 일은 알아서 너무 잘하기 때문에 늘 칭찬만 해주는데 아들은 부족한 점이 많아서 속상하다고 했다. 어머니가 "00아! 사랑해"라고 말하며 아들을 안아주고 나서 "그동안 엄마가 소리 지르고 때리고 잔소리 심하게 한 거 미안해"라고 아들에게 사과하자, 아동은 아무 말을 하지 않고 가만히 있었다. 아동이 어머니의 마음을 이해하고 신뢰할 수 있는 좋은 계기가 되었다고 볼 수 있다.

어머니는 말이 빠른 편이고 표정이 밝으나 아이를 어떻게 대해야 할지 잘 모르겠다면서 자녀 양육에 자신감이 부족한 모습을 보였으며, 정서적으로 불안한 모습을 나타냈다. 아들이 동작이 느려서 어디 데리고 가려면 늘 불안하다고 했다. 아들이 산만하고 자기 할 일을 스스로 못해서 엄마가 다 챙겨줘야 한다며, 직장에 다니면서 아이를 챙기려니까 매일 시간에 쫓기고 바쁘다고 했다. 아들이 동작이 느려서 답답할 때가 많다며, 잘못할 때는 빨리하라고 소리를 지르고 재촉하거나 때리며 혼낸 적이 많아서 아들이 힘들었을 거라고 했다. 어머니는 "부모도 잘못한 게 있으면 고쳐야겠지요? 그런데 제가 어떤 것을 잘못하고 있는지 잘 모르겠어요."라고 말했다.

어머니는 아들한테 이미 정서적인 학대를 했음에도 자신이 무엇을 잘못하고 있는지 스스로 깨닫지 못하고 자녀양육에 대한 확신과 자신감이 없음을 드러내고 있다. 주의력결핍 과잉행동장애(ADHD)는 주의력이 부족해서 산만하고 과다활동과 충동성을 보이며 불안, 반항, 품행, 학습 지연, 사회성 부족, 언어 지연, 야뇨, 틱, 우울 등의 증상이 나타나므로 개별적인 치료계획이 필요하다. 초등학교 아동기에는 환경에 대한 인식과 감수성이 발달하며, 자기의식이 확대되고 사회나 또래 집단에 소속되고자 하는 욕구가 있고, 이러한 관계들의 중요성을 인식하게 된다. 또한 사실적으로 표현하는 경향이 나타나기 시작하는 시기이며 자신에게 중요한 사건이나 사물을 그릴 때 자신의 주관적 경험에 따라 색을 사용하기도 한다. 아동의 내면의 심리적 불안이나 스트레스 등의 부정적 요인을 잘 살펴서 인지하고 스스로 극복할 수 있도록 힘을 실어주어야 하며 잠재력을 계발시켜주는 것이 중요하다. 아동기에는 자신을 다른 사람들과 비교하며 상처받기 쉽기 때문에 자신을 비하하거나 비관하지 않도록 격려와 지지를 해주어야 한다. 아동이 생활 속에서 느끼는 불안과 갈등을 극복해 나갈 수 있도록 부모가 도와주어야 한다.

2.6
두렵고 불안한 아동
분노의 감정에 휩싸인 아동

그림 24에서 그림 30까지는 어머니(36세)의 양육 태도 개선과 아동(초등5)의 불안 감소를 위한 모-자 미술치료 사례연구의 일부이다. 주 1회(총 27회), 회당 2시간 실시했으며, 미술치료 프로그램은 비구조화된 프로그램으로 진행하였다. 어머니는 사전에 지나친 잔소리와 무시, 강압적이고 부적절한 양육 태도를 보였으나 회기 진행 중 온정적이고 긍정적인 양육 태도로 변화했다. 그리고 아동은 사전에 어머니와 관계가 적대적이고 부정적이었지만 회기 중 자유롭고 개방적인 미술 활동을 통해 억압된 감정을 표출하고 어머니와 적극적으로 상호 작용하면서 불안이 감소하였다. 아동이 5세 때부터 이상한 증세(이불을 꺼내놓고 오줌을 눔, 위축된 행동을 함)를 보여서 소아정신과에서 분리불안 진단을 받았으며 4학년 때는 소아 우울증으로 약물을 1년 동안 복용하였으나 지속적인 정서 불안증, 위축된 행동, 커뮤니케이션의 결함 등 복잡한 증상을 나타냈다고 했다. 아동이 말을 잘하지

[그림 24]

못하고 더듬거리기 때문에 언어 치료도 병행했지만, 회복의 기미가 전혀 보이지 않고 친구들과도 관계가 나빠지자 어머니는 아들의 증세가 심각하다고 느끼게 되어 미술치료를 의뢰하게 되었다고 했다.

그림 24는 아동이 30호 캔버스에 아크릴 물감으로 그린 것이다. 어느 시골 폐교에서 생긴 일인데 무섭고 공격적인 고양이가 생쥐들을 괴롭히고 있는 장면이라고 했다. 좀비 쥐는 고양이(가해자)에게 '반항하는 쥐'이며, 나머지 쥐는 고양이에게 밟혀 죽는 쥐, 붙잡힌 쥐, 살금살금 도망가는 쥐라고 설명했다.

아동은 그림에서 고양이(가해자)가 작고 힘없는 약자인 생쥐(피해자)를 공격하는 장면을 놀랍도록 상세하게 나타냈다. 가해자와 피해자의 상황을 흥미롭게 표현한 그림에서 신체 폭력, 언어폭력, 정서 폭력을 가하는 사람들을 생쥐들을 괴롭히는 나쁜 폭력 고양이로, 자신은 고양이 앞에 꼼짝하지 못하는 쥐로 상징해서 그렸다. 아동의 이러한 피해자 심리는 부모의 잦은 부부싸움과 갈등, 어머니의 정서적 혼란, 자녀 양육에 대한 무관심과 처벌, 학대 등의 부적절한 양육 태도에서 기인한다고 볼 수 있다.

그림 25에서 마우스맨은 외부로부터 끊임없이 공격받아 상처투성이며, 스스로 무장하고 지키려 한다고 했다. 아동은 마우스맨의 옆에 있는 깃발에서 동그란 것은 얼굴이고 옆의 작은 동그라미는 태극무늬를 표현했다고 했다. 생쥐맨 세계에서는 생쥐맨이 파도맨과 협심 단결하여 에일리언 같은 저그족, 혹은 감염된 테란족 같은 악당들을 쳐부순다고 했다.

[그림 25]

그림 26은 복면을 쓴 힘센 악당들이 착한 사람을 총과 칼로 죽이고 있는 모습이라고 했다. 그리고 그림 27에서 아동은 복면 쓴 사람, 권총, 칼 등의 무기를 그리며 악당들을 물리쳐야 한다고 했다.

[그림 26]   [그림 27]

아동의 그림에서 나타나듯 아동은 악당들을 물리쳐야 한다며 불안과 두려움을 드러내고 있다. 이를 통해 아동이 가정 환경에서 안정감이나 지지적인 기반을 얻지 못하고 있음을 추론해 볼 수있다. 또한 아동은 타인과의 관계에서 위축, 좌절감, 분노 등의 부정적인 감정을 느끼고 있음을 엿 볼 수 있다.

2.7
공포를 느끼는 아동
피해 의식에 사로잡힌 아동

그림 28에서 아동은 헬리콥터에 핵을 싣고 있으며 핵을 폭파하기 때문에 사람들이 도망가는 모습이라고 했다. 엄마가 화내면 소리를 지르기 때문에 귀를 막아도 들린다며 귀신을 보는 것 같은 무서운 공포를 느낀다고 했다.

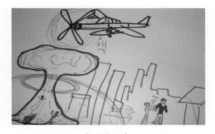

[그림 28]

엄마가 소리 지르고 화내면 귀신을 보는 것 같은 공포를 느낀다는 아동은 아동학대 피해자의 심리적 고통을 호소하고 있다. 핵폭발은 아동 내면의 긴장감과 불안의 상징으로, 정신적인 충격과 상처로 인해 불안증세가 나타나게 되었다고 본다. 따라서 병력의 원인을 제공한 어머니에게 자녀를 양육하는 태도를 바꾸면 아동의 심리를 치료하는 효과가 있다는 확신을 줘야 한다. 또한 부모 교육과 가족치료로 가족이 정서적으로 상호 작용하고 친밀한 인간관계를 형성하여 가정에서 심리적 안정감을 느끼도록 노력해야 한다.

[그림 29]

[그림 30]

그림 29는 좀비(악당) 2명을 군인이 죽이려고 하는데 좀비가 자기 스스로 칼로 자살하려고 하니까 군인이 어리둥절 혼란스러워하는 모습이라고 했다. 그림 30은 적을 방어하는 무장한 군인의 모습인데, 칼과 총을 든 적과 싸우는 장면이라고 했다.

아동은 그림으로 지속적인 불안감, 긴장감, 공포 등을 나타내고 있다. 그림 속에 등장하는 칼, 총 등 매우 위협적인 사물들로 공격을 가하는 장면은 아동의 내면에 분노, 거부감, 억울함, 불안, 적개심 등을 상징한다. 이는 아동의 내면에 매우 불안한 부정적 이미지가 있으며, 가족 간에 정서적 유대감과 애정적 교류가 이루어지지 않고 있다는 것을 의미한다. 아동은 지나치게 많은 상처로 얼룩져 있으며 피해망상적인 생각으로 가득 차 있다. 불안, 분노, 공포심, 복수심으로 멍든 아동은 친구들이나 부모님, 주위 사람들을 공격적인 시각으로 바라보며, 두려움과 공포의 대상으로 인식한다. 이러한 두려움과 불안은 주된 양육자인 어머니로부터 받은 상처가 원인으로 보인다. 어머니로부터 받은 신체적·정서적 학대, 친구들한테 놀림과 왕따를 당하면서 받은 피해 의식으로 인한 분노의 감정과 공포심이 그림에 잘 나타나 있다.

아동은 부모에게 무시당하며 온정적인 사랑을 받지 못하고 자라서, 무의식적으로 자신을 중요한 존재가 아니며 이 세상에 태어나지 말았어야 할 가치 없는 사람이라는 생각과 분노, 복수심, 억울함과 피해 의식에 사로잡혀 있다. 비난적이고 비판적인 어머니로부터 늘 바보 취급당하며 모욕을 받고 자라서 자신은 스스로 할 줄 아는 것이 없으며, 능력 있는 사람이 될 수 없다는 좌절감에 휩싸여 있다. 또한 아동은 자기 자신은 칭찬받을 자격이 없는 사람이라는 메시지를 받으면서, 스스로 자신은 바보이며 학대받아 마땅하다는 우울감에 빠져 있다. 자신의 감정을 경시하고 의사를 잘 표현하지 못하고 친구들이 바보라고 놀려도 참거나 당하고만 있으며, 내면에는 피해 의식 속에 쌓여 분노와 복수심으로 불타고 있다. 그림 속에서 자신은 피해받고 바보 취급당하는 피해자로, 복수하고 싶은 자기 모습을 정의파로 상징하여 나타냈다. 정의파는 악당에게 복수하는 데 온갖 에너지를 다 쏟고 있다.

불안 장애는 정서 장애 중에서도 가장 흔하다. 현대인들은 불안의 시대에 살고 있으며 일상생활에서 다양한 수준의 불안을 경험한다. 이렇듯 불안함은 누구나 경험하는 보편적인 현상이다. 그러나 부모가 아동에게 지나치게 엄격한 체벌을 가하거나 아동이 가족 내에서 여러 가지 제약 속에서 사랑받지 못하고 성장할 때 불안이 생길 수 있다. 이처럼 부모의 양육법 및 태도가 아동의 불안 형성에 주요 요인이 되는 것이다. 그림 28, 29, 30을 그린 아동은 부모로부터 비민주적인 양육방식으로 거절당하고 무시 받으며 자라 사회적 관계에서 대인공포증으로 이어져 불안감과 불안, 공포로 가득 차 있다. 일반적으로 학령기아동은 발달 단계에 비례하여 그림에서도 특징이 나타난다. 정신분석적 접근법에서는 아동이 그림을 그리는 자체만으로도 치료적 효과가 있다고 본다. 미술 활동을 통해 아동은 자신의 내적 감정을 표출하면서 감정을 정화하며, 아울러 부정적인 자아상을 긍정적으로 재구성하기도 하여 자신을 통찰하는 기회를 얻는다. 아동은 자신이 중요하게 생각하는 장면을 그림으로 표현하게 되고, 그림 속에 나타나는 인물이나 사물 등 다양하게 나타나는 대상을 중심으로 아동의 발달과 성장에 큰 영향을 미치는 내적 갈등을 찾아낼 수 있게 된다.

아동의 그림에는 자신이 가장 중요하다고 생각하는 것들이 등장한다. 아동이 자기의 생각과 느낌을 그림으로 표현하며 그에 관한 생각과 느낌을 말로 표현하는 방법은 아동의 언어발달 향상과 정서발달에 효율적이다. 또한 자긍심을 길러주고 미적·심리적 카타르시스를 경험할 수 있는 좋은 계기가 된다.

아동이 자연스럽게 발달해야 할 단계에서 발달과업이 제대로 이루어지지 않고 이상행동, 일탈행동들이 나타나는 것은 주로 부모의 양육태도에서 기인한다고 볼 수 있다. 즉, 부모가 자녀의 실수를 용납하지 않고 비난을 하게되면 자녀는 비난을 배우게 되고, 적대감을 가하면, 공격성을 드러내게되고, 복종을 요구하거나 조종을 하게되면 수치심이나 죄책감 등의 정신건강에 나쁜 영향을 미치게 된다. 또한 부모에게 충분한 애정과 보살핌을 받지 못하고 반복적으로 거부당하거나 무시당하고 혹은 처벌받으면서 성장하면 아동의 내면에 형성되는 표상들은 대체로 부정적인 성격을 띤다. 이러한 아동은 자신과 대상에 대한 표상이 주로 부정적 지각과 정서로 구성되고, 자신과 타인에 대한 경험 중 부정적인 측면만을 지각하는 경향이 있다. 결국 자존감이 낮게 형성될 뿐만 아니라 타인에게도 왜곡된 지각과 부정적인 정서로 성인이 되어서도 대인 관계에서 심각한 어려움을 겪게 된다. 이러한 아동의 부정적 혹은 불안정한 관계 경험은 자아의 발달을 저해하기 때문에 취약한 자아 구조가 형성되어 심리적 적응을 저해한다. 자녀가 어떻게 성장하며 어떤 경험을 하는가를 부모가 이해하면 자녀의 욕구를 보다 충족시켜 줄 수 있다.

부모가 자녀에게 너무 엄격하게 대하거나, 애정을 주지 않거나 무관심한 태도, 일관성이 없는 등의 비효율적인 양육방식을 취하게 되면 자녀는 부모를 부정적인 시각으로 지각하게되어 부모를 신뢰하지 않게된다.

아동은 친구들이 놀린다고 느껴질 때마다 무시하고 견딜 수 있음을 확신하고, 놀리지 말라고 자신감을 가지고 당당하게 표현하도록 해야 한다. 또한 아동에게 자기가 잘못된 것이 아니라 놀리는 친구들이 나쁘다고 생각하게 하여 아동이 스스로 위안할 줄 아는 법을 알려주어야 하며, 아동은 친구들이 싫어하거나 미워할 거라는 생각이 들 때는 실제로 그렇게 싫어하거나 미워하지 않을 거라는 사실을 점검해볼 필요가 있다. 피해 의식에 사로잡힌 무력한 사람이 되지 않으며 남의 탓을 하지 않고 자기 삶을 주도적으로 이끌어 갈 수 있는 사람이 되도록 인식을 전환하는 게 중요하다.

부모는 아동의 자아를 강하게 할 필요성이 있으며, 친구들에게 놀림을 당해도 '나는 그림을 매우 잘 그리는 천재적인 소질이 있는 멋지고 소중한 사람이다'라는 식으로 자신감을 키워주고 긍지를 심어주어야 한다. 모욕과 좌절을 겪으면서도 그로 인한 상처를 이겨내며 마음의 내성이 강해진다는 것을 느낄 수 있게 해야 한다. 이러한 어려움을 겪고 있는 상황에서도 견디는 사람은 세상의 어떤 어려움도 견뎌낼 수 있으므로, 자아를 강하게 하는 것이 매우 중요하다.

'바보'나 '자폐아'라고 놀리는 친구들에게 앙갚음하고 싶고 복수하고 싶은 미운 마음들이 싹트는 분노의 감정들은 어머니로부터 받은 투사적 동일시의 감정이다. 부모에게 느꼈던 분노의 감정들을 친구들에게 똑같이 느끼는 것이다. 아동은 어머니에 대한 분노의 감정들을 제대로 표현하지 못한 채, 표면적으로는 어머니에게 순종적으로 대하고 있으며 착한 아들의 역할을 수행한다. 하지만 어머니를 적대시하고 미워하는 부정적인 감정들이 친구들에게 똑같이 흘러 들어가 친구들을 미워하고 적대시하며 복수심으로 불타는 것이다. 따라서 친구들을 지나치게 경계하고 불신하며 피해 의식이 있다. 친절하거나 잘해주는 친구에게는 경계심을 갖지 않지만, 놀리거나 함께 놀지 않는 친구는 지나치게 나쁜 친구로 몰아가면서 관계를 나쁘게 이끌고 가고 있으며 피해망상으로 괴로워한다. 하지만 사람을 존중하고 긍정적으로 받아들일 때, 세상 사람들은 긍정적으로 대해주고 존중해줄 것이다.

부모가 정서적 긴장 상태나 부정적인 태도로 일관성을 상실하면 자녀에게 파괴적이고 과격한 반사회적 성향을 조장하여 비행을 조장할 수 있다. 부모가 자녀에게 행하는 무관심, 신체적 학대, 과잉보호는 가족 간의 결속력의 약화 등 부정적 상호역동적인 관계를 맺게하여 자녀의 자아 성장에 나쁜 영향을 미치게 된다. 모든 가족은 각 구성원과 가족 체계가 끊임없이 반복되는 상호 작용을 통하여 가족의 기능을 향상할 수도 있고 역기능을 초래할 수도 있다. 역기능이 생기면 가족 체계 내의 심리적 긴장이나 갈등 등의 병리가 가족 구성원 중 가장 약한 존재인 자녀에게 나타나게 되는 것이다.

가족 간의 부정적인 상호 작용은 반사회적 행동의 습득에 직접적인 영향을 미친다. 부모가 자녀의 행동에 대해 권위적이고 통제적이며 처벌적인 의사소통 형태로 비난하고 이중구속을 사용하는 경우, 자녀를 역기능적 의사소통으로 이끌게 된다. 이는 자녀의 정서를 교육하는 데에 많은 지장을 줄 뿐만 아니라 부모-자녀 간에 긴장이나 갈등을 생성하기도 한다. 가정에서 부모가 자녀에게 명령·경고·처벌·모욕·설교 등을 하여 상호 작용이 일어나게 될 때 자녀는 방어적으로 커뮤니케이션을 하게 되고, 부모-자녀 간의 상호 의사소통이 일치되지 못하게 된다. 의사소통은 의미가 교환되는 상징적 교류 과정이며, 특히 부모-자녀 간 의사소통은 부모와 자녀 사이의 상호 작용에서 감정, 느낌, 생각, 태도 등의 메시지를 전달하는 수단으로 상호 공통적 이해를 도모하는 과정이다. 의사소통은 인간관계에서 가장 보편적이고 기본적인 것으로, 가족원 간의 관계를 원만하게 형성하고 유지하며 가족기능을 수행함에 있어 빠뜨릴 수 없는 요인이다. 부모-자녀의 긍정적인 의사소통으로 부모와 자녀 사이의 인간관계를 돈독히 하여 서로의 감정을 인정하고 이해해줄 수 있다.

2.8
정서적으로 불안한 유아
동생 때문에 화나요!

그림 31에서 그림 70까지는 5세 남아의 그림이다. 산만하고 공격적인 행동으로 친구들을 괴롭히거나 담임 선생님에게 반항을 하는 등의 행동으로 인해 유치원 생활에 많은 어려움을 겪고 있는 유아이다.

[그림 31]

그림 31에서 유아는 여동생의 얼굴, 머리, 눈, 입, 상체, 팔을 그렸으며 하체는 생략된 그림을 그렸다. 동생을 그리고 나서 침대를 그렸으며, 형이 화가 나서 작전을 짜고 있는데 함정으로 떨어졌다고 했다. 감옥을 짓고 있는 함정인데, 감옥에서 동생을 구워 먹으려고 하고 있다고 했다. 잠을 자는 사람은 동생이라고 하면서 꿈을 꾸고 있다고 했다. 동생은 지금 아빠가 엉덩이를 때려서 기분이 나쁘다고 말했다. 엄마 아빠가 여동생을 예뻐하고 자기는 맨날 혼낸다고 하면서 불만을 드러냈다. 어머니는 아들이 엄마 아빠가 외출하고 집에 둘이 있을 때 동생을 심하게 때린다고 하면서 발로 차고 밀어버리고 장난감을 집어던지는 등 너무 괴롭히기 때문에 둘만 놔둘 수가 없다고 했다. 어머니는 동생이 오빠하고 둘이 집에 있으라고 하면 싫다면서 오빠를 두려워한다고 했다.

친구와 동생에게 공격적인 행동을 하는 대상 유아는 그림에서 신체 부위나 사물을 지나치게 크게 그리거나 생략해 버리기도 하고 사람을 스틱맨(나무막대 인형)으로 그리거나 비현실적인 그림을 그리기도 한다. 이러한 부적절한 그림은 유아가 동생한테 품고 있는 불만이나 욕구불만 등의 부정적 감정을 드러냈다고 볼 수 있으며, 동생의 전신상에서 몸통과 다리를 생략하면서 동생에 대한 부정적인 이미지의 반영을 시사한다. 유아는 동생에 대한 분노의 감정을 감옥과 함정으로 나타내고, 동생을 구워 먹으려고 한다며 동생에 대한 반감과 적대감을 표출하고 있다. 엄마 아빠가 동생만 예뻐한다면서 불만과 분노의 감정 상태를 드러냈다. 그림에 나타나는 이러한 내면의 욕구불만과 적대감, 분노의 감정표출에서 알 수 있듯이, 유아의 감정경험은 매우 부적절하며 정서적으로 혼란스러울 가능성이 높고, 세상에 대한 분노나 공격성이 있을 가능성이 있다.

[그림 32]

그림 32에서 유아는 계속 '착한 놈', '나쁜 놈'이라는 표현을 하면서 그림을 신나게 그렸다. "방어막을 뚫고 지나가는 차는 나쁜 놈이 타고 있고, 착한 놈은 맨날 당하기만 하고, 나쁜 놈을 피해 도망 다니는데 나쁜 놈은 방어막을 뚫고 끝까지 찾아내요."라고 말했다. 유아는 유치원에서도 잠시도 가만히 못 앉아 있고, 친구들을 괴롭히며 적응을 잘하지 못하고 집에서도 동생을 괴롭혀서 아빠에게 늘 혼이 난다고 했다. 아빠한테 매를 맞아도 그때뿐이고 계속 말을 안 듣고 산만한 행동을 하면서 동생을 괴롭힌다고 했다. "아빠는 집에서 맨날 엄마하고 싸워요. 돈 때문에 싸우는 것 같아요. 아빠가 돈을 안 벌어 와요. 아빠는 집에서 방문 잠그고 게임만 하기 때문에 엄마하고 싸우는 거예요. 엄마는 회사에 가서 돈 벌어 오는데 아빠는 밥 먹을 때도 엄마 안 도와주고 반찬 없다고 투정하고 매일 화만 내요. 우리 아빠는 이 세상에 없었으면 좋겠어요. 아빠는 나쁜 사람이고요. 엄마는 착한 사람이에요. 아빠가 게임 좀 하지 말고 좀 착해졌으면 좋겠어요. 엄마가 아빠는 어쩔 수 없는 사람이라고 했어요. 선생님, 이혼이 뭐

예요. 맨날 우리 엄마가 이혼하자고 화내고, 아빠하고 이혼하고 우리만 같이 살자고 그랬어요."라고 말했다.

[그림 33]

　　그림 33에서 유아는 먼저 로봇을 그렸으며, 다음에 자동차와 자동차 안에 있는 사람을 그렸고 종이의 하단에 바탕선을 나타냈다. 나쁜 로봇과 착한 로봇이 싸우는데 나쁜 로봇이 착한 로봇을 쓰러뜨린다고 했다. 나쁜 로봇은 칼을 가지고 있고 사람이 네 명 타고 있는데 나와서 착한 로봇을 칼로 부수려고 한다고 했다. 아동은 "나쁜 로봇은 안 불쌍하지요? 원래 나쁜 놈이라서…"라고 말했으며, 착한 로봇에서 사람들이 다 내려와서 나쁜 로봇을 다 떼어서 착한 로봇에 다 붙여주었다고 했다. "나쁜 로봇은 다 감옥에 갔고 이제 없어져 사라졌고, 큰 동그라미로 합쳐져서 알이 됐어요! 그런데 착한 사람들이 이 알을 먹었어요!"라고 즐거운 표정으로 말했다.

　　유아는 사람을 졸라맨(스틱맨)이라고 표현하고 있다. 스틱맨(stickman)은 사람을 막대 인형으로 단순화하여 그린 것이다. 사람을 매우 단순하게 상징적으로 나타내는 스틱맨은 선사 시대의 동굴 벽화에서부터 찾아볼 수 있다.

　　그림에서 나타나는 상징을 해석해보자면, 그림의 바탕선은 애정이 결핍되고 정서적으로 지지받지 못하는 가정에서 안정을 찾기 위한 욕구로 보인다. 나쁜 로봇에 대한 분노와 복수심의 감정이 엿보인다. 자기의 요구를 항상 만족시켜주는 사람인 줄 알았던 엄마가 아빠와 이혼했기 때문에, 주말마다 만나는 엄마로부터 친절하게 대해주는 엄마와 자신들을 버리고 간 나쁜 엄마의 사이에서 양가감정을 느끼며 갈등하고 있음을 착한 로봇과 나쁜 로봇의 등장으로 알 수 있다. 할머니와의 갈등으로 이혼하게 된 엄마는 아이들에게 할머니와 아빠에 대한 부정적인 이미지를 심어주었기 때문에, 유아는 할머니와 아빠를 싫어하고 있으며 나쁜 사람으로 생각하고 있다. 그리고 자신에게 언어적·신체적인 폭력을 행사하는 아빠를 극도로 미워하며 분노를 느끼고 있는 것으로 보인다.

부모-자녀와의 안정적인 애착관계 형성은 행복한 인생을 설계하는 중요한 첫 걸음이 된다. 대상 아동은 가족내의 균형이 깨져, 안전하고 건강한 성장을 보장받지 못한 환경에 처해있어서 부모로부터 안정적인 애착관계를 형성하지 못했고, 부모로부터 충분한 사랑을 받지 못하고 자랐다. 이러한 경우, 심리적으로 건강하게 성장하지 못할 가능성이 있음을 시사한다.

[그림 34]

그림 34에서 유아는 로봇을 착한 로봇이라고 했으며 졸라맨은 나쁜 졸라맨이라고 하면서 로봇이 졸라맨을 팍 날려보내버렸다고 했다.

그림에 등장하는 착한 로봇과 나쁜 로봇은 유아가 대인 관계에서 양가감정을 나타낸다는 상징적 의미가 있다. 유아는 어머니나 다른 사람들을 완전히 좋거나 나쁘다고 생각하고 있다. 이러한 모자 관계는 장차 경계선 성격장애의 근본 원인이 되기도 한다. 경계선 성격장애는 어머니의 좋은 이미지와 나쁜 이미지를 가지고 있다가 성장 후 대인 관계에서 대상 인물에게 투사한다. 그로 인해 대상을 이상화하다가도 기분이 나빠지거나 혹은 기대에 어긋나게 되면 경멸해버리는 관계를 반복하게 되며, 관계가 너무 가까워질까 두려워하면서도 멀어지게 되면 혹시나 버림받을까 초조해하며 대인 관계에서 늘 불안해한다. 유아는 어떤 일이 생기더라도 항상 옆에서 지켜주는 엄마(생물학적 어머니만을 뜻하지 않는, 아이를 돌보는 사람을 의미하는 상징적 존재)가 있고, 내면에 내재화된 어머니가 있어야 안정감을 느낀다. 그러나 어머니의 사랑을 충분히 받아야 할 유아기에 어머니의 사랑을 충분히 받지 못하고 이혼이나 별거, 폭력 등으로 사랑을 박탈당하거나 안정적인 보호를 받지 못하면 유아 발달 단계에 있어서 다음 단계인 대상항상성의 발달 단계로 나아가지를 못한다. 정상적인 성장 및 발달에 지장을 초래하는 심리적 장애를 겪게 되는 것이다.

역기능적이고 바람직하지 못한 부모의 양육 태도로 인해 상처받은 유아는 내면의 불안, 공포 등의 부정적인 감정들을 미술치료 장면에서 온갖 이야기를 은유적으로 나타내며 드러내고 있다. 나쁜 졸라맨, 나쁜 놈, 나쁜 공룡 등은 모두 아버지의 폭력을 무서워하고 증오하는 상징으로 폭력적인 아버지를 은유적으로 나타내고 있다. 무기를 들고 싸우는 폭력적인 장면들은 유아의 마음속에서 공포와 두려움에 떨었던 기억들과 싸우는 것이다. 일반적으로 유아의 내면에 억압되었던 무의식에 대한 이미지라고 해석된다. 유아의 그림 속에 등장하는 온갖 나쁜 적들과 싸우는 장면들은 유아 내면의 불안과 공포의 심리로 보이며, 부모로부터 따뜻한 사랑을 받지 못한 혼란스러운 가정환경에서 비롯된 부정적인 감정들이 자기 뜻대로 잘 안되면 소리를 지르거나 친구를 발로 차고 주먹으로 머리를 치는 등의 공격적인 행동으로 드러난 것이라 볼 수 있다.

2.9
위기감을 느끼는 유아
마음이 불안해요!

[그림 35]

그림 35에서 유아는 하늘색으로 철봉을 그린 후 검은색으로 철봉에 매달린 나무막대기 사람을 그렸다. 옆에는 검은색으로 나무를 그리면서 "이거는 대나무인데요. 나는 이 나무가 제일 좋아요. 멋진 나무예요."라고 말했다. 무언가 계속 말을 하면서 그림을 그렸으며 빨리 그렸다. "아빠 집에 물 안 쓸 거예요. 아빠가 물 쓰지 말라고 했어요." 물이 조금밖에 안 나와서 쓸 물이 없다고 하면서 "동생이 물장난하고 자꾸자꾸 손을 씻어서 물이 없어요."라고 했다.

유아는 아빠가 몽둥이로 때리고 할머니는 손바닥으로 때린다고 하면서, 할머니를 싫어하며 할머니도 자기를 싫어한다고 말했다. 엄마 아빠가 싸우면 유아는 엄마 아빠가 싸울때 엄마만 좋아한다고 했다. 엄마 아빠가 싸워서 엄마는 다른 집에서 산다고 했으며 엄마는 아빠와 할머니가 싫어서 엄마 집에 갔다고 했다. 토요일에만 엄마가 데리고 가서 엄마 집에서 논다고 했으며 엄마는 부서질 수도 있는 집에 살았는데 어느 날 튼튼한 집을 만들어서 살고 있다고 했다. "원래 엄마하고 아빠하고 친했는데 진짜 싸움을 해서 엄마는 아빠를 안 좋아해서 엄마는 엄마 집에 갔어요!"라고 말했다.

어머니는 할머니(시어머니)가 며느리한테 함부로 대하고 구박이 심해서 못 견디고 이혼하게 되었다고 했다. 할머니는 이혼 후에도 손자 앞에서 며느리를 나쁘다고 험담하기 때문에 아이가 불안을 느끼고 있다고 했다. 유아는 엄마 집, 아빠 집, 할머니 집에 관한 이야기를 혼잣말로 자주한다고 했다. 또한 동생에 대한 질투심이 강해서 동생과 함께 잘 놀다가도 화내고 때리며 괴롭힌다고 했다. 어머니는 아들이 유치원에서도 친구들과 함께 놀다가도 갑자기 화를 내며 친구들을 밀치거나 주먹으로 때리는 등 거친 행동을 하기 때문에 친구들과도 사이좋게 잘 지내지 못한다고 말했다. 그런데 아들은 친구들이 아무도 자기와 함께 놀아주지 않는다며 친구들이 나쁘다며 불만을 터트린다고 말했다. 아들이 친구들과 사이좋게 노는 방법을 잘 알지 못하고 갑자기 화를 내며 공격적인 행동을 하며 돌변하기 때문에 친구들도 무서워서 함께 놀지 않으려하고 피해버린다고 했다. 그런데 아들은 친구들이 함께 놀아주지 않는다며 불만을 한다고 했다.

어머니의 말에 의하면, 아들이 태어나자마자 경제적인 이유로 아이를 할머니(시어머니)한테 맡기고 직장에 다녔으나 할머니가 아이를 잘 돌보지 않고 밖에 나가서 잘 들어오지 않았다고 하면서, 퇴근해서 집에 들어와서 보면 아기는 울다가 지쳐 있고 집은 엉망이었다고 했다. 할머니는 할아버지가 일찍 돌아가셔서 자식 네 명을 혼자 키우며 힘들게 살았는데 할머니(시어머니)가 자식 셋만 데리고 집을 나가서 제일 맏이인 아들(유아의 아버지)은 9살 때부터 산골에서 혼자 살았다고 했다. 어려서 부모님의 돌봄을 받지 못하고 불행하게 자라서 성인이 되어서도 컴퓨터 게임에만 빠져서 가족들을 돌보지 않는다고 했다.

유아의 그림에서 철봉에 간신히 매달린 스틱맨은 '자아상'으로 불안감과 위기감을 느끼는 마음 상태를 잘 반영해주고 있다. 유아는 회기 과정 중에 그림 속에 나타나는 외상을 입은 자신의 고통스러운 이야기를 은유적으로 나타내며 이야기 속에 담고 있다. 유아는 부모님의 이혼으로 인해 아빠와 여동생과 함께 살고 있으며 엄마는 따로 살고 있는데, 주말에는 엄마집에서 함께 지낸다. 유아의 아버지는 게임 중독에 빠져 가족을 전혀 돌보지 않기 때문에 유아의 친 할머니가 이웃에 살고 계셔서 아이들을 돌봐주신다고 했다.

어머니는 아들(유아)이 어릴 때부터 아빠가 엄마한테 온갖 욕설과 폭행을 하는 장면을 목격했으며, 아들(유아)도 컴퓨터를 하는 아빠 방에 들어가 칭얼댔다가 양쪽 코에서 피가 터질 정도로 뺨을 맞은 적이 있었다고 했다. 아버지 자신이 분노 등을 감당하지 못하고 폭력을 행사하는 이러한 잘못된 행동은 유아에게 충격적인 경험이었으며 외상 후 스트레스가 되어 마음에 지울 수 없는 큰 상처로 남아서 유아가 분노가 많고 공격적이며 산만하고 혼란스러운 문제행동을 하는 것이다. 즉, 아버지로부터 폭력을 배워서 그대로 폭력을 행사하는 것이라고 볼 수 있다. 유아는 유치원에서도 화가 나면 소리를 지르고 옆에 친구를 때리고 물건을 던지는 등 분노를 참지를 못한다고 한다. 또한 주의가 매우 산만하며 친구들에게 공격적이며 매우 혼란스럽고 불안정한 행동을 나타낸다. 유아는 화가 나거나 공격적인 행동을 보일 때 아무도 말리지 못할 정도로 난폭한 행동을 한다고 한다. 이는 불안하고 초조한 가정 환경으로 인해 적대감이 높고 공격적인 행동을 나타내는 것이라고 볼 수 있다.

유아는 삐치면 아기처럼 칭얼거리거나 투정을 부리며, 반항적인 행동을 하거나 한쪽 귀퉁이에 쪼그리고 앉아서 퇴행된 행동을 나타낸다. 또는 주위의 관심을 끌기 위해 유아는 자기 다리를 때리며 자해하거나, 물건을 던지기도 한다. 유아의 이러한 행동은 애정결핍, 관심받고자하는 욕구, 또는 적대감으로 인한 분노의 감정이 공격성으로 표출되어 나타났다고 볼 수 있다. 동생이 없었으면 좋겠다며 동생으로 인해 사랑과 관심을 박탈당한 피해의식으로 동생에 대해 질투심을 나타내기도 한다. 유치원에서 교사가 다른 친구들을 칭찬하면 유아는 이유 없이 갑자기 화를 내거나 짜증을 내며 분노를 표출하기도 한다고 한다. 또는 아빠가 동생은 귀여워하는데 자기에게는 무섭게 대하고 혼을 많이 낸다며 아빠를 싫어하고 피한다고 한다. 이는 유아가 아버지로부터 박탈당한 억울함과 분노, 적대감, 피해의식, 애정결핍 등으로 아버지에 대해 적의를 보이며 회피반응을 하고 있음을 알 수 있다.

유아는 불안정한 애착관계, 부모의 이혼으로 인한 상실감, 아버지로부터 폭력당한 경험 등으로 인해 불안, 분노, 공포 등의 여러가지 복합적인 요인의 스트레스를 유발 할 수 있는 상황에 있다는 것을 알 수 있다. 이러한 위험요소를 안고 있는 가정환경과 자신의 분노와 공격적인 태도로 인해 또래 친구들과의 관계에서 원만하게 지내지 못하면 사회성 발달에 많은 어려움을 겪게 될 수 있다. 따라서 유아의 사회성 발달과 성격발달이 원만하게 잘 발달 되도록 하기 위해서는 안정적인 애착관계 형성이 이루어지도록 노력해야하고, 또래 친구들과 원만하게 잘 지낼 수 있도록 도와주어야 한다. 즉, 유아의 감정을 수용하고 이해하며 어떠한 이야기라도 따뜻한 마음으로 잘 들어주고 이해해주려 노력하여 유아의 정서적 안정을 찾아주어서 자기 자신을 파괴하거나 친구들에게 피해를 주는 공격적·폭력적인 행동을 하지 않도록 유아의 전인적인 성장 발달을 도와야 한다. 또한 부모의 잘못된 양육 태도로 인해 아이가 욕구불만을 초래하거나, 심리적인 불안, 공포, 적대감 등으로 고통받지 않도록 부모는 바람직한 자녀양육방법을 실천하도록 노력해야한다.

그림 36에서 유아는 졸라맨이 칼을 들고 있고, 착한 졸라맨을 구출하는 장면이라고 했다. 그림 37에서 유아는 처음부터 계속 혼잣말하면서 기찻길을 그린 다음 전기가 통하는 장치를 그렸다. 유아는 스위치를 돌리면 전기가 나온다고 했으며, 검은색으로 철길을 칠하면서 전기가 통해서 기차가 사고가 났다고 했다. 유아는 전기가 통하는 차가 움직여서 사고가 났다고

[그림 36]

하면서 "사고가 나서 도둑이 왔다고 하면서, 가지 마세요."라고 말하며 'X'표시했다. 기차는 에어 기차인데 미끄러져서 사고가 났다고 하면서 전기가 통하니까 사고 나지 말라고 'X'로 표시했다고 했다. 그리고 검은색 표시는 검은 전기선이라서 막혔다고 말했다.

그림 38에서 유아는 "게임실험 하는 거 그려야지!"라고 하더니 사람이 허리를 구부리면서 지나가고 있다면서 검은색으로 그렸다. '게임실험'을 하는 중이라고 하면서 한

[그림 37]　　　　　　　　　　　　　　[그림 38]

점이 빠지면 떨어져 죽는다고 말하면서 줄을 타서 건너가는 거라고 말했다. 빨간색과 파란색으로 얼굴을 표시하면서 '태극기 사람'이라고 했다. 큰 사람은 자기이며 작은 사람은 동생이라고 했다. 동생이 이쪽에서 줄을 타고 나오는 거라고 하면서 "너무 무섭겠지요? 그런데 재미있겠지요? 선생님도 타고 싶지요?"라고 하더니 파란색으로 미로의 길을 표시하며 "이쪽에서 저쪽으로 동그라미 깃발을 찾아가는 거예요."라고 말했다.

> 　　　유아는 그림속에 여러 선들로 구획을 만들어 위태롭게 갇혀있는 착한 졸라맨을 구출하는 장면을 나타냈다. 그림 37에서 유아는 전기가 감전된 사고난 기차와 침범한 도둑, 에어기차의 사고난 장면을 설명하면서 내면의 불안, 긴장감 등의 감정을 표출했다. 그림 38에서 유아는 다양한 선으로 미로를 만들어 게임실험을 하는 장면을 흥미롭게 나타냈다. 유아는 자아상인 졸라맨이 두렵지만 목표(동그라미 깃발)를 향해 미로속을 헤쳐나가는 용기있는 모습을 상징적으로 표현했다. 이러한 유아의 마음의 세계를 창의적인 그림을 통해 흥미롭게 표현한 점이 매우 인상적이다.

2.10
귀신 보는 유아
엄마 아빠 사랑해 주세요.

그림 39에서 유아는 공룡스티커를 붙이고 검은색으로 선을 그어 네모로 구획을 나누면서 색칠했다. 공룡이 스티커라서 말을 하지 못한다고 했다. 초록색 공룡은 먹이를 주워오는 공룡이라고 하면서 스티커를 "공룡 나라, 행복한 나라"라고 말했다. 그런데 아빠가 엄마 집에 못 가게 해서 화난다고 하면서 아빠는 엄마를 싫어하기 때문에 나쁘다고 말했다.

[그림 39]

그림 40에서 유아가 동그라미를 그릴 것이 필요하다고 해서 큰 스카치테이프를 주었더니 스케치북에 놓고 원 바깥과 안을 따라 그렸다. "자동차 바퀴 같지요? 줄 타는데 재미있겠지요? 줄 타고 안에 들어가서 타고 놀면 재미있지요?"라고 말하더니, "그런데 나 이것 타보았어요. 내 집에 거기 조금 가면 놀이터에 이게 있어요.

[그림 40]

[그림 41]

[그림 42]

이렇게 돌리면 빨리 돌아가요."라고 말하고서 초록색으로 바퀴를 칠한 후 다시 검은색으로 칠했다. 유아는 계속 말을 하면서 그림을 그렸다. "나, 우리 아기, 아빠와 엄마"라면서 초록색으로 사람을 그렸으며, 주황색으로 "이쪽이 불이 났는데 팔짝 뛰어야 하는데요. 그런데 팔짝 뛰면 무섭지요?"라고 말하면서, "그런데 불이 나서 불을 꺼야 하는데 동생이 물을 다 써버려서 물이 없어서 걱정"이라고 했다. 검은색으로 눈을 그리고 주황색으로 입 모양을 그리더니 "사람 같지요?"라고 말했다. "뾰족한 것은 팍 부셔버리는 거예요."라고 말했다.

그림 41에서 유아는 사람이 원을 들고 있는 모습을 나타냈으며 무거운 물건을 들고 있다고 했다. X 표시 위에 숫자를 썼으며 초록색 사람의 몸에 검은색으로 점을 표시하고 나서는 전기가 통하는 장면을 나타냈다. 검은색 동그라미에 회색으로 색칠을 한 후 숫자 표시를 하더니 망원경으로 귀신을 보고 있다고 말했다.

그림 42는 아빠, 엄마, 형, 아기가 소풍 간다고 하면서 사람이 타고 있는 차 밑에는 동그란 길이 있다고 했다. 공사 중인 곳에 가면 떨어져서 엄마 아빠를 못 만나게 된다고 했다. 소풍 가서 장난감도 많이 가지고 놀고 물도 마시고 초코파이도 먹는다고 했다. 엄마 아빠가 자기를 사랑해 줬으면 좋겠다고 했다.

유아는 아빠에 대한 분노의 감정을 드러내고 있으며, 부모님의 이혼으로 정서적으로 매우 불안하고 부모님이 사랑해줬으면 좋겠다는 말로 사랑과 관심을 받고 싶어하는 욕구를 보이며 '애정 결핍' 증세를 나타내고 있다. 부모님과 함께 소풍 가고 싶어하지만 공사 중인 위험한 곳에 떨어지게 되면 부모님을 못 만나게 된다는 생각으로 불안과 두려움을 동시에 나타내고 있다.

2.11
감옥에 갇혀있는 스틱맨
불쌍한 스틱맨

그림 43에서 유아는 검은색으로 바탕선을
그리고 색칠한 뒤 하늘색으로 졸라맨(스틱맨, 나무
막대 인형)을 그렸다. 사람의 몸에 점을 표시하면
서 제일 큰사람은 아빠이며 다음은 순서대로 엄마,
오빠, 아기라고 했다. 숫자를 차례로 적고 나서 구
름을 나타냈다. 가족사진을 만들고 있다고 했다.

[그림 43]

그림 44에서 유아는 검은색으로 자동차를
그리고 나서 감옥에 갇힌 졸라맨을 그렸다. 자동차
가 고장이 나서 싣고 가는 중이라면서 둘 다 사고가
나서 다쳤는데 자동차를 끌고 가고 있다고 했다.
로봇 자동차가 싸우고 있는데 나쁜 제트기와 엄청
나게 큰 탱크가 서로 싸워서 발에 총알이 나와 로봇
을 다 부수었다고 했다. 팔도 부서져서 던져버렸다
고 하더니 갑자기 "아빠가 정말 미워요!"라고 말했

[그림 44]

다. 빨간색 졸라맨은 날아갈 생각을 하며 뛰려고 했는데 못 뛰었다고 하면서 감옥에 갇혀

[그림 45]

[그림 46]

서 못 갔다고 하고 "이건 못 나가는 감옥이에요!"라고 말했다.

그림 45는 종이 하단에 치우쳐서 그린 것으로 졸라맨이 돌고래 위에서 낚시하고 있다. 연두색 졸라맨은 주인공이고, 돌고래 로봇은 냄새를 맡으면 죽는다고 했다. 애들하고 같이 사는 돌고래는 원래 착한 돌고래라고 하면서 "어때요? 잘 그렸지요?"라고 말했다.

그림 46에서는 연두색과 파란색의 자동차를 그리고 나서 빨간색으로 해를 그렸다. 너무 추워서 따뜻하게 해주려고 해를 그렸다고 했다. 자동차 앞부분을 빨간색으로 표시하고는 "이거는 더 뜨거운 바람을 일으켜줘요."라고 말했다. "그런데 공룡이 붙잡혔어요. 진짜 불쌍하지요? 원래 착한 공룡인데 감옥에 갇혀서 이제 못가요. 공룡들이 사는 곳에 이제 못 가요! 공룡이 말을 안 들어서 그런데 이거는 바람이에요!"라고 말하며 파란색으로 바탕선과 기찻길을 표시하고 빨간색으로 하단에 기찻길을 그렸다. "기찻길이 있는데 자동차가 멈췄어요. 그런데 기차를 타려고 하는데 기차가 빠르게 지나갔어요. 아하! 생각이 났어요. 방법을 찾았어요! 이 기차에서 감옥을 풀어 나오려고 했어요. 이 기차는 빠른 속도로 갔어요. 기차 때문에 자동차는 폭발했어요. 기차들이 다 부서진 거예요. 바퀴도 다 빨아 먹은 다음 타이어까지 공룡까지 다 빨아먹고 있어요. 성공 작전을 했지요. 이제 기차가 다 부서져서 살 수가 없어요. 찍 움직였어요. 이제 끝!"

유아는 자신의 그림을 바라보며 스스로 대단히 잘 그렸다는것을 확인하며 칭찬받고 싶은 욕구를 나타냈다. 그림 45에서는 그림이 전체적으로 종이 하단에 치우쳐 있는 것은 안정감과 의지할 대상이 필요하다는 것을 암시한다고 볼 수 있다. 졸라맨이 돌고래 위에서 낚시하는 모습이 창의적이다. 그러나 바다로 빠질 수 있는 위태로운 상황으로도 간주된다.

2.12
혼란스러운 유아
싸움만 하는 공룡

그림 47에서 유아는 계단을 올라가고 있으며, 졸라맨은 힘들지만 위로 올라가기 위해 열심히 올라가고 있다고 설명하면서 그림을 그렸다.

그림 48에서 유아는 "해적 배인데요! 배에는 해골이 있어요. 그리고 나쁜 해적들이 있는데 나쁜 놈들이에요! 나쁜 놈 배에는 친구들을 감옥에 가두려고 해골들이 나타났어요. 해골은 진짜 무섭지요? 발도 빠지고요. 다리도 빠졌어요. 그리고 갈색 스틱맨은 목만 빠졌어요. 그런데 이거는 대왕님이라서 감옥에 갇혔어요!"라며 파란색으로 감옥을 표시했다. "감옥에서 못 나오는 졸라맨은 사라지게 했어요!"라고 말하며 덧칠했다. 그리고 "해골 때문

[그림 47]

[그림 48]

[그림 49]

[그림 50]

에 너무 뜨거워서 없어지게 하려고 했는데 고장이 났어요, 그런데 가위로 잘랐어요. 해골도 다 빠지려고 하는데 배가 커서 잘 안 빠진다."라고 말했다.

그림 49에서 유아는 "이 문어는 착한 문어예요!"라고 말하며 열심히 그렸다. "착한 놈을 죽으라고 그래요!"라고 말하며 빠른 속도로 그리더니 "그런데 잘 그렸지요?"라고 칭찬받고 싶은 욕구를 나타내더니 "이제 그만 그릴래요."라고 말했다.

그림 50에서 공룡스티커를 좋아하는 대상 유아는 다양한 공룡스티커를 붙이면서 공룡을 통해 마음을 표현했다. 천천히 걸어가는 공룡을 보고 뒤에 가는 공룡이 빨리 가라고 말하고 있다고 했으며 산에 올라가서 구슬을 서로 차지하려고 싸우고 있다고 말했다. 보라색 공룡 두 마리와 노란색 공룡 두 마리가 싸우고 있는데, 서로 싸우고 있으니 기분이 안 좋다고 했다. "말을 안 듣는 나쁜 공룡은 매일 싸움만 하는 나쁜 공룡이에요!"라고 말하면서 먼저 구슬을 차지하려고 살펴보고 있다가 구슬을 차지하기 위해서 가위바위보를 하고 있다고 했다. 밑에 있는 공룡 세 마리는 친구인데 놀고 있다고 했다. 밑에 있는 공룡들은 신기한 구슬을 차지하려고 빠른 속도로 올라가고 있다고 했다.

유아기는 어느 정도 상징성을 가진 표현을 나타나는 단계이다. 유아의 생각과 느낌을 존중해주며 스스로 선택하고 자율성을 북돋아 주는 방법이 효과적이다. 유아와 신뢰 관계를 형성하고, 유아의 활동을 수용하며, 작품을 이해하고, 격려와 지지로 효율적이며 바람직한 효과를 낼 수 있도록 노력하는 자세가 중요하다.

나쁜 해적 배, 해골, 나쁜 놈, 감옥, 갈색 스틱맨 등을 통해 정서적으로 매우 혼란한 상태를 나타내고 있다. 이는 부정적인 대상에 대한 공격성을 의미한다고 볼 수 있다. 나쁜 공룡은 부정적인 자아상을 의미한다고 볼 수 있으며, 아빠나 할머니에게 매를 맞는 자신에 대한 죄의식이 반영된 것일 수 있다.

2.13

아빠는 나쁜 사람
아빠가 나를 안 때렸으면 좋겠어요.

[그림 51]

그림 51에서 유아는 "귀신을 그려야지"하더니 동그라미를 그리고 나서 "귀신 잘못 그리겠다!"하고서 고개를 푹 숙였다. 밖으로 나가더니 갑자기 위축된 행동을 보였다. "함께 모래놀이 할까?"라고 말하며 놀이치료실로 갔다. 모래놀이를 하더니 "선생님! 모래놀이 매일 해도 돼요?"라고 물었다. 유아는 "아빠가 나를 안 때렸으면 좋겠어요."라고 말했다. "내가 말을 안 들어서 사랑하지 않는다고 때리는 거예요!"라고 말했다. "아빠가 컴퓨터하고 있는데 방에 들어갔다고 뺨을 때렸어요. 코피가 줄줄 나와서 약 넣고 솜으로 막고 그랬어요. 우리 아빠는 엄마한테도 욕하고 싸우고 그래요! 엄마하고 싸우면 동생이랑 나랑 때려요. 그래서 아빠가 싫어서 우리 엄마가 엄마 집으로 갔어요. 아빠 집에는 절대 안 온다고 그랬어요! 아빠는 나쁜 사람이에요!"라고 말했다.

그림 52에서 유아는 캔버스에 4B연필로 그림을 그리더니 잘 그려지지 않자 마구

그어버렸으며, 화가 나는지 연필로 꾹꾹 누르고 찍더니 안 한다고 했다.

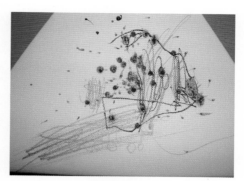

[그림 52]

그림 53은 물에 사는 보트인데 유리가 있으나 유리가 깨지면 못쓴다고 했다. 유리가 깨지면 잘 볼 수도 없고 속도가 빠른 보트라서 빨리 간다고 했다. 갈색은 진흙탕이라고 하면서 아직은 진흙탕에 안 빠졌는데 오른쪽 호스에 갈색 물은 진흙탕물이 흐르고 있는 곳이라고 하면서 진흙탕에 안 빠지려고 빨리 간다고 했다. 진흙탕에서 위험하지 않기 위해서 바람이 필요하다고 했다. 그런데 오른쪽 위쪽에는 불꽃이 나오고 있다면서 "선생님! 이 그림 참 멋지지요?"라고 물었다. '참 훌륭하고 멋지다'라는 칭찬을 듣고서 즐거워한 대상 유아는 "그런데요 선생님! 수영을 잘 하려면 엔진이 필요하거든요! 그래야 빨리 가요! 그래야지 바람이 빠른 속도로 나오거든요!"라고 말했다. "이쪽에서 바람이 나와요. 그런데 보트가 공룡을 다 끌고 가고 있는데 아기 공룡이 엄마 보고 싶어서 울고 있는데 조금 있으면 아기 공룡이 엄마 공룡을 만날 거예요!"라고 말했다. 유아는 유치원에서 친구들과 함께 놀이하는 활동 시간에는 주의

[그림 53]

[그림 54]

집중력이 매우 짧고 산만한 태도를 보인다고 했다. 하지만 미술치료 프로그램 시간에는 집중을 매우 잘하며 그림 활동에 많은 관심과 흥미를 나타냈다. 그림 54는 로켓과 자동차가 서로 경주하고 있다고 하면서 자동차는 졸라맨이 타고 있는데 기름을 넣어서 빠르게 달리고 있다고 했다.

유아는 그림 52에서 캔버스에 연필로 그림이 잘 안 그려지자, 연필을 꾹꾹 눌러 찍으며 분노감정을 드러냈다. 이러한 유아의 행동으로 보아 유아는 뜻대로 잘 되지 않을 때는 좌절감을 느끼게 되고 좌절감으로 인해 화난감정을 잘 조절하지 못하고 순간 화를 내게 되는 것으로 보인다. 화(분노)를 참지 못하는 유아의 내면에는 엄청난 분노가 자리잡고 있는 것으로 파악되며, 이는 장차 성인이 되어서도 화를 참지 못하는 분노조절 장애로 이어질 수도 있다.

2.14
핵폭탄 실은 자동차
슬퍼서 울고 있는 스틱맨

유아는 그림 55를 그리며 달팽이는 여왕이라고 하면서, 잘 기어가고 있다고 했다. "여왕이 이렇게 예뻐요. 여왕 달팽이가 울고 있어요. 나가려고 그랬는데 못 나갔어요. 불쌍한 달팽이예요. 기계는 검은색 여왕님을 살펴주려고 하고 있고 여왕님이 아기가 태어나게 해 주려고 하고 있어요. 기계는 검은색 여왕님한테 약을 주려고 이렇게 연결되어 있어요."라고

[그림 55]

말했다. 우측에 있는 기계는 달팽이 똥을 딱딱하고 뾰족하게 만들려는 기계라며, 기계가 빨간약을 끌고 가고 있으며 힘들어서 똥을 쌌다고 했다. 또한 기계는 지금 맛있는 설탕을 달팽이한테 주려고 작전을 짜는 중이라고 했다. 보라색 뾰족한 것은 왕관인데 달팽이는 원래 대장이라고 하면서 갑자기 "친구하고 놀기 싫어요! 안 놀아줘요! 친구들이 싫어요!"라고 말했다. 바탕에 초록색으로 그리더니 "초록색은 달팽이가 토해낸 거예요. 대왕님 전부 다 없어지게 하려고 엄청 많이 토했어요. 완전 바닥까지 토했어요."라고 말했다.

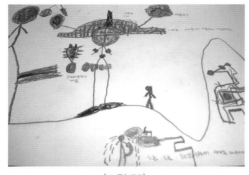

[그림 56]

그림 56에서는 바탕선을 따라가고 있는 작은 붉은색 졸라맨 졸라맨이 어디로 가고 있다고 했다. 검은색으로 졸라맨을 커다랗게 그리더니 졸라맨의 머리를 네 칸으로 나눠 각 칸에 숫자로 1, 2, 3, 4를 표시했다. 졸라맨의 머리 위에는 붉은색 자동차를 그리면서 "자동차는 나쁜 놈 기계"라고 했다. 빨간색 둥근 원에 검은색 동그란 물체는 핵폭탄 장치라고 하면서 나쁜 놈 기계가 핵을 던지려고 하고 있다고 했다. 도깨비방망이 밑에 달린 검고 동그란 원은 대포라고 했다. 커다란 붉은색 졸라맨은 착한 졸라맨이라고 했다. 오른쪽 아래의 빨간색 표시는 미로이며 미로 찾기를 하고 싶다고 했다. 종이의 하단에 연필로 그린 졸라맨은 일을 너무 많이 해서 다리를 다치는 바람에 아프고 슬퍼서 울고 있다고 했다.

[그림 57]

그림 57은 꼬리가 있는 자전거라고 하면서 이상한 나라에 있는 자전거는 안 움직이는 자전거에 끼워져 있는 인형이라고 하면서 졸라맨이 자전거를 타려고 해도 움직이지 않는 자전거이기 때문에 탈 수가 없다고 했다.

[그림 58]

그림 58에서 유아는 졸라맨이 놀이터에서 신나게 놀고 있다고 했다. 미끄럼틀에 올라가고 있는 졸라맨은 뜀을 뛸 수도 있다고 했다. 오른쪽 아래에 졸라맨을 그리더니 "선생님! 참 예쁘고 사랑스럽다. 선생님이 좋아하는 바지에요!"라고 하면서 졸라맨에게 바지를 입혀주었다. 커다란 졸라맨은 아주 큰 기계 인간이라며, 기계 인간이라서 안 움직이고 보는 거라고 말했다. 그런데 함부로 유리를 만지면 깨지기 때문에 절대 만지면 안 된다고 했다. 파

란색은 불 켜는 거라고 하면서 사람들이 갈 때면 파란색이 움직인다고 했다. 유아는 이거 때문에 사람들이 안 움직이는 거라고 하면서 노란색은 전기가 통하는 거라고 했다. 엄마가 태어날 때는 이쪽 전기선에서 가고 있는데 화살표까지 가는 거라고 하면서 전기선을 그렸다.

유아는 자동차는 나쁜놈 기계라며 분노의 감정을 드러냈다. 착한 졸라맨은 유아 자신의 자아상이라고 볼 수 있으며, 아프고 슬퍼서 울고 있는 졸라맨에게 동정심을 나타내고 있다.

2.15

떼쓰는 동생
동생 때문에 스트레스를 받는 오빠

[그림 59]

[그림 60]

유아는 그림 59를 그릴 때 자동차를 열심히 그리면서 작은 졸라맨 두 사람은 애들인데 공사 중이라서 짐을 들어 옮기고 있다고 했으며, 큰 사람은 아저씨들이고 자동차에 기름을 넣고 있다고 했다. 유아는 "자동차 공사 중인데 부러졌어요. 이제 다 만들었어요. 한 개만 붙이면 돼요. 자동차 고치는 사람들인데 고치는 것도 잘해요. 검은색으로 칠하면서 이건 더 고쳐야 돼요. 이걸 이쪽에다 끼워야겠다."라고 하면서 이걸 끼우지 않으면 자동차가 움직일 수가 없다고 했다. 그런데 열심히 그림을 그리더니 동생이 없으면 좋겠다

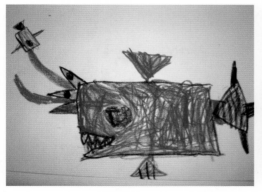

[그림 61]

[그림 62]

고 했다. 동생이 귀찮다며, 떼쓰고 장난감 달라고 하고 매일 귀찮게 한다고 했다.

그림 60에서 유아는 "선생님 자동차 멋지지요? 이 자동차는요 멋진 자동차예요. 무진장 빠르게 잘 나가요. 그런데 기름 넣는 곳도 있어요!"라고 말했다. 그림 61은 "엄마 물고기가 아기물고기 한테 먹이를 주고 있다."라고 말했다. 그림 62는 나무막대로 된 졸라맨들이 잠수함을 타고 있다고 하면서 잠수함엔 바퀴가 많이 달려서 힘이 세다고 했다. 졸라맨이 더 빨리 가게 하려고 대포를 쏘고 있다고 했다. 공룡을 잡으려고 사람들이 많이 왔다고 했다.

그림 61에서 유아는 엄마 물고기가 아기 물고기에게 먹이를 주고 있다며 어머니로부터 보호받고 싶은 욕구를 나타냈다. 그림 62에서는 잠수함을 타고있는 졸라맨이 대포를 쏘는 모습이라며 불안감과 공포감을 나타냈다.이러한 불안과 공포의 심리는 부모와의 불안정한 애착으로 인해 형성된 것으로 보여진다.

2.16
짜증 내는 아빠
상처받은 아이

[그림 63]

[그림 64]

그림 63은 귀신이 눈이 많이 달렸고 손가락이나 다리가 많은 괴물이라고 했다. 무서운 귀신이 옆에 또 있다고 했다. "괴물이 무섭지요? 나 귀신이에요. 나 잘 그리지요? 그런데 이거 사람들한테 발사하는 거예요. 졸라맨(스틱맨, 나무막대 인형)이 귀신을 쓰러뜨리려고 하고 있어요."라고 했다.

그림 64는 "바퀴가 좀 많아요."라고 했고, 하늘색으로 사다리를 그린 후에 소방차라고 했다. 사다리 타고 올라가는 졸라맨을 그리더니 "사람을 도와주려고 이렇게 생겼어요. 불났어요. 도와주세요. 불 끄는 소방관 아저씨."라고 했다. "연기가 나오고 있어요."라고도 말했으며, 연두색으로 사람을 그리더니 슈퍼맨이라고 했다. '눈에 뭐 안 들어가게 하려고 이렇게 하고 있다'며 붉은색으로 눈을 가렸다. 졸라맨이 사다리를 타고 올라가서 물을 부어 불을 끄고 있다고 했다. 빨간 졸라맨을 그리더니 날씬한데 얼굴이 커졌다고 하면서 애는 원래 여자인데 눈을 찾아보고 있다고 했다. "아이쿠! 왜 이렇게 커! 끔찍스럽다. 눈이 완전히 커서 대포 발사하려고 이렇게 커졌어요! 눈이

이렇게 커져서 눈썹도 있어요."라며 눈썹을 그렸다.

그림 65에서 유아는 연두색으로 새끼 달팽이를 그렸다. "선생님! 달팽이 귀엽지

요? 아기 달팽이예요!"라고 말하고 하늘색으로 바탕선 을 표시했다. "선생님! 우리 집에 조금 큰 달팽이 있는 데! 달팽이 잡아서 통에 넣었는데요, 달팽이가 똥을 쌌 어요. 검은 똥이에요. 달팽이가 위로 올라가다가 똥을 싼 거예요. 오늘은 내가 마음이 좋아요. 나는 마음이 좋 아서, 그런데 엄마도 있지 뭐예요? 엄청 큰 엄마예요, 집보다 아우 커요! 엄마는 눈도 아주 크고, 뿔도 달린 달

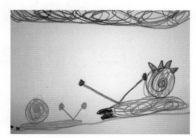

[그림 65]

팽이예요. 그런데 가시가 있어요. 가시에 찔려서 손이 아팠어요. 먹이도 안 먹고 똥도 안 싸요. 여보가 없어서 그래요. 여보는 아빠예요. 그런데 입은 검은색이에요, 원래 왕인데 아기가 귀여워서 뽀뽀했어요. 원래 초록색인데 이렇게 분홍색으로 됐어요."라고 말했다.

그림 66은 도움을 주려고 칼을 쥐고 있는 그림이다. 칼은 무적들을 쓰러뜨리거나

도둑을 잡으려고, 먹이를 구해서 맛있는 거 먹고, 다른 것도 마음껏 잡을 수 있어서 칼을 쥐고 있다고 했다. 유 아는 갑자기 "나는 자는 것이 제일 좋아요. 왜 그런지 알 아요? 아빠가 나한테 짜증을 내니까 그래요. 아빠가 짜 증 내도 아빠한테는 아무 말도 못 해요. 아빠가 무섭거 든요. 아빠는 TV만 보고 컴퓨터만 해요. 그런데 이거는 시계예요. 요정 때문에 시계가 됐어요. 해가 나와서 더

[그림 66]

무거워지고 있어요. 뜨거워서 시계로 변했어요. 다 별 때문에요."라고 말했다.

유아는 그림을 그리면서 내면의 억압된 감정들, 즉 분노의 감정이나 미움, 화, 두려움 등의 감정들을 풀어내고 있다. 한편 진흙탕에 빠지지 않으려고 안간힘을 쓰고 있는 유아의 내면에는 아버지로부터 거부당했다는 감정이 있는 것으로 파악된다. 이는 불안이나 두려움의 표시라고 할 수 있다.

2.17
외로운 참새
친구도 없고 엄마 아빠도 없는 나쁜 참새

[그림 67]

[그림 68]

그림 67에서 유아는 "나 큰 참새 그려야지!"라고 말하더니 청록색으로 동그라미를 크게 그린 후에 "그다음에 어떻게 그려야 되지?"라며 잠시 생각에 잠겼다. 부리를 그리고 날개를 그리고 나서 하늘색으로 색칠했다. "큰 참새 만들었네! 야 참새가 굉장히 크다!"라고 감탄하더니 "이거 개미가 타는 건데요. 개미나라에서 낳은 거예요!"라고 말했다. "꼬리가 없는 참새인데 나쁜 참새예요! 그런데 참새가 똥을 쌌어요! 하얀 똥을! 나쁜 참새는 원래 태어날 때부터 나쁜 참새였어요. 친구도 없고 엄마 아빠도 없고 동생도 없는 나쁜 참새예요!"라고 말했다.

그림 68은 파란색 색연필로 바탕선을 그리고 나서, 움직이는 자동차를 그렸다. 갈

색으로 포탄을 실은 차를 뒷부분에 그렸고 운전석에 사람을 표시했다. 구름을 세 개 표시하더니 빨간색으로 헬리콥터를 그려서 구름을 향해 포탄이 날아가는 장면을 그렸다. 그물을 만들어 자동차와 헬리콥터 등을 포위해서 가두었다.

[그림 69] [그림 70]

그림 69에서 아동은 "꿀벌을 더 커지게 만들려고 더 많이 만들고 있는 거예요. 신기하지요? 힘이 세지려고 꿀을 많이 모으는 거지요."라고 말했다. 그림 70에서 "무엇이든지 마음껏 그려볼까?"라고 하자, 유아는 "선생님 그려야지!"하더니 즐거운 표정으로 그렸다. 하트를 그리더니 "선생님 사랑해요!"라고 웃으며 가슴에 하트를 그렸다. "고마워!"라고 하자, 유아는 쑥스러워했다. 목에 있는 파란색은 목도리라고 했다. 목도리도 그려줘서 고맙다며 즐거워하자, 유아는 "선생님이 좋아요!"라고 말했다.

유아가 스스로 주도하여 그리고 싶은 것을 마음껏 그려보게 하는 방법은 유아에게 심리적인 부담감을 주지 않고 그림을 그리면서 심리적 안정을 찾게 하는 좋은 방법이다. 유아의 그림에 등장하는 나쁜 참새는 자아를 상징하며, 친구도 없고 엄마 아빠도 없고 동생도 없는 외로운 참새로 등장해서 자신의 외로운 마음을 상징적으로 나타낸다.

유아는 부모가 이혼하고, 누구에게도 따뜻한 사랑과 보호를 제대로 받지 못했기 때문에 심리적으로 두려움과 혼란을 겪고 있으며 매우 불안한 정서 상태를 나타냈다. 유아의 그림에서는 회기마다 불안과 두려움, 분노 등의 감정이 드러났으며 유아는 정서적으로 불안 증상을 나타냈다. 유아는 로켓을 그리다가 갑자기 선이 밖으로 튀어 나갔다면서 자신이 그림을 잘 그리지 못한다고 짜증을 내고, 화를 내며 연필로 캔버스를 찍거나, 크레용으로 종이에 쿡쿡 찍거나, 소리를 지르거나, 스케치북을 던지고 의자를 집어던지는 등 과격한 행동을 나타내기도 했다. 어머니의 말에 의하면, 아들이 감정을 조절하지 못하고 공격적인 행동을 하는 것은 아이 아빠가 집에서 짜증을 잘 내고 화가 나면 물건을 던지기 때문에 똑같이 닮아서 그런 것 같다고 했다. 아빠는 아들이 말을 듣지 않으면 고집을 꺾어야 한다며 혼내거나 때리면서 끝까지 고집을 꺾게 한다면서, 아들이 상처를 많이 받았을 거라고 했다.

부모가 아이를 충분히 인정해주었다면 아이는 안정감이 있고 자율적이며 자신감이 있는 인성을 형성하도록 내면화되었을 것이다. 아이가 받은 사랑은 후일 자신의 배우자와 자녀에게 사랑을 줄 수 있는 사랑의 원천이 된다. 그러나 부모의 인정과 수용이 충분하지 못하면, 그에 대한 갈망은 아이의 잠재의식 속에 남아있게 된다. 충족되지 않은 인정과 관심에 대한 욕망은 성인이 된 후에도 사람들 앞에서 수정되지 않은 채 그대로 드러난다. 부모로부터 거부당한 경험으로 애정결핍이 발생하게 되고, 이로인해 거절당한 관심을 지속적으로 갈망하는 것일 수도 있다.

부모와의 관계에서 긍정적인 정서를 경험하지 못한 유아의 경우, 부모와 자신에 대해 통합되고 안정된 표상을 갖지 못하고 부모는 자기를 사랑하지 않는다고 인식하고 있다. 내담자인 유아는 엄마와 이혼한 아빠를 미워한다. 또한 자기를 혼낸 아빠를 나쁜 졸라맨(스틱맨, 나무막대인형)으로 동일시하며 분노와 공격성을 표출하고 있다. 감정 기복이 매우 심한 대상 유아는 잘 놀다가도 조그마한 일에 화가 나면 소리를 지르거나 친구를 때리며 공격적인 행동을 하거나 물건을 집어 던지는 등 친구들을 괴롭히는 행동을 나타낸다. 유아는 아빠와 엄마를 좋아하면서도 매우 미워하며 부모를 나쁜 사람으로 느끼는 등 정서적으로 매우 불안하고 혼란스런 감정이 교차하여 나타나고 있다.

유아기에는 억울함, 분노, 적대감 등의 부정적인 감정을 느끼게 되면, 반항하거나 미운 행동을 하며 관심을 끌려고 하는 경향이 있다. 유아들이 자율성과 독립성을 경험하고 발달하는 과정에서 나타나는 지극히 정상적인 행동이다. 그러나 '적대적 반항장애'를 보이는 유아들은 심하게 반항적이며 친구들과 어울리지 못하고 거부적 태도를 보인다. 정해진 규칙을 지키지 않고 반항을 하거나, 실수를 했을 때 핑계를 대며 책임을 회피하거나, 잘못을 했을 때나 뜻대로 잘 안될때는 상대방의 탓으로 돌리며 원망하기도 한다. 이러한 유아들은 화를 내거나 공격적이며, 잘못을 인정하지 않는다. 부정적인 관심을 끌려고 하거나 미운 행동을 하며 청개구리와 같은 행동을 하고, 친구들에게 시비를 걸거나 공격적인 행동으로 싸우려고 하므로 갈등은 더욱 심해지게 된다.

문제행동을 하는 아이의 욕구를 좌절시키거나 아이에게 규제를 가하면서 나쁜 양육자의 역할을 하면, 아이는 내면에 분노의 감정이나 거절당한 느낌, 좌절감 등으로 복수심을 가지게 될 수 있다. 자신은 사랑받지 못하고 있다는 생각이 들면서 위축되거나 공격적인 성격이 형성될 수도 있다. 또한 유아는 미성숙한 태도로 지나치게 고집을 부리거나 자기중심적인 특성으로 자신의 관점에서만 바라보고 다른 사람을 배려하지 않게 되기도 한다. 따라서 반항적이거나 이기적이며 고집스럽게 보인다고 나쁜 아이로 판단을 내리기보다는 아이의 행동을 이해해주는 태도가 필요하다. 아이의 독립을 인정해주고 실수를 격려해주며 따뜻한 마음으로 용기를 심어줄 때 아이가 진정한 어른으로 성장할 수 있다.

유아는 출생 직후부터 중요한 사람과의 관계를 통해서 거부, 독립, 벌 등을 경험하면서 불안이 생기며, 이러한 대인 관계를 통해서 성격이 형성된다. 즉, 부모와의 관계에서 어떤 경험을 하느냐에 따라 불안 증상이 유발될 수 있다. 사회적 능력이 심하게 떨어지면 혼자서는 삶을 영위해 나가기 힘들게 되고, 자신의 잠재 능력을 발휘하지 못하게 된다. 사회적 능력이 부족한 아이들은 인기가 없고 따돌림을 당할 가능성이 있으며, 자신감과 자존감이 낮아서 위축되거나 피해 의식으로 복수심을 갖게 되고 공격적인 행동을 하게 될 수 있다. 결국 인간관계에 있어 갈등을 겪게 되고 고통을 겪게 되는 것이다. 따라서 부모는 자녀가 다른 사람들과 더불어 살아가는 방법을 터득할 수 있도록, 가정에서 민주적인 분위기를 형성하여 자녀가 독립적으로 살아갈 수 있는 지식을 습득하고 자기 행동을 통제하고 조절하는 능력을 키우도록 도와주어야 한다.

2.18

귀신이 보이는 아동
아들에게 약 먹이는 엄마

[그림 71]

그림 71은 초등학교 3학년 남학생이 그린 그림이다. 어머니의 말에 의하면 아들이 2학년 때 학교에서 친구들과 자주 싸우고 산만하고, 담임 선생님한테 반항하고 대들고 고집 피우고 큰 소리를 질러서 제어가 되지 않았으며, 감정이 조절되지 않았다고 했다. 담임선생님의 권유로 대학병원에 데리고 갔더니 ADHD 증상이라고 약을 먹여야 한다고 해서 약을 처방받았다고 했다. 어머니는 아들한테 사실대로 말하면 아들이 충격받을까 염려되어 비타민제라고 속이며 복용하고 있다고 했다. 의사 선생님이 약을 꼭 잘 챙겨 먹어야 한다고 해서 잘 먹이고 있는데 부모가 되어서 이렇게 해도 되는 건지 어떻게 해야 하는지 혼란스럽고 고민이 된다고 했다.

아동은 첫 회기에 상담실 책상 위에 있는 먹물과 붓에 관심을 가지더니 먹물로 그림을 그려보고 싶다고 했다. "먹물로 그림 그리고 싶구나."라며 마음껏 그려보라고 하자, 아동은 붓에 먹물을 묻혀서 신나게 그리더니 '귀신'이라고 했다. "검은 형체는 사람이에요!

머리긴 여자 귀신이에요."라고 말한 아동은 잠시 생각에 잠기더니 심각한 표정을 지으며 작은 목소리로 말을 했다. "민속촌에 갔을 때 옛날 집 구경을 했는데요. 문 안에 뭐가 있나 궁금해서 제가 살짝 문에 구멍을 뚫어서 봤더니 안에는 옛날 물건이 있어야 하는데 아무것도 없었어요. 문이 열린 곳은 가구들이 다 있는데 수상하잖아요? 안에 귀신이 있나 뭐가 있나 궁금했어요."라고 말을 했다.

　　　귀신을 본적이 있었느냐는 질문에 아동은 "귀신 본 적이 있었는데요. 피아노 학원에서 피아노를 연습하고 있는데 갑자기 시커먼 물체가 창문으로 빠르게 지나가서 깜짝 놀랐어요. 그냥 멍하니 보고 있었는데 잠깐 깜짝 놀랐는데 1초도 안 돼요, 0.59초로 짧은 시간에 귀신이 벽을 통과했어요. 친구한테 검은 형체가 지나갔다고 하니까 다른 애들이 아무것도 없다고 했는데 소름 돋지는 않았고 살짝 신기한 느낌이 들었어요. 어릴 때 절에 갔었는데, 부처님을 믿었는데 믿는 순간 검은 형체가 보였어요. 사람 형체였는데 요즈음은 안 보이더라고요. 옛날에는 흰옷을 입었고 머리카락이 길었어요. 옛날에는 농촌이라서 귀신이 있을 리가 없는데 친할머니 집에는 진짜 귀신이 있어요. 옛날에 물에 들어가지 말라고 했는데 들어가면 귀신이 있어요. 아버지가 거기서 귀신을 봤다고 했어요. 물이 피나 파란물이 섞인 것처럼 좀 벌건색이었다고 했어요. 나무 위에 흰 끈으로 목매달면서 아버지를 째려봐서 무서워서 달려왔다고 했는데 기절할 뻔했대요. 군인 때는 억! 소리가 나서 봤는데 아무것도 없었대요. 예전에는 지어낸 거라고 했는데 4살 때 불 끄고 누웠을 때 이야기해 주셨어요. 그때는 조금 귀신을 안 믿었는데 지금은 귀신이 있다고 믿어요. 신기한 게 피아노실 같은 곳에서 심지어 귀신을 봤어요. 휴대폰에서 보면 한 풀어달라고 도움 요청했는데 고려 시대인가 조선 시대부터 지금까지 계속 보였는데 지금은 한 풀고 그냥 가라고 한 뒤에 아예 안 보여요."라며 귀신에 대한 공포와 두려움의 감정을 마음껏 드러냈다.

　　　어머니는 아들이 학교에서 친구를 손가락으로 밀었는데 그 친구가 아들이 폭력을 행했다고 선생님에게 일러바쳐 아들이 꿀밤을 맞았다고 했다. 아들은 '많이 아프지는 않았지만, 기분이 나빴다'라고 했다. 아들이 다른 친구하고 문제가 생겨 미안하다고 사과했는데, 목소리가 작아서 잘 안 들렸는지 그 친구가 계속 사과하라고 소리 질러서 밀었는데 폭력 학생으로 몰아서 속상하다고 했다. 어머니는 아들이 동생과 놀다가도 잘 싸운다고 하면서, 둘이 싸우면 주로 '형이 동생을 잘 돌봐주고 사이좋게 놀아야지 못난 행동을 하며 싸운다'고 형을 몽둥이로 때리기도 했다면서 스트레스를 많이 받았을 거라고 했다. 어머니는 남편도 화가 나면 아들에게 화풀이를 했었는데 화나면 아들한테 말을 톡톡 쏘면서 상처를 줬다고 했다. 어머니는 남편이 자기밖에 모르는 이기적인 사람이라 시댁에 가서도 많이 싸워서 아이들이 매우 불안했을 거라고 했다. 어머니는 아들이 무슨 죄가 있다고 엄마 아빠한테 혼나고 학교 가서 친구들한테 놀림당하고, 학교 선생님에게 혼나는지, 아들이 불쌍하다고 했다.

[그림 72]

그림 72에서 아동은 먹물을 활용해서 선을 신중하게 그리더니 아래에 기와집을 그린 후 이름을 쓰고나서 손가락에 먹물을 묻혀서 도장 찍듯이 꾹 눌러 찍었다. 네 번째 손가락을 접어서 먹물을 다시 묻혀 찍더니 안중근 의사가 이렇게 손가락이 잘려서 도장을 찍었다고 하면서 손바닥에 먹물을 다 묻혀서 신기한 듯 바라보더니 종이에 다시 찍었다. 아동은 독립운동가 안중근 의사에 대해 상세히 설명하며 역사에 관심이 많고 아는 것이 많아서 장차 훌륭한 역사학자가 될 것이라고 했다.

그림 73에서 아동은 새둥지를 그렸는데 "새둥지를 친할머니 집에서 봤는데요. 짚으로 집을 만들었는데 새가 95% 완성해놓고 가버렸다네요. 어디론가 가고 안 왔대요."라고 하다가 혼잣말로 "이 둥지는 일반 새둥지인데, 위험해서 안 왔나? 뭐가 잘못됐지?"라고 하더니 왼쪽 옆에 둥지를 다시 그렸다. 아동은 "다른 곳에서 다시 지어서 거기서 알 낳았을 거예요."라고 하더니 "새집 짓는 거 봤어요. 까치는 신기하게 짚을 모아서 집을 짓더라고요. 그런데 할머니 집에서 이상한 새를 봤는데요. 등쪽은 검은색이고,

[그림 73]

옆쪽이 파란색, 배쪽은 흰색, 부리가 짧고 머리는 검은색인데, DNA가 조작돼서 변종이 됐는지 아니면 멸종 위기종 같아요. 한 번 그려볼까요?"라고 했다. 왼쪽 아래쪽에 미완성된 새를 그린 후, "친할머니 집에서 창문 쪽을 바라보니까 새가 째려보는 것 같았어요. 아닌 것 같기도 하고… 1분 동안 쳐다보다가 갔어요."라고 말했다.

그림 74에서 아동은 친할머니 집이라고 하면서 깊은 산골인데 집 옆에는 체리 나무가 다 죽고 한 그루만 살아 있는데 열매가 하나도 열리지 않는다고 했다. 뒤에는 산이 있고 강아지도 있고 사촌 누나가 있는데 그 누나는 중2병이 걸려서 휴대폰만 보고 '가! 가!'라고 하면서 옆에 오지도 못하게 한다고 했다. 중2병이 걸리면 노는 것도 귀찮아하고 카톡만 본

[그림 74]

다며 예민해서 그런 것 같다고 했다. 중 2병은 사춘기랑 비슷한 건데 죽든지 말든지 짜증내고 아무것도 무서워하지 않는다고 했다. 그런데 이상하게 고등학교에 들어가면 언제 그랬냐는 듯 예민하지 않게 되고 아무렇지도 않게 된다고 하면서 신기하다고 했다.

아동은 4살 때 친할아버지 집에서 밤에 잠을 자려고 불을 끄고 누웠을 때 '머리카락이 긴 흰옷을 입은 귀신이 나무 위에 흰 끈으로 목매달면서 아버지를 째려봐서 무서워서 달려왔다'라는 아버지의 귀신 이야기를 듣고 귀신공포증이 생겼다고 볼 수 있다. 이러한 공포증은 불안으로 연결되어 아동은 "친할머니 집에서 창문 쪽을 바라보니까 새가 째려보는 것 같았다."라고 하기도 했다. 이는 대인 관계에서 겪는 스트레스와 좌절감으로 인한 불안감과 공포의 심리에서 기인한 것으로 보인다. 또한 누군가가 째려보고 비난하거나 놀리거나 욕하거나 흉볼 것같다는 피해 의식과 불안심리가 내담자(아동)의 그림에서 새가 째려본다는 표현으로 드러난 것으로 해석된다.

2.19
우울한 나
따뜻한 사랑을 받고 싶어요.

[그림 75]

그림 75에서 그림 88까지는 중학생 2학년 여학생의 그림이며, 한 달에 한두 번씩 2년 동안 미술치료로 상담했던 사례이다.

그림 75는 '가족화'이다. 아빠는 직장 때문에 집에 잘 없고 언니 둘과 함께 살고 있는데 아빠가 초등학교 3학년 여자애가 있는 다른 아줌마를 집에 새엄마로 데려와서 속상하다고 했다. 언니들 둘 다 엄마가 달라도 한집에 살면서 그래도 서로 잘 지내고 있지만, 이복동생이 생겨 고민되고 속상하다며 참 생각이 없는 아빠라고 했다.

그림에 등장하는 사람들은 얼굴이 모두 텅 비어 있으며 벌거벗고 있다는 점에서 외부와 접촉하지 못하고 있다는 것을 알 수 있다. 자신의 공상 속에서 상실감을 보이며, 심리적으로 위축되어 있고 두려움과 심한 불안, 슬픔으로 우울한 모습을 나타냈다. 내면에 불쾌한 상황을 감추고 싶고 피하고 싶은 경향이 있는 것으로 보인다.

[그림 76]

[그림 77]

[그림 78]

[그림 79]

그림 76에서 등장하는 사람들은 엄마, 아빠, 큰 언니, 작은 언니, 본인이라고 하면서도 자신을 상징하는 인물상의 표정을 그려 넣지 않았다. 생일날인데도 엄마가 집에 올 수도 없고, 축하해주지 못하기 때문에 마음이 슬프다고 했다.

그림 77은 '자화상'으로, 자기 모습을 잘 그리지 못한다고 하면서도 천천히 그리기 시작했다. 가장 먼저 얼굴을 그렸으며 몸, 팔, 손, 머리, 안경, 교복, 하트를 꼼꼼하게 그렸다. 학교 선생님에게 종아리를 맞을 것을 생각하니 걱정이 된다고 했다. 시험을 65점 받았는데 선생님이 성적 나쁜 학생들에게 체벌을 가한다며, 걱정이 되어 잠도 오지 않는다고 했다. 죽어도 공부하기 싫은데 왜 때리는지 모르겠다면서 선생님이 때리기 때문에 공부하기가 더 싫어진다고 했다.

고개를 숙이고 있는 '자화상'은 우울한 자기 모습이다. 차분한 머리 모양과 눈을 감고 하트를 가슴에 안고 있는 모습은 애정결핍으로, 사랑을 갈구하고 있음을 의미한다고 볼 수 있다. 또한 자아상이 다소 경직되어있어 방어적이며 위축성이 있을 가능성을 시사한다.

그림 78은 늘 똑같고 지루한 일을 반복하는 일상생활에서 시간이 없어 쩔쩔매며 바쁘게 살고 있으며 혼란스럽게 살아가고 있는 모습이라고 하면서 회오리바람은 '일'을 의미한다고 했다. '일'은 회오리바람에 빨려 들어가는 시간을 의미한다고 했다.

그림 79를 그리면서 광란의 마을은 싸움만 하는 가족들이 사는 마을인데, 서로 싸우며 고통스러워하고 있다고 했다. 가족 모두 다 불쌍한 처지에 놓이게 될 불쌍하고 한심한 집이라고 했다.

2.20
자해하는 여중생
슬픔을 감추며 살아요.

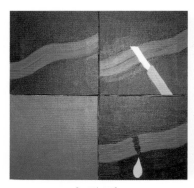

[그림 80]

[그림 81]

그림 81에서 중학교 2학년 여중생은 자기의 동맥과 정맥 혈관을 칼로 끊어버리니 피범벅이 되어버렸고 피를 흘린 영혼(혈관)은 눈물을 흘리고 있다고 했다. 자신은 손목을 칼로 그어 자해를 종종 한다고 했으며 죽고 싶을 때가 많다고 했다. 어떨 때 죽고 싶었느냐는 질문에 집을 생각하면 죽고 싶어진다고 했다. 사람이 죽으면 하늘로 간다고 하면서 그림 속에 있는 사람은 죽었기 때문에 빨간색의 영혼이 나왔고, 이 사람의 영혼이 모든 기억을 가지고 하늘로 올라가는 것이라고 했다. 그리고 육체만 땅에 남은 것이라고 했다. 내담자 학생은 부모가 이혼하여 아버지와 두 언니와 함께 산다. 제일 큰 언니와 작은 언니는 어머니가 다 다르지만 셋이서 다정하게 살고 있다고 했다. 아버지는 결혼을 일곱 번 했다면서 자기는 여섯 번째 엄마가 낳은 딸이라고 했다. 내담자는 겉으로 보기에 단정하고 표정은 웃고 있으며 밝아 보이지만 왜소하고 위축된 모습

을 보인다. 내담자는 아버지가 엄마를 폭행해서 경찰서에 신고했는데, 엄마가 참다가 도저히 안되겠다며 이혼했다고 했다. 초등학교 2학년 때 부모님이 이혼했는데, 그때부터 잘 때 무슨 일이 일어날까 늘 두렵고 불안하다고 했다.

그림 82에서는 초등학교 1학년 때부터 4학년 때까지 사촌 오빠로부터 성폭행당했으며, 그 후유증으로 악몽에 시달리며 자살을 기도하기도 했다고 했다. 내담자는 아버지가 언니들도 많이 때린다고 하면서 아버지를 이해할 수가 없다고 했다. 큰 언니는 고등학교를 중퇴했으며 회사에 다니며 틈틈이 아르바이트 한다고 했다. 작은 언니는 고등학교 2학년인데 비행 청소년이 되어서 나쁜 친구들과 어울려 다닌다고 했다. 담배를 피우고 술을 마시면 건강에 해로운데도, 언니들은 집에서도 담배를 피우고 친구들하고도 어울려 다니며 나쁜 행동을 많이 한다며 철없는 행동을 하는 언니들이 안타깝다고 했다. 언니는 아버지한테 맞아서 가출하기도 했는데 휴대

[그림 82]

전화 위치 추적을 해서 붙잡혀 와서 지금은 집에 있다고 했다. 그런데 학교도 잘 가지 않고 애를 태운다며 언니들이 속을 많이 태우니까 자기는 안 그러려고 많이 노력한다고 했다.

내담자는 학원에 다닐 돈이 없어서 공부는 포기했고 아버지는 용돈도 안 준다고 했다. 그렇지만 우울하게 살면 더 억울하고 불행한 생각이 들 것 같아서 학교에서도 일부러 잘 웃으며 슬픔을 감춘다고 했다. 공부를 포기해서 반에서 30등을 했는데, 그래도 포기하면 바보가 될 것 같은 생각이 들어서 혼자 열심히 노력해서 20등까지 올랐다고 했다. 그런데 아버지로부터 너는 열심히 공부하는 것 같던데 겨우 그것밖에 못 했냐는 질책과 비난 섞인 말을 듣고서는 화가 머리끝까지 치솟는 느낌을 받았다고 했다. "다음부터는 더 잘할게요."라고 말을 했지만, 그 다음부터는 공부하기 싫어졌다고 했다. "도대체 우리 아빠는 너무 하는 것 아니야! 우리한테 해주는 것도 없으면서 왜 노력하는데도 욕심만 앞서고 자꾸 혼내고 그러지, 도대체 몇 등을 해야 만족을 하는 거야?"라는 반발심이 생겼다고 했다. 언니들도 아빠가 혼내니까 더 엇나가서 잘못된 것 같다는 생각이 든다고 했다. 큰 언니가 엄마처럼 잘해준다며 언니들이 불쌍하다고 했다.

[그림 83]

[그림 84]

그림 83에서 여중생은 자신을 '삐에로'로 나타냈다. 삐에로가 힘들고 지치지만 그 모습을 감추기 위해 웃고 있는 모습을 나타냈다고 하면서, 사람들은 자신이 행복한 줄 알고 있다고 했다. 그렇지만 자신은 힘이 든다고 하면서 지쳤다고 했다. 삐에로처럼 울 수 없는 자신을 알아봐 주었으면 좋겠다고 했다. 초등학교 3학년 때부터 엄마와 헤어져서 그때부터 자신은 어떻게 살아야 하는지 매우 두려웠고 매일 악몽을 꾸며 잠을 못 이루고 엄마 생각에 슬펐다고 했다.

그림 84는 까맣던 자신의 마음에서 무엇인가 하고 싶다는 '열정'이라는 작은 불꽃이 피어오름을 나타낸 것이라고 했다.

내담자는 피해 의식으로 인해 친구 관계에서도 스트레스를 받으며 생활에 대한 비관 등으로 우울증 증세를 나타내고 있다. 내담자는 부모님의 이혼, 가족해체로 인한 상실감, 트라우마로 고통스러워하고 있다. 세상을 어떻게 살아가야하는지에 대한 불안과 두려움으로 가득차 있다. 이러한 불안심리는 불면증, 예민함 등으로 나타나 증세를 더욱 악화시키고 있는것으로 파악된다. 또한 내담자는 슬픔과 악몽으로 정신적인 고통에 시달리고 있다.

내담자의 슬픔은 어머니의 부재가 근원이다. 슬픈기억은 슬픈감정과 괴로운 감정을 멈추지 못하게 만들고, 마음 속에 계속 떠올라 답답하고 슬프지만 울지도 못하고 좌절감에 빠져 길을 잃고 헤매고 있다. 내담자는 상실감과 좌절감으로 인한 슬픈 감정들을 받아들이고 대처해 나가는 방법을 찾도록 해야한다. 또한 내담자가 슬픔을 딛고 일어날 수 있도록 도움을 주기 위해서는 주변사람들의 격려와 지지가 필요하다.

2.21
꿈을 잃어버린 소녀
마음이 혼란스러운 영혼

그림 85에서 내담자는 매일 불안하다고 하면서, 그림에서처럼 언제 갑자기 상황이 나빠질지도 모르기 때문에 늘 불안하다고 했다. 이 마을은 지금 매우 평온했는데 갑자기 안 좋은 일(번개빛)에 의해서 아수라장이 되었다고 했다. 내담자는 눈을 뜨고 자기 전까지 늘 불안하다고 했다. 눈을 뜨고 방을 나서면 집이 아수라장이 되어 있고 누군가 물건을 훔치지 않을까, 학교에서는 누군가 다치지 않을까, 갑자기 학교에 불이 나지 않을까, 집에 와서 쉴 때 누가 갑자기 집으로 들어와서 죽이거나 집이 도둑맞고 자신은 묶이지 않을까 등등 불안한 생각으로 견디기가 힘들다고 했다. 특히

[그림 85]

잠을 깊이 자지 못한 날은 더 민감해져서 작은 소리에도 누가 들어온 것 같아 잠들지 못한다고 한다. 그리고 매일 일어나면 가족 중 누군가 자신의 곁을 떠나버리지 않을까 하는 불안한 생각이 든다고 했다.

[그림 86]

그림 86에서 내담자는 얼굴모습은 마음에 있는 악마를 의미한다며, 악마가 마음에 들어와 자리 잡고 웃으면 자신도 악마가 되어버린다고 했다. 화가 나면 화를 참을 수가 없어서 집에 있는 물건을 다 집어 던지고 부수고 소리를 지른다며, 견딜 수가 없다고 했다. 그래서 화가 나면 인형을 끌어안고 잤는데, 인형 덕분에 화가 풀어지고 안정이 된다면서, 인형이 없으면 불안하다고 했다. 집에 있는 인형이 유일한 친구라고 했다. 악마를 생각해보니 생각나는 것이 있다며 사촌 오빠가 생각난다고 하면서 사촌 오빠한테 성폭력을 당했다고 했다.

아직도 어디로 가야 하는지 모르기 때문에 눈을 가렸다고 했다. 어디로 가야 할지 잘 모르는 시각장애인처럼 성인이 된 자신의 모습 역시 꿈을 찾아 헤매고 있는 모습이라고 했다.

내담자는 자살하려고 하는 사람들의 심정이 이해가 간다며, 살아보려고 노력하지만 공부하기 싫고 학교도 가기 싫고, 선생님들이 무시하고 친구들이 같이 놀지 않으려고 해서 괴롭다고 했다. 아마 자기 집의 환경이 좋지 않기 때문에 친구들의 부모님이 같이 어울리지 못하도록 하는 것 같다는 생각이 든다고 했다. 아무도 자신을 좋아하지 않고 자신을 싫어하고 있는 친구들을 생각하면서 자신을 미워하고 있으며, 자기혐오의 느낌을 받고 있다고 했다. 내담자는 자기를 좋아하는 여자 친구가 있었는데 그 친구가 끌어안기를 지나치게 좋아해서 소름이 돋는다고 했다. 그 친구도 이웃에 사는 오빠한테 성폭력을 당했다고 하면서, 그 친구도 남자를 혐오하기 때문에 같은 여자 친구를 좋아한다고 했다. 내담자는 누구든지 자기 몸에 손을 대고 만지면 싫어하는데, 그 친구가 그렇게 행동해서 지금은 만나지 않는다고 했다. 그런데 그 친구가 다른 친구들한테 내담자의 이야기를 하면서 흉을 보며 복수할까 걱정이 된다고 했다.

자살 충동을 느끼고 있는 내담자는 상처 입은 지난날의 생각에 사로잡혀 수치스러움을 느끼며 의지할 사람이 없어 인형에 집착하고 있다는 것을 알 수 있다. 불안감과 두려움, 죄책감 등으로 자해하며 자신을 특별하게 좋아하는 사람이 아무도 없다며 외로움을 느끼고 있다. 또한 무력하고 무가치하다는 생각에 사로잡혀 자기를 나쁘게 생각하고 있고 자기를 미워하고 싫어하며 자기 파괴적인 생각으로 괴로움을 겪고 있다. 사촌 오빠가 가한 성폭력 때문에 여자 친구의 신체접촉에 지나치게 민감한 반응을 나타내고 있으며 강박적인 증세를 나타내고 있다. 외상의 충격이 너무 크거나 견디기 힘들 정도로 무섭고 고통스러울 때, 그러한 감정은 무의식 안으로 들어가 억압된 정서들이 신경증적인 증상으로 다시 나타나게 될 수도 있다.

그림 87은 '타락한 천사'라고 하면서 행복한 파란 행성으로부터 상처받아 흘린 피는 옷에 물들고 자신은 타락한 천사가 되어 행복한 저곳을 파괴하기 위해 검은 날개를 펼치고 있다고 했다. 내담자는 자신이 세상에 대해 비판할 거라고 하면서 모든 세상 사람들이 타락해 버렸고 다른 천사들한테 놀림을 받아서 타락해 버렸다고 했다. 그리고 세상 모든 사람 때문에 자신이 타락했으니 복수하겠다고 했다. 빨간색은 사람들한테 상처받아서 피 흘리는 장면인데 사람들을 심판하겠다고 했다. 내담자는 이 세상을 솔직히 정말 싫어한다면서 안 겪어본 사람은 이해가 안 될 거라

[그림 87]

고 했다. 자신은 친구와 비슷한 경험을 했기 때문에 이해가 된다고 하면서 친구만 생각하면 미칠 것 같은 생각이 든다고 했다. 그 친구가 어떠한 힘든 일을 겪고 있느냐는 질문에 아마 그 친구는 아빠 때문에 망할 거라고 했다. 그동안 죽지 않고 그 정도 자란 것도 기적이라면서 그 아빠는 애를 묶어놓고 봐주지를 않는다고 했다. 친구가 아빠한테 맞고 있을까 봐, 혹시 친구가 아빠한테 맞다가 3층에서 떨어져 자살할까 봐 걱정된다고 했다. 친구가 학교에서 집에 가면 또 아빠한테 맞고 있을 텐데 친구를 지켜주지 못해서 미안하고 죄책감이 든다고 했다. 친구는 또 맞을 것을 생각하니 두렵다고 했다면서 그 친구가 불쌍하다고 했다. 그 친구는 거의 매일 아빠한테 맞는다고 하면서 아빠는 평생을 노예로 살아도 죗값을 다 못 갚을 것이며, 지금 죽어야 마땅하다고 했다. 친구 아빠를 생각하면 화가 난

다고 하면서 자기 엄마도 아빠한테 폭행당해 기절해서 응급실에 실려 가고 이혼했다고 했다. 엄마가 왜 폭행을 당한 것 같았느냐는 질문에, 아빠가 먼저 바람을 피웠고 잘못했다고 했는데 그 뒤에 엄마가 아빠를 보기 싫어해서 자주 집을 나가고 다른 남자를 만나다 아빠에게 잡혀서 집에 들어온 적이 많다고 했다. 그런데 집에 들어오면 엄마를 폭행했으며, 그래서 엄마가 또 집을 나가면 다시는 폭행하지 않는다고 해놓고 또 폭행했다고 한다. 엄마가 술과 담배를 해서 아빠가 더 폭행을 많이 하게 되었고 그래서 이혼하게 된 것이라고 했다.

[그림 88]

내담자는 그림 88을 그리면서, 꿈을 찾아가야 하는데 꿈이 없다고 했다. 그림 속에서의 자신은 성인이지만 꿈을 찾지 못해 직업도 가지지 못했다고 하면서 '소용돌이'는 무엇을 하고 싶은지 또 무엇이 자신에 잘 맞는지 등의 갈등으로 인한 마음의 혼란스러움을 나타낸 것이라고 했다.

그림 88에서는 자신이 동굴 밖으로 살짝 나가서 세상을 살펴보니 세상이 미쳐서 소용돌이치고 있다고 했다. 언니가 안 좋은 학교에 다니는데, 내담자에게 언니 친구들이 친구 한 명을 구타하고 있는 동영상을 보여주었다고 했다. 언니가 그 친구를 보고 춤을 추라고 했는데 춤을 안 추니까 집단으로 폭행했고, 울면서 춤을 추는 모습을 보고 다른 언니들이 모두 웃고 있는 모습이었다고 했다. 그러면서 언니는 다른 학교에서도 친구를 집단 폭행하고 괴롭혀서 그 친구는 지금 정신병원에 입원해 있다고 했다. 그 친구는 학교에 무서워서 안 가겠다고 하고 이상한 소리를 해서 자퇴하고 병원에 입원해 있다고 했다.

아버지로부터 학대받고 자란 내담자는 학대받은 상처로 인해 마음에 깊은 상처를 안고 있다. 이에 따라 아버지를 불신하며 세상을 부정적인 시각으로 바라보고 있다. 부모님의 이혼으로 인해 어머니에 대한 커다란 상실감이 생겼으며, 이는 심리적인 불안감과 두려움, 공포로 이어져 학교에 대한 불만이 매우 많고 어른에 대한 신뢰가 없다. 부모에게 자녀를 학대할 수 있는 권리가 있는 것은 아니다. 또한 형제 간에도 서로 씻을 수 없는 상처를 줄 권리도 없다. 따라서 가족관계를 비롯한 인간관계에서 비인간적이고 공격적이며 서로를 존중하지 않는 태도는 지양되어야 한다.

내담자의 아버지는 수 차례 이혼을 반복하며 가족들을 혼란스럽게 했다. 또한 아버지는 자녀에게 정신적·신체적 폭력을 행사하며 씻을 수 없는 마음에 깊은 상처를 안겨주었다. 이러한 역기능 가족은 가족과의 관계에서도 고립감을 잘 느끼고, 서로 수동적이고 무감각하며 억제된 자세로 반응한다. 이러한 가정 환경에서는 충분한 애착과 분리 경험이 이루어지지 못하기 때문에 경계가 불분명하거나 경직되기 쉽다. 또한 일부 가족구성원에 의해 역할 수행이 거부 혹은 포기되어 다른 구성원이 그 역할을 떠안는 경우도 빈번하게 일어난다. 이는 만성적인 불안감을 초래하며, 과도한 역할 수행과 지나친 책임 의식이 생겨 타인을 중심으로 생각하고 행동하며 자기 욕구와 느낌을 직접 접하기 어려워지는 상호의존성을 유발한다. 역기능적인 가족은 종종 주변의 사회 문화적 환경으로부터 격리되고, 세대 간의 경계에 대한 혼돈을 겪으며, 가족이 서로 독립하고 자유를 얻는 과정에서 갈등을 겪는다. 또한 문제의 인식을 부인하며, 친밀감의 공백으로 인해 서로 거리감을 느낀다. 역기능적인 가족 구성원은 피차의 경계선 안에 속박되어 있으며, 개인은 구성원 전체를 위해 자신의 욕구를 희생하므로 분노와 우울한 감정이 깔리며, 의사소통은 간접적이고 애매모호하고 정직하지 못하다.

역기능적인 가족은 지나친 책임감과 낮은 자존감에서 비롯한 강박적 행동들, 정서적 무감각, 자기문제에 대한 부인 및 지속적인 불안과 우울감 등 상호의존적인 특성을 경험할 가능성이 크다. 역기능적인 가족에서는 부모-자녀 관계가 지나치게 밀착되어 있거나, 자녀가 부모의 안녕에 대해 과도하게 불안해하기도 한다. 또한 부부 관계에 갈등이 있는 가정에서 자란 사람들은 자기 욕구를 부인하고 타인을 통제하거나 보호하는 데에 과도한 욕구를 갖는 등 상호의존 성향이 높다. 특히 부부간의 불화로 인한 가정의 적대적인 분위기는 가정의 기능적 결손을 초래하여, 자녀의 우울과 불안, 비행에 영향을 미치게 된다.

역기능 가족은 인간이 가지고 있는 기본적인 욕구를 충족시켜주지 못하고 자녀가 정상적으로 자라지 못하게 할 수도 있다. 온화하고 따뜻한 사랑의 결여, 일관성이 없는 가정 규칙을 따르려는 데서 오는 혼란, 권력의 구조적 변화, 왜곡된 의사소통 등이 유발될 수도 있다.

역기능 가족 구성원은 서로의 경계선 안에 속박되어 있으며, 개인은 체계 전체를 위해 자신의 욕구를 희생하므로 역기능 가정에서 자란 청소년은 순기능 가정의 청소년에 비해 자아존중감이 낮을 가능성이 있다. 역기능 가족의 구성원들은 지속해서 일어나는 부모의 갈등이나 부부 폭력, 자녀 학대를 체념하며 수용하기 때문에, 자녀들은 점차 엇나가며 심리 상태가 악화될 수 있다. 정상적이지 못한 역기능 가정의 자녀들은 부모의 잘못된 행동을 보면서 무의식적으로 머릿속에 새기게 되며, 이러한 부모의 행동에 대해 정상적이라고 잘못된 판단을 하면서도 자신들도 향후 부모와 똑같은 행동을 하게 될 수도 있다.

어린 시절 부모의 애정과 보호를 받으며 성장한 사람은 성인이 되어 부모 품을 떠나 정신적·사회적으로 자립할 수 있게 된다. 그러나 부모로부터 안정적인 애착 관계를 형성하지 못한 사람들은 부모에게 의존하면서 집착하게 된다. 부모에게 강하게 집착하는 경향을 보이는 사람들은 분명 어린 시절의 상처로 인해 부모와 적절한 시기에 분리되지 못한 경우가 많다. 병, 사망, 이혼, 별거 등의 이유로 부모가 부재하여 부모의 역할을 충분히 이행하지 못했거나, 부모가 자녀의 곁에 있어도 부부가 자주 싸우거나 애정 문제와 갈등이 있으면, 자녀들은 조바심, 불안, 두려움에 휩싸이게 된다.

청소년기는 아동기에서 성인기로 이행하는 과정에서 신체적·정신적·사회적으로 많은 것들이 변화하기 때문에 매우 불안정한 면이 많다. 대부분 변화에 대해 스스로 파악하거나 부모, 교사, 친구 등의 도움을 통해 잘 적응하지만, 때로는 부모나 교사와 갈등이나 마찰을 빚기도 한다. 이러한 변화 속에 부모나 교사들은 당황하거나 갈등을 겪고, 청소년들은 일탈하거나 부적응을 나타낼 가능성이 있다.

오늘날 우리 사회에서는 역기능적인 가족관계로 인하여 자신의 가치와 중요성을 인식하지 못하며 가정과 학교, 사회에 적응하지 못하고 반사회적 행동이 반복되는 병리 현상이 급증하고 있다. 특히 청소년들의 성 문제와 약물 복용, 학업 문제, 음주 및 흡연, 집단 따돌림과 같은 문제는 일선에서도 매우 심각한 문제로 대두되고 있다. 청소년들은 주로 가정 및 사회 환경으로 인해 일탈 행동을 하게 되는데, 특히 부모가 올바른 양육을 하지 못하는 것이 가장 큰 요인이라 할 수 있다. 자녀들은 부모의 잘못된 양육 방침을 보면서, 직접 부모를 처벌할 수가 없으니 무의식적으로 부모의 마음을 아프게 하려고 부모가 원하는 것을 하지 않는 방식으로 수동공격적인 태도를 보이기도 한다.

수동공격적인 행동을 하는 청소년들은 자기가 왜 그런지 자기 자신도 잘 모르겠다면서 자기 학대나 자기 처벌적인 행동을 하고 스스로 파멸시키며 부모를 괴롭힌다. 자신을 좋아하는 사람은 자신을 스스로 존중하고 현실적으로 바라보게 된다. 그러나 비행 청소년들은 자신을 싫어하고 자신을 무능하다고 보고, 자기 능력을 믿지 않는다. 그러한 이유는 어린 시절 부모로부터 신뢰와 존중을 받고 자라지 못했기 때문이다. 이렇듯 부모와의 어린 시절의 경험은 자녀의 자아 형성과 인격 형성에 결정적이며, 일생에 걸쳐 자녀에게 중요한 영향을 미친다.

청소년 비행 문제는 청소년 자신뿐만 아니라 가족의 문제이며, 나아가 사회적인 문제이기 때문에 정부와 지역 사회, 학교 모두 책임을 함께 져야 하는 문제라고 할 수 있다. 청소년들의 문제를 예방하거나 해결하기 위해 청소년에게 가장 심각한 영향을 미친 문제의 원인을 다각도로 살펴보아야 한다. 가출, 비행, 자살, 청소년 문제 등 사회 문제의 원인이 되는 출발점은 가정에 있다고 본다. 인간은 가정을 통하여 안정감과 소속감 그리고 사랑을 얻고자 하는 본성을 가지게 되므로 이러한 인간의 기본적인 욕구 충족의 근원이 되는 가정이 무너진다는 것은 곧 인간 생존권이 무너진다는 것을 의미한다. 가족 구성원들 간의 의사소통은 가족 관계를 약화 또는 강화하는 중요한 요소가 된다.

다음 세대에게 병리적 유산을 물려주지 않기 위해서는 가정 회복을 중심으로 청소년의 올바른 생활 지도가 무엇보다 필요하다. 이러한 가족의 문제를 해결할 수 있는 효과적인 방법이 가족치료이다. 은폐와 비밀로 인해 이중적인 태도를 보이는 가정에서는 자녀들도 대부분 부모의 뒤를 이어 똑같이 이중적인 태도를 나타낸다. 자녀들은 가족적 유대에 충실함으로써 부모가 감수해야 했던 이중성을 자신도 모르는 사이에 답습하기 때문이다. 역기능 가정에서 자라난 청소년은 정서적·신체적인 양육이 철회되면 상처받기 시작하며 낮은 자아존중감을 형성한다. 부모의 무관심과 감정적인 억압으로 인하여 정서적인 안정을 누리지 못하고 성장하여, 부모로부터 부정적이고 의존적인 자아가 형성되어 정서적으로 영향을 받는다. 자존감이 낮은 청소년들은 부모로부터 충분한 인정과 애정을 받지 못하고 자라기 때문에, 자신이 가치가 없다고 생각하거나 부모에게 의존적인 양상을 보이기도 한다. 한편 이러한 의존적인 성격의 사람은 대인관계에 외로움을 느끼며 죄책감을 수반하기도 한다. 자신의 결점과 약점, 비밀 등을 다른 사람들에게 이야기할 수 있는 사람들은 건강한 사람이다. 그러나 심리적 고통을 받는 청소년들은 친구나 부모, 형제에게 마음을 터놓고 이야기했다가 비난받거나 조롱받으며 상처받는 경우를 두려워하여 고민이 생기더라도 부모님이나 선생님, 친구에게 조차도 말하지 못한다. 그렇게 혼자서 고통을 받게 되고 마음의 고통을 숨기기 위해 많은 에너지를 소모하게 된다.

심리 치료는 마음의 고통인 비밀을 찾아 상처받은 마음을 정화하여 두렵지만 과감하게 맞서는 용기를 가지고 어려움을 극복해나갈 수 있게 하며, 자신을 되돌아보는 자아 통찰을 통해 새로운 인생을 살도록 도와준다. 신뢰를 기반으로 비밀을 터놓고 이야기 하게되면 더 이상 방어할 필요가 없게 되어 수치스럽게 느끼지 않게 되고 긴장과 불안감에서 해방될 수 있다. 모욕감과 죄의식, 수치심에서 벗어나는 것은 치유가 된다는 것을 의미한다. 즉, 가슴 아픈 상처들을 접어두거나 잊어버리려고 하더라도 진짜로 잊어버리는 것이 아니며, 기억하지 못하도록 무의식 속에 숨겨두고 억압해버리기 때문에 무의식 속에 묻힌 상처들은 자기 자신도 모르게 행동에 영향을 미친다. 과거 상처를 준 사람을 닮았다는 이유 하나만으로 미움의 대상이 되어 인간관계가 나빠지게 되고 갈등을 일으키며 정신적인 고통을 받게 되기도 한다.

2.22
아버지 눈치 보는 가족
정서적으로 단절된 가족

그림 89는 고등학교 1학년 여학생이 그린 '가족화'로, 내담자인 학생은 가족을 동물로 비유해서 나타냈다. 어머니는 아버지의 눈치를 보는 양, 아버지는 무서운 사자, 본인은 집 나가고 싶은 고양이, 동생은 까불거리는 원숭이로 비유했으며, 가족들이 모두 아버지를 향해 긴장하고 있다.

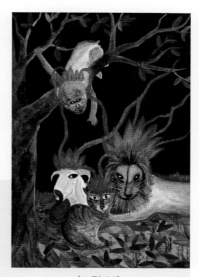

[그림 89]

내담자의 가족화에 등장하는 고양이는 완벽하고 강박적인 아버지와 애정 결핍인 어머니 사이의 희생양으로, 집 밖 고양이는 사람을 경계하며 늘 피해다니는 고양이다. 표상된 고양이는 아버지의 눈치를 살피고 늘 혼날까봐 긴장감을 느끼는 불안한 내담자 본인의 모습이 마치 고양이를 닮아 자연스럽게 연상되어 나타났다고 보여진다. 그림 속에 사자로 나타난 아버지의 이미지와 가족 모두 아버지를 향해 긴장하고 있는 모습은 자유와 평화로움이 없는 경직된 가족을 암시한다. 이는 정서적으로 단절된 가족의 가능성을 의미할 수도 있다.

부모에게 불만이 많은 자녀는 청소년기가 되면 심하게 반항하기도 한다. 비행청소년들은 부모에게 거절당하거나 비난받고 자랐기 때문에 늘 거절당할지 모른다는 두려움을 가지고 있다. 가족은 살아가면서 가족의 안정 상태에 어느 정도 혼란을 초래하는 사건을 경험하기도 하며, 이와 동시에 가족은 나름대로 여러 가지 위기에 대처할 수 있는 자생력을 가지고 있다. 그러나 이러한 결과는 가족 자원을 어느 정도 소유하고 인식하는지, 가족 관계가 어떠한지에 따라 가족의 반응이 달라지기 때문에 다양하게 나타난다. 따라서 위기를 적절히 대처하지 못한 가족은 취약해지거나 위험한 상황에 놓이게 된다.

가족치료는 이처럼 평소의 균형이 깨져 가족 체계가 마비되거나 무력해지는 등 불안정한 상태에 놓인 가족 전체의 체제나 구조를 변화시켜 기능적인 가족으로 바꾸어줄 수 있다. 가족 구성원들이 부부간의 문제, 세대 간 갈등, 부모와 자녀 사이의 문제 등 여러 가지 문제를 잘 다루어 원만한 가족관계를 형성하도록 하고, 가족 해체를 예방하는 데에 가족치료의 궁극적 목적이 있다.

2.23

비밀스런 가족
남들이 흉볼까 창피한 엄마

그림 90은 남자 대학생이 그린 그림이다. 내담자인 대학생의 말에 따르면, 부모는 돈 때문에 자주 싸우며 돈 문제만 나오면 서로 원수처럼 싸운다고 했다. 그러면서도 밖에서는 돈 많은 척, 가족에게 잘하는 척 거짓말만 한다고 했다. 어린 남동생이 지켜보는데도 부모는 서로 삿대질하며 싸운다며, 둘이 싸우다가 아빠가 화가 나서 집을 나가버리면 엄마는 동생이 운다고 화를 내고 내담자에게는 내담자가 공부하는 척을 한다면서 이 판에 공부가 되느냐고 소리 지르고 욕을 하며 자식들에게 분풀이한다고 했다. 아빠는 밖에 나가면 밤 12시 넘어 술에 취해 들어와서는 엄마한테 또 화를 내고 밤새도

[그림 90]

록 둘이 싸운다고 했다. 다음날 엄마가 아빠는 나쁜 사람이라고 온갖 욕을 하는데 자식한테 미안하다는 말은 단 한마디도 하지 않는다고 했다. 그리고 엄마는 혹여 남들이 알까 창

피하다고 남들에게 절대 말하지 말라 한다고 했다.

       가족 규칙은 가족 내에서 어떤 행동이 적절한가를 구체화한 것이다. 엄격한 가족 규칙으로 경직되어 있는 가족에서는 가족 구성원들이 규칙에 어긋난 행동을 하거나 불만을 표출하는 것이 자유롭지 못하다. 더욱이 가족의 비밀을 누설해서는 안 된다. 아버지는 집안의 어른이고 가장이라서 화내도 되지만 자녀들은 어떤 상황에서도 화를 내서는 안 된다. 이러한 가족 규칙은 역기능 규칙을 가지고 있으면서도 대대로 이어온 가풍이어서 가족 모두 불만하지 않고 무조건 따르기를 강요한다.

       역기능 가정에서는 명백하게 존재하는 문제를 부인한다. 비밀이 많고 감출 것이 있으므로 말하지 말라는 규칙을 정하고 아무에게도 말하면 안 된다고 한다. 이렇게 비밀이 많은 집에서 자란 아이들은 자기 자신도 모르는 비밀 속에 빠져 숨기고 싶어 하고 알리지 않으려 애를 쓴다. 인간관계에서도 "이건 비밀인데! 다른 친구한테 절대 말하면 안 된다. 너만 알아야 해! 비밀이니까 꼭 지켜야 해!"라고 단단히 약속하며 비밀 만들기를 좋아한다.

       자기 자신을 알고 스스로 존중하는 마음이 있어야 가족에게 애정의 마음을 열 수 있다. 자신과 솔직하게 대화하며 자신에 대해 이해하고 자신을 진정으로 사랑하는 것이 중요하다. 있는 그대로 자신을 수용하고 존중하는 태도로 지금 취하지 못한 것을 원하지 않고, 지금 가진 것에 만족하는 마음이 필요하다. 그 어떤 것도 판단하지 않고 있는 그대로 받아들이는 자기성찰이 필요하다.

불안한 엄마
간섭하는 엄마

그림 91은 회사원과 대학생인 두 아들을 둔 50대 주부의 것으로, 작은아들은 늘 엄마한테 인정받는데 큰아들은 인정받지 못하고 불안해한다고 했다. 내담자는 제대한 큰아들이 직장을 구하려 하는데 원하는 곳에는 다 떨어지고 원하지 않는 곳에 취업하게 된 점에 대해 속상하다고 했다. 외출했다가 집에 돌아오면 큰아들은 늘 어질러놓고 TV를 보거나 컴퓨터 게임만 하고 있으며, 내담자가 그 모습을 보고 화가 나서 "청소도 안 하고 이게 뭐야!"라고 소리를 지르며 책상에 있는 물건들을 모두 다 밀쳐버리면 그제야 치우는 척한다면서 큰아들이 밉다고 했다. 내담자는 어질러져 있는 것을 제일 싫어한다고 하면서,

[그림 91]

집은 항상 깨끗해야지 더러우면 기분이 나쁘다고 했다. 내담자의 말에 따르면 작은아들은 형한테 항상 이기려고 하는데 무엇이든지 형한테 지면 속상해서 잠을 못 자는 성격이라고

했다. 형은 늘 동생한테 양보하고 지는데 형이 착한 것인지 바보같은 것인지 분간이 안 된다고 했다. 대학에 다닐 때는 고민을 하도 많이 해서 탈모증이 생겨 머리카락이 너무 많이 빠져서 걱정했다고 했다.

무엇이든지 만족하지 못하고 불안해하는 내담자는 강박적인 성향으로 스스로 스트레스를 받으며 속상해하고 있다. 큰아들은 아들을 미워하는 어머니 때문에 탈모증까지 생길 정도로 스트레스를 받고 있다는 것을 알 수 있다.

현대인들은 불안의 시대에 살고 있으며 일상생활 속에서 다양한 수준의 불안을 경험한다. 이렇듯 불안을 느끼는 것은 보편적인 현상으로, 불안 증상은 심리 장애에서 공통으로 나타나는 비교적 흔한 증상이다. 어른들은 경제적인 부담감이나 승진의 부담감, 자식들을 잘 양육해야 한다는 부담감 등 다양한 이유로 인해 불안이 가중되고 있으며, 아이들은 성적에 대한 부담감, 친구 문제, 외모, 부모님의 높은 기대 심리에 대한 압박감, 대인 관계에 있어서 자신감 부족이나 위축 등 다양한 원인으로 인해 심리적인 압박감과 불안감을 겪고 있다. 피할 수 없는 불안이라면 피하려 하기보다 과감하게 더불어 사는 용기도 필요하다. 이러한 용기가 있는 사람들은 상당한 불안을 겪으면서도 과감하게 이를 극복하고 성취하면서 만족감도 느끼고 자아실현을 이루어내기도 한다.

3장

학대하는 부모 · 자녀 마음에 상처를 주는 부모

부모는 자녀를 건강하고 안전하게 양육해야한다. 만약 부모가 자녀를 안전하게 양육을 하지 못하게 되면 자녀는 부모를 믿지 못하게 되어 세상 그 누구도 믿지 못하게 될 수도 있다. 또한 부모가 자녀를 정신적으로 괴롭히며 학대하거나 권력을 가지고 폭력을 행사하게 되면, 자녀는 깊은 상처를 받게되어 정신적, 혹은 성격적으로 다양한 문제를 일으킬 수도 있다.

아동 학대는 자녀를 신체적·정신적으로 모질게 괴롭히는 것으로, 정상적 발달을 저해할 수 있는 신체적 손상, 성적 폭력, 가혹 행위를 포함하여 자녀를 보호하지 않고 버리는 행위인 방임에 포함된다. 특히 정서적 학대는 언어적·심리적 학대로, 언어적 모욕, 정서적 위협 등으로 가학적인 행위를 가하는 것을 의미한다. 심리적으로 자녀를 학대하는 부모는 비난, 조종, 협박 등으로 불안감을 조성해서 자녀를 통제하고 지배한다. 이처럼 아동을 학대하는 부모는 부모 자신이 감정조절 능력을 획득하지 못한 미성숙하고 병리적인 부모이다.

3.1
공부가 뭐길래!
폭력은 싫어요!

그림 1은 초등학교 3학년 때부터 '주의력결핍 과잉행동장애(ADHD)'로 진단받고 약물치료를 받는 지적장애 3급 고등학교 2학년 학생의 것이다. 내담자는 엄마한테 공부 못한다고 맞는 장면이라고 설명하면서, 말을 할 때마다 안경을 만지고나서 이마를 문지르는 강박과 불안 증세를 나타냈다. 내담자는 얼굴에 비해 매우 큰 검은 뿔테 안경을 쓰고 있었는데, 시력이 매우 나쁘다고 했다. 언제부터 이야기할 때마다 안경을 만지고나서 이마를 문질렀냐고 물으니까, "처음 보는 사람이라서 조금 당황했나 봐요. 아마 엄마한테 맞아서 불안해서 그랬는가 봐요."라고 말했다.

[그림 1]

내담자는 틱(tic)현상의 원인이 엄마의 학대에 의한 상처라는 것을 상기하며 엄마를 원망했다. 불안 증세에 대한 원인을 찾아보자고 하자, 엄마는 밥 먹을 때마다 꼭 잔소리한다고 했다. "음식 질질 흘린다고 혼내고, 허겁지겁 빨리 먹는다고 혼내고, 엄마만 생각하면 음식도 마음대로 못 먹고 불안해요. 학교 가서도 친구들이 놀릴까 봐 불안해요. 선생님도 무섭고요. 사람들이 다 무서워요. 저는 상처가 너무 많아요! 집에 들어가기 싫고 죽고 싶었어요. 아마 엄마 아빠는 제가 죽고 싶어 하는 줄도 모를 거예요! 제가 그런 말을 안 하니까! 부모님한테 솔직하게 말하면 또 혼낼 거고… 엄마 아빠는 저한테는 관심도 없어요! 제가 없으면 좋은가 봐요! 집이 싫어서 가출한 적도 있었는데 1시간 정도 찾아보고 그 뒤에는 찾지도 않았어요! 엄마는 누나가 공부를 잘한다고 누나한테는 잘해주면서 저한테는 늘 혼내요! 제가 태어나고부터 엄마는 불행해졌다고 사람들한테 이야기하는 걸 들었어요. 우리 엄마는 제가 태어난 것을 후회한다고 했어요! 매일 우울하다고 하면서 화내고 울기만 하더니 엄마가 교회에 나가고부터 교회만 신경 쓰고 저한테는 신경도 안 써요! 우리 학교에 장애인 등급 받은 애가 또 있는데 그 애 엄마는 학교에 와서 신경도 많이 쓰고 아들한테 친절하게 대해주는 것을 봤어요! 그 애가 부러웠어요." 마음껏 하고 싶은 말을 다 털어놓은 내담자는 지적장애인 등급을 받았는지도 부모님이 말을 해주지 않아서 전혀 몰랐다고 하면서 얼마 전에 알았는데 깜짝 놀랐다고 했다. 학교에서 친구들이 '장애인! 미친놈'이라고 놀렸는데 장애인 등급을 받아서 놀렸던 것 같다고 했다.

　　내담자는 엄마가 해준 것도 없으면서 맨날 짜증만 내고 혼만 낸다고 했다. 엄마는 화가 나면 칼도 집어 던지고 집에 있는 물건을 무엇이든지 집어 던진다고 했다. 내담자는 손등과 팔에 흉터를 보여 주면서 엄마 때문에 생긴 흉터라고 했다. 어릴 때는 무서워서 엄마한테 못 대들었는데 이제는 커서 엄마한테 대든다고 했다. 할머니가 너는 왜 그러냐고 너를 키워준 것도 고마운데 왜 엄마한테 대드느냐고 혼낸다고 했다.

　　"엄마가 화내면 아빠도 같이 화내요. 아빠가 원래는 화를 안 냈는데 아빠도 엄마 닮아가는 것 같아요. 그동안 많이 참았어요. 저는 결혼하면 아들한테 잘할 거예요. 저는 당당하게 살 거예요. 각오만 있으면 무조건 바뀔 수 있어요. 집에 들어가면 불편했어요. 살기가 느껴졌고 죽고 싶은 생각이 들었어요. 아마 제가 죽고 싶어 한다고 생각하는 것은 부모님도 모르실 거예요. 엄마 아빠한테는 그런 말을 하지 않으니까요. 엄마도 성질이 있으니까 화를 내시겠지만 삼촌도 길러준 엄마한테 왜 그러느냐고 엄마 편을 들어요. 내 주변에는 모두 다 엄마 편밖에 없고 내 편은 단 한 사람도 없어요. 누나도 저한테 맨날 모자라는데 커서 뭘 하겠나?라고 했고, 할머니는 키워줘 봤자 소용도 없다고 혀를 끌끌 차면서 한심하다는 듯이 말했어요. 제가 초등학생들을 때렸다고 그 집 엄마가 와서 소리 지르고 난리를 쳤어요. 그때 엄마가 무릎 꿇고 두 손으로 싹싹 빌었어요. 저는 엄마가 벌 받는 거로 생각했어요. 저는 엄마한테 10년 동안 시달렸어요. 초등학교 1학년 때부터 6학년 때까지 거의 매일 맞았어요. 공부 못한다고요. 중학교 가니까 포기했다고 하더군요. 아무리 때려도 못하니까요. 저희 부모님은 왜 저를 낳았는지 모르겠어요. 누나 졸업식 때는 학교에 갔으면서 제 졸업식 때는 한 번도 학교에 안 왔어요. 제가 공부를 못하니까 창피했나 봐요. 엄마는 교회 다니는데 하나님이 심판한다고 그랬어요. 그래서 엄마는 벌 받아서 우울증에 걸렸어요. 가족여행을 한 번도 간 적이 없었어요. 아빠는 때리지는 않았지만 말할 때 엄청 무서워요. 세상에서 엄마 아빠가 제일 무서워요. 엄마한테 대들면 누나도 무섭게 혼을 내요. 엄마한테 왜 그러느냐고! 내 편이 딱 한 사람 있어요. 외할머니는 나쁜 애가 아닌 것 같으니 믿어주라고 말했어요. 담임 선생님도 '네 엄마는 말이 안 맞고 일관성이 없다'라고 했어요. 엄마 아빠한테 친구들이 '장애인! 미친놈!'이라고 놀려서 학교 다니기 싫다고 잠시 휴학시켜 달라고 해도 '안 된다. 조금만 참고 다녀라'라고 해서, 지옥 같은 학교에 억지로 다녔어요."라고 하면서 원망과 억울함을 드러냈다.

내담자는 엄마가 "너는 뭐를 해도 안 된다."라는 말을 한다면서 "살면서 그런 부모는 처음 봤어요."라고 했다. "엄마는 이기적인 것 같아요. 엄마와 소통이 안 되는 것 같아요. 엄마는 죄를 받아서 우울증이 생긴 것 같아요. 잘못한 게 있으면 반드시 법의 심판을 받는다고 했어요. 저도 항상 조심할 거예요. 아들이 잘못하면 잘 달래야 하는데… 나폴레옹이 내 사전에는 불가능은 없다고 했듯이 자신감과 용기를 줘야 하는데 너무 강하게 키운 것 같아요. 다 욕심 때문인 것 같아요. TV에 '아버지'라는 프로그램을 보고 제가 잘못된 점이 많은 것 같았어요. 아버지가 아들에게 잘못했다고 사과를 하고 혼을 낸 거에 대해 미안해하면서 '너 뭐 먹고 싶은 거 없냐'고 하니까 아들이 울더라고요. 우리나라도 부모님이 바뀌어야 한다고 생각해요. 우리 가족은 내가 뭐라고 하면 '니가 되겠냐?'라고 말하니깐 아무 말도 못 하겠더라고요. 언젠가는 잘하겠지… 해낼 수 있다. 믿어주면 좋을 텐데…. 절대 믿어주지 않고 한 인생을 망치는 것 같아요. 못하지만 믿어주면 좋겠어요."

내담자는 "중학교 때 신경정신과 의사 선생님한테 진단받고 약을 먹었는데 눈도 깜박거리고 다리도 떨리고, 학교에서 책상에 엎드려서 계속 자다가 애들이 깨워서 일어났는데 선생님한테 얻어맞은 적도 있었어요."라고 말하며 다리를 계속 떨고 안경을 만지고 이마를 만지는 틱 행동을 나타냈다. "주로 어떨 때 그런 행동을 하게 되었냐."라고 묻자,

"아마 불안해서 그런가 봐요. 불안할 때 저도 모르게 이런 행동을 자꾸 하게 돼요!"라고 말했다. "엄마는 누나한테는 잘해주는데, 나한테는 신경도 안 써요."라며, 엄마는 맨날 바쁘다고 말도 안 하려고 한다고 했다. "방문 잠그고 있으면 공부 안 한다고 회초리 들고 문 열라고 소리 지르고, 화가 나서 며칠 전에는 아파트 벽에 붙어있는 거울을 발로 차서 깨버렸어요. 참을 수가 없었어요. 엄마는 지나간 일을 가지고 왜 그랬냐고…계속 괴롭혀요. 엄마 때문에 화가 나고 심통을 참을 수가 없어서 그랬는데 그 이유를 자꾸 물어요. 사실대로 말하면 또 맞을 거예요. 그래서 말을 안 하니까 계속 괴롭히는 거예요."

엄마는 집에 있을 때 맨날 TV 보거나 휴대 전화만 만지고 화내고 잔소리하고 교회만 열심히 다닌다고 했다. "엄마는 내 편이 아닌 것 같고 엄마는 나를 키워봤자 소용도 없을 것 같다고 생각하고…엄마가 절에 다닐 때는 안 그랬는데 교회 다니면서부터 웃음이 없어진 것 같아요. 엄마가 다니는 교회에 가자고 해서 엄마 때문에 많이 옮겨 다녔어요. 엄마는 느낌이 안 좋은 교회를 다니는 것 같아요."라고 말했다. 내담자에게 "엄마는 교회에 나가시면 마음이 편안해지고 위로가 되는가 보네?"라고 말을 건네자, "엄마는 우울한 마음과 화난 마음이더라도 교회에 가면, 갑자기 기분이 편안해지고 좋아져서 그게 영적 체험이라면서 교회에 가서 우울증이 나았다고 교회만 좋아해요."라고 말했다.

그림 2에서 내담자는 '많이 힘들어서 쓰러지는 모습'이라고 했다. 기절할 만큼 힘들었다는 표현이라고 하면서, "이런 사람이 성공해요."라고 말했다. 어머니는 아들이 유치원 다닐 때 엄마와 떨어지지 못해 매일 울었다고 하면서, 태어날 때부터 약하게 태어나서 기가 약하고 잔병치레도 많이 한다면서 잘 울고 쓸데없는 말을 많이 하고 산만해서 말

[그림 2]

썽을 많이 피웠다고 했다. 초등학교 때 공부를 전혀 하지 않아 많이 혼냈는데 혼을 낼수록 더 안 한다고 하면서 식사할 때도 뭐가 그리 불안한지 지저분하게 흘리면서 먹는다고 했다. "아빠는 할머니한테 안 대들었는데 너는 왜 맨날 엄마한테 소리지르고 대드느냐."면서 엄마가 아들에게 말하자, 아들은 "엄마가 해주는 것도 없으면서 맨날 짜증만 내고 혼을 내니까 그러

지."라고 항의했다고 한다. "아빠는 원래 화 안 냈는데 엄마를 닮아서 나를 혼내잖아!"라고 불만을 표출했다고 한다. 어머니는 많이 참았고 살았는데 아들한테 더 잘해야겠다는 생각이 든다고 했다. 아들은 엄마가 화가 나면 칼도 집어 던진다며 살기가 느껴졌고 죽고 싶은 생각이 들었다고 했다.

내담자는 어려서부터 어머니로부터 정신적·신체적·심리적으로 폭력을 당한 경험으로 어머니에 대한 원망과 불만, 분노의 감정으로 가득 차 있다. 내담자의 틱 증세는 내면의 억압된 감정들을 표현하지 못하고 억제하며 참고 있던 분노와 적개심 등의 부정적 감정들이 내면으로 향해서 나타나는 것으로 보인다. 가족 중 그 누구도 자신의 이야기를 들어줄 사람이 없었다고 하는 내담자는 자기가 무슨 말을 하면 가족들이 모두 무시해버리기 때문에 감정들을 억제하여 삭이다가 돌발적으로 분노를 표출하거나 갑자기 틱 증세를 보이며 자신의 불안한 감정을 표출하는 것으로 보인다. 내담자는 주로 어머니로 부터 신체적·정서적 학대를 당하고 있다. 그림에 대한 설명에서 기절할 만큼 힘들다며 정서적 학대에 시달리는 아픔을 호소하고 있다.

정서적 학대는 경멸하는 말투로 모욕을 주거나, 비난하거나 큰소리를 지르며 위협하거나 협박하는 행위, 무시하거나 업신여기는 행위, 강요하는 행위, 다른 집 자녀들과 비교하거나 편애하는 행위 등이 해당된다. 부모들은 자녀에게 정서적 학대를 하고 있으면서도 이것이 학대인지 잘 인식하지 못하기도 한다. 정서적 학대는 자녀의 마음을 아프게 하는 주 요인이므로 근절되어야 한다.

주의력결핍 과잉행동장애(ADHD)는 시간이 지남에 따라 증상이 변할 수 있으며, 그 강도도 시간이 지나면서 변할 수 있다. 자녀들이 부모로부터 사랑받고 있다고 느끼는 감정이 중요하다. 부모가 자녀를 있는 그대로 받아들이고, 자녀의 행동을 이해하고 자녀를 독립된 인격체로 존중해주는 태도가 중요하다. 아이가 산만하고 집중을 잘하지 못한다고 골칫거리 문제아로 평가되면 아이는 자신감을 잃게 되어 문제행동을 더 하게 된다. 따라서 산만하고 집중을 잘하지 못한다고 심하게 꾸중하고 부정적인 말로 처벌하거나 비난할 게 아니라, 바람직한 행동을 할 수 있도록 인내심을 갖고 도와줄 수 있는 방법을 찾아야 한다.

자녀를 돕는 방법으로는 부모 행동 수정 교육, 부모-자녀 상호 작용 놀이 치료, 미술치료, 충동성을 감소시키고 자기조절 능력이 향상하는 인지행동 치료, 정신 역동 치료, 가족 상담 등이 있다. 자녀가 거부하거나 저항하지 않고 원하는 심리치료 프로그램이 병행된다면 심리치료 효과는 더 클 것이다.

주의력결핍 과잉행동장애로 진단받은 아동들은 산만하고 독특한 행동들로 인해 또래 관계가 힘들어지고 따돌림을 당할 가능성이 높기 때문에 자신감을 회복할 수 있도록 도와주어야 한다. 즉, 바람직한 행동이나 긍정적으로 변화된 점, 칭찬할 부분을 찾아야 하며, 그러한 면을 발견하면 놓치지 말고 즉각적으로 구체적이고 적극적으로 칭찬해 주는 노력이 필요하다. 부모가 마음의 여유를 가지고 자녀의 감정을 잘 읽어주고 자녀의 관점에서 이해하고 공감하면 자녀는 안정을 찾아 바람직한 행동을 하게 될 것이다. 아동의 문제 행동에 관해 이야기할 때는 감정을 싣지 않고 차분하고 낮은 목소리로 단순하게 말하는 것이 좋다. 부모가 흥분하거나 화를 내는 모습을 보이면 자녀들도 쉽게 따라 하게 되기 때문이다.

무엇보다도 우리 아이가 잘 자랄 수 있다는 긍정적인 믿음의 태도가 가장 중요하다. 자녀들은 부모의 보호와 지지를 받으며 신체적·정신적으로 건강하게 발달할 수 있는 환경에서 바람직하게 성장할 수 있게 된다. 부모의 양육 태도는 자녀의 성격 형성에 지속적인 영향을 미친다. 부모의 애정을 받지 못하고 자라게 되면 애정을 갈망하면서도 실제로는 잘 표현하거나 받아들이지 못한다. 그리고 감정적으로도 위축되어 타인과 친밀한 관계를 형성하지 못하게 될 수 있다. 이는 부모에게서 심리적으로 큰 상처를 받아서 정서가 불안하고 자존감이 낮아졌기 때문이다. 프로이트는 요람에서의 경험이 잠재 의식화되어 평생 그의 행동을 좌우하는 원동력을 이루며, 자녀의 인생은 주로 어렸을 때 부모와의 상호 작용에서 빚어진다고 보았다. 부모로부터 학대당했다고 인지하는 자녀일수록 공격성이 내면화되어 직·간접적으로 아동기 비행에 영향을 받는다. 부모와의 관계를 통해 형성되는 성격, 도덕성, 사회성 등은 평생을 좌우하기 때문에 부모는 자녀에게 바람직한 부모 역할을 수행해야 한다.

3.2
말을 하지 않는 아이
마음의 문을 닫아버린 유아

그림 3은 4세 남아가 바닥에 누워 동물모형을 한 줄로 나열하거나 같은 방향을 향해 동물을 나열하며 혼잣말하면서 노는 모습이다. 그림 4, 그림 5를 그릴 때 유아는 아무 말도 하지 않고 한 가지 색으로 그림을 그렸다.

유아는 집에서 요구사항이나 필요에 의한 말만 가끔 간단한 단어로만 말한다고 한다. 유치원 담임 교사에 의하면, 유아는 친구들과 말을 전혀 하지 않고 자기 생각을 의미 있는 우리말 문장으로 표현하지 못하고, 짧은 영어 단

[그림 3]

[그림 4]

[그림 5]

어나 영어 문장을 혼자말로 중얼거리며 놀이에 열중한다고 한다. 유아는 친구들과 함께 놀이하는 시간에도 전혀 집중하지 못하고, 잠시도 가만히 앉지 못해 교실을 돌아다니거나 자기가 하고 싶은 교구만 가지고 논다고 한다.

어머니의 말에 의하면, 3세 때 영어학원에 다녔는데 학원에서 영어로만 말을 해서 영어를 잘 한다고 했다. 유아가 집에서도 영어로 말을 했는데 그 때마다 신기하다면서 칭찬을 많이 했다고 했다. 어머니는 직장 문제로 아이를 돌보지 못해 자신의 친정어머니가 주로 돌봐주셨다고 했다. 친정어머니는 손자에게 말을 할 기회를 주지 않았으며, 과잉보호로 아이가 스스로 하는 기회를 마련해 주지 않아서 아이가 모든 일을 스스로 하지 못하고 아이가 외할머니한테 의존한다고 했다. 그런 아이의 행동을 못마땅하게 여긴 아이의 아버지는 아이를 혼내거나 매를 들었다고 한다. 외할머니는 사위의 행동을 나무라는 등 싫은 소리를 해서 서로 갈등을 느끼고 있다고 한다. 아이가 외할머니하고만 함께 지내려고 하며 마음의 문을 닫아버린 채 아빠와는 말을 전혀 하지 않고 아빠를 싫어해서 옆에도 가지 않는다고 한다.

유아는 유치원에서 친구들과도 말이 통하지 않아 의사소통이 전혀 되지 않는다고 했다. 자기 뜻대로 잘 안되면 친구 머리를 잡아당기고 깨물며 공격적인 행동을 보이기도 하고, 자기 마음에 들지 않는 상황에서는 '으악!'하고 큰소리를 지르며 떼를 쓴다고 했다. 식사 시간에도 먹기 싫으면 '안돼!'라고 소리를 지르며 화를 내며 밥을 거부해 담임 교사가 입에 떠먹여 주면 그제야 겨우 밥을 조금 먹는다고 했다. 어머니는 아이가 영어학원에 다닐 때 밥을 잘 먹지 않았는데 학원에서 버릇을 고쳐야 한다며 아이의 입에다 밥을 강제로 가득 넣어서 혼을 냈다고 했다. 유아가 밥을 먹기 싫어해서 학원을 중도에 끊었다고 하면서, 집에서는 아직도 아기처럼 우유병을 빨고 다니며 밥은 외할머니가 따라다니며 먹이면 겨우 한 숟가락씩 받아먹는데 밥을 잘 안 먹어서 혹시 건강에 문제가 생길까 걱정이라고 했다.

어머니는 친정어머니처럼 무조건 다 해주면 아이에게 문제가 생길 텐데 친정어머니가 손자를 과잉보호하고 너무 강력하게 고집을 내세우시니까 어떻게 해야 할 모르겠다고 했다. 유아의 어머니는 남편이 경제적으로 무능해서 부모님이 결혼을 반대했다고 했다. 친정에서 딸을 생각하여 아파트를 사줬지만, 친정어머니가 사위를 못마땅하게 여기기 때문에 중재하기가 힘들다고 했다. 남편은 처가에 불만이 많고 화가 나면 소리를 지르며 언어적·정서적 폭력을 가하기 때문에 화가 난다면서 이혼을 결정해야 하는 위기상황이라고 했다. 어머니는 친정어머니가 아이에게도 아빠를 못 만나게 하고 빨리 이혼하라고 재촉해서 마음이 매우 혼란스럽다고 했다.

유아는 정서적으로 학대당한 상처로 인해 충격을 받아서 불안 증세로 공격성을 드러내고 있다고 볼 수 있다. 또한 가정에서 어른들의 갈등으로 혼란을 느끼며 퇴행된 행동을 나타내고 있다. 유아의 아버지는 아들이 외할머니한테 의존하고 못난행동을 하는 모습에 분노를 느껴 아들을 혼내거나 매를 들어 학대를 하고 있다. 이러한 행동은 자녀학대로, 잘못된 부모의 행동이다. 사위가 손자에게 화풀이하고 있다고 여기는 외할머니는 사위의 모습을 보면서 분노를 느끼고 딸에게 이혼을 강요하고 있다. 이러한 행동은 가족해체를 야기하는 잘못된 처신으로, 안정적인 양육 환경에 도움되지 못하고 가족 모두를 불행으로 이끌고 갈 수도 있으므로 현명한 방법으로 해결해야 한다.

부모와의 안정적인 애착관계 형성은 아이가 세상 사람에 대한 신뢰감을 쌓는데 기초가 된다. 부모는 아이에게 애정과 사랑으로 신뢰를 주어야 하고 아이와 많이 놀아주면서 좋은 경험을 심어주어야 한다. 하지만 내담자 가족의 아버지처럼 아버지가 아이를 학대하면 아이가 상처와 좌절감을 느끼며 아버지를 거부하고 불신으로 반응하며 모든 것을 다 해주는 외할머니한테만 집착하게 되는 것이다. 아이를 과잉보호하는 잘못된 양육법은 아이로 하여금 자기 능력을 불신하게 만들며 스스로 아무것도 하지 않는 수동적인 아이로 만든다. 결국 아이가 충분히 자기 힘으로 할 수 있음에도 불구하고 외할머니가 뭐든 다 해결해주므로 자기 스스로 해낼 수 없는 것이다. 자기 능력을 무시당한 아이는 자신이 할 수 있는 일을 스스로 하지 못하고 의존하며, 누군가가 다 해주기를 바라게 되는 것이다. 외할머니는 어설프고 서툰 손자에게 무조건적으로 다 해주는 것이 손자를 사랑하는 방법이라고 잘못 생각하고 있을 수 있다. 외할머니가 모든 것을 해주는 과잉보호 양육 방식은 아이가 실수를 통해 더 많은 것을 배울 수 있는 기회를 앗아간다. 할머니는 손자의 인생을 평생 대신 살아줄 수 없을 뿐아니라 모든 일을 대신해줄 수 없다. 훗날 할머니가 세상을 떠나면 손자는 자신을 대신해주던 할머니의 부재로 인해 치명적인 상처를 받아 상실감에서 벗어나지 못하게 될 수도 있다. 스스로 삶을 책임질 자신감이 없어져 사회생활에도 많은 지장이 생길 수 있다. 따라서 주 양육자는 유아가 스스로 자신을 돌볼 수 있고, 주도적이고 독립적인 삶을 살아갈 수 있도록 양육해야 한다.

유아는 학원 등에서의 부정적인 경험으로 인해 이 세상 사람들을 불신하여 바깥세상으로 나오지 못하고 자기 세계에 갇힌 것으로 보인다. 유치원에서 소리를 지르거나 공격적으로 행동하며 분노를 표출하는 유아의 행동에서 유아가 부모의 갈등으로 불안을 느끼고 있으며, 외할머니의 과잉보호로 많은 혼란을 느끼고 있음을 알 수 있다. 또한 친구들과 어울리지 못하는 모습으로 보아 유아는 의사소통, 사회성, 자발적 활동을 어려워하는 유사 자폐로 추정된다. 이는 또래 친구에게 관심이 없고 무표정하고 친구들과 감정을 나누지 못하며, 어울려 놀지 못해 혼자 놀고, 한 가지 놀이(동물 모형만 가지고 노는 행동)에 집착하고 언어적 의사소통이 이루어지지 않는다는 점을 통해 추측할 수 있다.

유사 자폐(반응성 애착장애)는 바람직하지 못한 양육 환경에서 생기는 후천적 장애이다. 유아기에는 부모의 따뜻한 사랑을 충분히 받고 애착을 형성해야 한다. 하지만 유사 자폐증상은 부모와의 안정적인 애착 형성에 실패하여 생기는 문제라고 볼 수 있다. 유사 자폐는 양육 환경이 개선되고 양육자와 자녀 간에 안정적인 애착 관계가 형성되면 증상이 감소한다. 따라서 부모의 적극적인 노력, 협조가 이루어져 우선적으로 가족 관계가 긍정적으로 개선되어야 한다.

3.3
가정폭력 피해자
망파는 맘껏 슬퍼하라

중학교 1학년 여학생은 그림 6에 대해 5세 때부터 아빠한테 매를 맞았는데 방을 청소하지 않았다고 혼나는 모습이라고 했다. '아빠는 원래 조폭이었는데 화나면 엄마, 언니, 나, 세 명 다 무릎 꿇게 하고 청소기로 마구 때린다'고 했다. 언니는 아빠가 싫어서 가출했는데 집에 잡혀 들어와 반죽도록 맞았다고 했다. 욕실에 물을 가득 채워 놓고 물고문하고 아빠가 칼을 갖다주고 스스로 찔러서 죽으라고 협박한다고 했다. 언니는 아빠한테 죽도록 맞아 기절해서 병원에 실려 간 적도 있었는데 그래도 계속 집을 나간다고 했다. 언니가 가출하면 아빠는 어떻게 해서라도 붙잡아 오는데 그래

[그림 6]

도 언니는 계속 가출한다고 했다. 한 번은 아빠가 심하게 고함지르고 폭력을 해서 옆집에서 경찰에 신고했는데 경찰이 와서 시끄럽게 한다고 옆집에서 신고가 들어왔다며 조용히 하라고 타이르고 갔다고 했다. 경찰이 가고 난 뒤 아빠가 옆집 사람을 죽인다고 협박해서

그 사람들도 너무 놀라서 이사 갔다고 했다. 내담자는 학교 성적은 하위권이지만 성격은 명랑하다. 애니메이션을 열심히 그리며 스트레스를 풀고 있다면서, 아빠는 실직해서 집에 있는데 주로 컴퓨터 게임만 한다고 했다. 어머니는 시간제로 일하러 다니고 언니는 여고 1학년인데 공부는 포기하고 친구들과 어울려 노는 비행 청소년이라고 했다.

[그림 7]

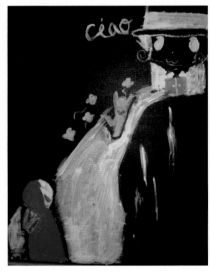

[그림 8]

그림 7에서 내담자는 아빠를 '망파(망할 파파)'라고 하면서 자기가 제일 싫어하는 당근을 들고 있는 아빠가 죽어버렸으면 좋겠다고 했다. 학교에서 휴대 전화 알람이 울려서 담임한테 휴대 전화를 빼앗겼고 담임이 아빠한테 전화해서 일러줬는데 아빠한테 엄청 많이 맞았다며 시퍼렇게 멍이 든 다리를 보여 주었다. 언니는 공부를 포기하고 비행 청소년이 되었는데 아버지한테 물고문도 당하고 눈을 손톱으로 찔려서 각막이 파열되었다고 했다. 집을 나가서 멀리 도망가고 싶지만, 아빠가 엄마와 언니한테 복수할까 봐 가출하지 못한다고 했다. 언니도 몇 번 가출했는데 기어이 붙잡혀 들어왔다고 하면서, 아빠가 언니를 때리다가 엄마가 말리면 같이 때린다고 했다. 아빠는 욕실에서 언니의 머리를 물속에 처박고 고문했는데 언니가 살려달라고 빌어서 살려주었다고 했다. 아빠는 화가 나면 늘 가족을 때린다고 했다.

내담자는 그림 8을 그리면서 '망파(망할 파파)'를 떠나 자신이 원하는 세계인 리본 세계로 떠나고 싶다고 했다. 길은 오직 하나, 갈림길은 없이 무조건 '리본 세계'로 떠나고 싶다고 했다. '망파는 맘껏 슬퍼하라'고 했다.

그림 9를 그리면서는 휴대 전화를 담임한테

빼앗겨서 사용하지 못하게 되니까 손이 벌벌 떨리고 미칠 것 같다며, 자신이 휴대 전화에 중독된 것 같다고 했다. 마귀할멈이 들고 있는 단도와 피 묻은 까만 종이는 반성문과 볼펜이며, 파란색의 사람은 자신이고 마귀할멈이 서 있는 장면 뒤쪽에 쓰인 숫자는 휴대 전화 압수 기간이라고 했다. 보름 동안 압수 기간이라고 하면서, 양쪽 끝의 장면은 현재 각각의 마음 상태라고 했다. 현재는 상처받아서 겉으로는 표를 안 내고 있지만 속으로는 울고 있고, 마귀할멈은 신이 나서 입꼬리가 귀까지 째져 올라가고 있다고 했다.

[그림 9]

내담자의 아버지는 아내와 딸에게 폭력을 행사하며 가족을 괴롭히는 심각한 범죄를 저지르고 있다. 가정 폭력의 가해자인 아버지의 폭력행위는 가장이라는 권위의식, 열등감, 낮은 자존감, 실직으로 인한 패배감, 피해의식 등이 누적되어 자신의 불안과 스트레스 해소를 위한 수단이다.

내담자의 말에 의하면, 가정 폭력을 경찰에 신고한 옆집 사람에게 죽인다고 협박해서 그들이 이사까지 갔다고 한다. 이로 인해 가족들은 경찰에 신고조차 포기하고 대책 없이 당하고만 있으며, 불안과 공포에 시달리고 있음을 알 수 있다. 폭력은 반드시 근절되어야하며, 마음에 크나큰 상처를 안고 살아가야하는 내담자 가족은 꾸준한 심리 치료로 반드시 상처를 극복하고 회복해야할 필요가 있다.

3.4
폭력을 당한 딸
집 뛰쳐나가고 싶어진 딸

[그림 10]

중학교 2학년 여학생인 내담자는 그림 10에 대해 아버지가 화내고 문 두드리며 문 열라고 소리 지르는 장면이라고 설명했다. 스탠드 불빛 밑에서 노래를 들으며 뭔지도 모를 고민을 하면서 아무 생각도 없었는데 아버지가 방문을 따고 들어와서는 손바닥으로 얼굴을 정신없이 때렸다고 했다. 아빠가 집을 나가라고 해서 밖으로 나가자 차에 태운 채 2시간 동안을 차 안에서 소리를 지르고 계속 때렸다고 했다. 또한 내담자는 친한 친구와 학교를 마치고 밤에 동네 산에서 심하게 서로 때리고 싸웠다고 했다. 그 친구는 나쁜 선배 언니들과 함께 놀고 있으며 빠져나오지 못했는데 자신이 같이 놀지 않는다고 하자 언니들과 한패가 되어 뒷산으로 불렀다고 했다. 그 친구가 보기 싫어서 오늘은 학교에 안 갔다며, 이제 학교는 안 가고 검정고시를 치겠다고 친구한테 문자를 보냈다고 했다. 함께 어울려 놀던 친구들 그룹에서 빠져나오겠다고 선언했다가 심하게 싸우며 고통을 당해서 힘들었는데 부모한테도 폭행당해서 몹시 힘들었다면서, 그때 겪었던 일만 생각하면 화가 치민다고 했다.

내담자 여중생은 미술치료를 통해 힘든 상황을 겪었던 일을 떠올리며 감정을 정화시켰지만, 마음속에 깊은 상처는 여전히 남아 있다고 볼 수 있다. 잘못된 길에서 빠져나오기 위해 본인 스스로 노력하고 있는 모습이 엿보인다. 내면의 힘을 키워 자신과의 갈등 상황을 극복하기 위해서 내담자에게 지속적인 지지와 용기를 심어주어야 할 필요가 있다.

그림 11을 보면 내담자는 심각한 표정을 짓더니 방구석에 괴로워하고 있는 자기 모습을 먼저 그린 후 벽과 창문을 그렸다. 집에서 감금당하며 방구석에서 울고 있는 자기 모습이라고 했다. 친구들과 어울려서 시내에 돌아다니고 나쁜 행동을 하며 집에 밤늦게 들어온다고 아빠한테 폭행을 당했고 엄마에게 가위로 머리카락을 잘린 채 아무 데도 못 나가게 집에서 감금당했던 모습이라고 했다. 죽고 싶은 심정이었다고 하면서 자기 모습을 보며 불쌍해 보인다고 했다. 아빠한테는 무슨 말을 하면 변명한다고 무시하고 비난하기 때문에 아무 말도 하지 않는데 엄마는 참고 살지만, 자신은 참기가 힘

[그림 11]

들다고 했다. 아빠는 엄마한테도 친구들을 못 만나게 간섭하고 늘 비난하고 무시한다면서, 딸이 엄마를 닮아서 못난 행동을 한다는 말을 들으면 화가 난다며 집을 뛰쳐나가고 싶어진다고 했다.

내담자는 밤늦은 시간까지 반복적인 일탈 행동으로 부모님의 애를 태우고 있다. 자기 행동이 잘못되었음을 알면서도 되풀이하며 반복 강박적이고 자기방어적인 행동을 하고 있다. 부모가 집에서 못 나가게 강제로 통제하자 자신이 감금당했다고 생각

하고 있으며 아버지의 엄격한 통제와 처벌적인 교육방침으로 좌절감에 빠져 있다.

아버지의 자녀 교육 방침은 자율성보다는 엄격한 통제와 규율이 우선시되고 있다. 융통성이 없으며 권위적이고 독선적이다. 가부장적인 아버지는 자녀들의 세계를 이해하거나 수용하지 못하고 지나친 간섭과 통제로 가족들을 지배하려는 성향이 매우 강하다. 어릴 때부터 지속된 부모의 갈등과 어머니의 우울증으로 인해 아이에게 따뜻한 사랑을 베풀어주지 못했으며 딸과 안정적인 애착 관계를 형성하지 못했다고 볼 수 있다. 그 결과 내담자는 주변 환경에 대해 두려워하면서 학교생활에서도 적응하기 어렵게 되었다. 초등학교 때는 부모와 교사에게 겉으로는 순종했으나 내면은 부모에 대한 반발 심리로 잠재적인 공격성을 키우게 되었다. 딸은 청소년기가 되면서 부모와 교사에게 반항적으로 행동하기 시작했다. 부모는 딸의 행동이나 심리 상태를 이해하지 못하고 반복적인 체벌만 가해 부모-자녀와의 관계가 더 악화되었으며, 딸의 행동은 최악의 상태로 치닫고 있음을 알 수 있다.

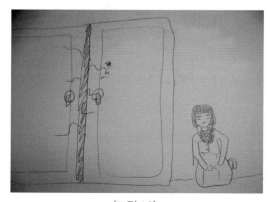

[그림 12]

그림 12는 학교에서는 즐거운 일이 한 번도 없었던 것 같다고 하면서 무엇을 그릴까 잠시 생각을 하더니 문을 먼저 그리고 나서 복도에 무릎을 꿇고 앉아 벌을 서고 있는 자신을 그린 것이다. 장애인이 타는 엘리베이터를 탔다는 이유로 벌을 선 모습이라고 설명했다.

내담자는 선생님께 혼날 때도 가만히 듣고 있는 척하다가 갑자기 "뭐요? 뭐라고 그랬는데요? 뭐라고 그랬는지 잘 모르겠는데요?"라고 능청 떨며 고개를 쳐들고 무시하고 대들면 선생님이 실컷 잔소리하다가 제풀에 지쳐 "뭐 이런 애가 다 있어!"라며 비난하고 가버린다고 했다. 선생님이 포기하고 어이없다는 듯이 가버리는 것이 재미있다고 했다. 선생님께 자기가 벌을 주는 방법이라고 했다. 선생님한테 대들고 반항하면 친구들이 '잘 나간다'라며 부러워하는데 자신을 학교에서 '짱'이라고 했다. 선생님들이 교무실에서 자기에 대해 비난하는 소리를 다 들었는데 화가 났다고 했다. 딸은 아버지가 화를 내면서 잔소리하거나 수가 틀어질 때 귀를 막는다고 하면서, 안 듣고 싶어 귀를 막고 있으면 더 큰 목소리로 화내고 계속 잔소리하며 괴롭힌다고 했다. 며칠 전에는 아빠한테 학원에 다니기 싫다고 하자 아빠가 갑자기 화를 내서 "아이 씨"라고 말해서 더 혼났다고 한다. 아빠도 맨날 잘 욕하면서 괜히 화를 낸다며 아빠를 원망했다. 아빠한테 욕을 했기 때문에 죄송하다고 사과하려고 해도 쑥스러워서 말하기 힘들다고 했다. 내담자에게 '반항적이고 공격적인 태도가 몸에 배면 습관이 되고, 습관은 고치기가 힘들어진다'라고 조언하면서 '다른 사람과의 관계에서도 오해가 생기고 관계가 나빠지므로 긍정적인 관계를 위해서는 상대방을 존중하는 대화를 해야 한다'라고 설득하자, 내담자는 '나쁜 표현을 안 해야지! 하는 생각은 드는데 습관이 돼서 잘 안 고쳐진다'라고 했다.

사회 규범을 따르지 못하는 내담자는 심리적으로 불안정하며 충동적이고 반항적이다. 양심의 가책이 없으며 남에게 상처를 주거나 남을 괴롭히면서도 아무렇지도 않게 여기고 정당화한다. 학교에서도 부모님에게 대하던 자기방어적이고 수동공격적인 방법으로 대응하고 있다. 선생님한테 대들고 반항하면 친구들이 잘 나간다고 부러워한다며, 짱이 되고 싶은 우월감에 마치 자기가 위대해진 듯 착각에 빠져 반 친구들에게 동경의 대상이 되려 하고 있다.

한편 자기가 벌주는 방법이라며 담임선생님에게 반항적인 행동을 표출하는 등의 공격적인 모습을 보인다. 극도의 불안을 감추기 위해 방어적인 행동을 하여 상대방을 공격하고 있는 내담자는 반사회적이며 자학의 정도가 심각하다고 볼 수 있다. 반항적인 행동 이면에는 애정과 인정을 받고 싶은 바람이 있으나, 마음속에 분노가 쌓이고 이를 부모에게 표출하지 못하고 다른 사람에게 투영하는 모습을 엿볼 수 있다. 불행한 경험 때문에 다져진 불신감이 근본적인 주원인이라고 볼 수 있다. 다시 말해 양육자가 딸에게 지나치게 엄격하고 통제를 가하며 잘못을 꾸짖고, 비난하거나 빈정대고 냉소적으로 말하는 등의 언어폭력을 가하며 딸의 존재를 업신여기는 부정적인 양육 방식을 행했고, 딸은 어릴 때부터 이러한 양육 환경에서 부모로부터 존중과 사랑을 못 받고 자라서 자아가 건강하게 형성되지 못했기 때문에 문제 행동을 보인다고 할 수 있다.

반항적이고 도발적인 행동에 대해 감정적인 말로 대응하거나 과잉 반응하는 선생님을 경멸의 대상으로 삼고 괴롭히는 내담자는 선생님이 냉정함을 유지하고 도발에 응하지 않게 되면 신뢰 관계가 구축될 수 있다. 즉, 인내와 도량을 가지고 학생을 대하는 선생님의 태도가 중요하다. 비행 청소년은 벌을 받거나 책망당하면 반발심이 쌓이게 되고 점차 반사회적인 행동을 하게 되지만, 용서받으면 자신의 잘못된 행동을 깨닫고 비로소 성숙해지며 위험 충동에서 벗어날 수 있다.

[그림 13]

그림 13은 '자유화'이다. 오리, 달팽이, 냇물, 물고기, 새싹, 감나무가 보인다고 하면서 아무 생각 없이 그렸는데 모양이 보여서 신기하다고 했다. 자신이 엄마의 짜증스러운 말투와 화내는 모습을 닮았다는 것을 알게 되었다고 했으며, 아빠는 늘 엄하고 두려웠으며 무서웠다고 했다. 어릴 때 많이 울었으며 엄마와 아빠한테 맞았던 일이 생각난다고 했다. 어제는 아빠가 안아주려고 했는데 자기가 피했다고 했다. 의자에 앉으니까 아빠가 등 뒤에 와서 안았다고 했다. 부모님이 지금까지 집에서 한 번도 안아준 적이 없었고, 가족 모두 스킨십이 전혀 없었다면서, 엄마와 아빠가 서로 안는 것을 본 적이 없었다고 했다.

딸은 엄마의 짜증스러운 말투, 화내는 모습을 닮아 엄마와 자신을 동일시하는 자기 모습에 대해 알아차리게 되었고, 부모님의 폭력으로 인해 두려움과 공포에 시달리게 되었다는 것을 알 수 있다. 내담자의 가족은 서로 애정 표현을 잘 하지 못하고 친밀한 가족 관계를 형성하지 못했다. 즉, 가족 구성원 간에 정서적 유대감과 애정적 교류가 전혀 없어 갈등 관계와 정서적 단절로 이어졌다는 것을 알 수 있다.

3.5
돈에 집착하는 대학생
돈 벌어 성공하는 것이 내 인생 목표

그림 14는 26세 남자 대학생의 그림이다. 그림에 있는 나무는 무슨 나무인지 잘 모르겠고 아무 친구도 없는 나무라고 했다. 앞으로 생기겠지만 지금은 아무도 없다고 하면서 나무가 좋아하는 것은 햇빛이라고 했다. 나무 옆에 꽃도 있고 사슴도 있어서 평화로운데 나무 옆에 흔들 그네가 있으면 좋겠다고 생각해서 그네를 그렸다고 했다.

[그림 14]

그림 15에 대해서 설명하며 어릴 때부터 가난하게 살았는데 사립 대학에 다니면서 잘 사는 친구들을 보면 비교되고 화났다고 했다. 자신은 스펙도 없고 돈도 한 푼 없고 부모님께 아무 것도 물려받지 못해 비참하다고 하면서, 대학을 졸업하고 취업해 적은 월급을 받아서는 집도 장만하지 못할 것 같고 결혼도 하기 힘들고 어떻게 살아야 할지 고민이라고 했다. 내담자는 생각을 하도 많이 해서 생각을 그만 멈추고 싶은데 안 멈춰져서 날을 새며 고민한다고 했다. 자신의 최근 관심사는 돈 버는 일이라고

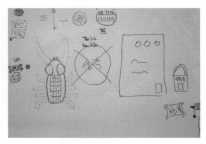

[그림 15]

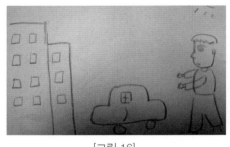

[그림 16]

하면서 어떻게 하면 돈을 많이 벌까 고민되며 걱정 없이 편하게 살고 싶다고 했다. 내담자는 햇살을 좋아하는데 당장은 직장이 있으면 모든 것이 해결될 것 같다면서도, "차후에는 글쎄요, 그냥 고민이 많을 것 같아요."라고 하면서 자기는 무엇이든지 잘 결정하지 못하고 하나의 선택을 할 때까지 많이 고민한다고 했다. 고민이 있으면 날을 새면서까지 생각에 잠긴다고 하면서 돈에 집착을 많이 해서 아르바이트도 많이 했다고 했다.

그림 16에서 내담자는 빌딩과 자동차가 있는 그림을 그렸다. 승용차는 남의 차인데 멋진 차를 타고 자유롭게 누비고 다니는데 혼자 있을 때도 있고 친구들과 같이 다닐 때도 있다고 했다고 설명했다. 어느 날 고민이 생겨서 밖에 나가지도 않고 집에만 틀어박혀 있으니까, 어머니가 둘이 산책하러 가자고 해서 나가기 싫었지만 할 수 없이 따라갔다고 했다. 내담자는 어머니와 저수지 올레길을 함께 걸으며 이야기하다가 학교를 졸업하지 않고 다른 일을 하고 싶다고 말하니까 어머니는 1학기밖에 안 남았는데 졸업을 안 하고 포기하려고 한다면서 화를 내더니, "그럴 거면 차라리 지금 당장 이 저수지에 빠져 죽어라."라고 말했다고 했다. 그 말을 듣는 순간 정말 죽고 싶었다고 하면서 아무리 속상해도 자식한테 죽으라고 말하는 사람이 내 엄마라는 사실이 참 속상하다고 했다.

내담자는 고등학교에 다닐 때도 전교에서 늘 1등을 해서 대학교를 전액 장학생으로 입학했기 때문에 부모님이 등록금 한 번 주지 않았고, 밤에는 아르바이트를 해서 용돈을 벌었다고 했다. 어머니는 가끔 용돈을 주면서 아껴 쓰라고 해서 지금까지 돈을 마음 편하게 써본 적이 한 번도 없었다고 했다. 아버지는 시골에서 농사를 지으시고 어머니는 요양보호사로 일하셔서 두 분이 고생을 많이 하는 게 안타까워 빨리 돈을 벌어서 잘해드리고 싶은데 어떻게 살아가야 할 지 모르겠다고 했다. 졸업하고 공무원이 되면 월급을 받아서 아껴 쓰고 평생 모아도 서울에 집 한 채 장만하기 어렵기 때문에 돈을 많이 버는 사업을 해보고 싶다고 했다. 학교 근처에 있는 조그마한 술집에서 밤에 아르바이트했는데 그 사장님이 내담자에게 가게를 인수하면 잘할 것 같다며 해보라고 권해서 그 일을 해보고 싶다고 했다. 대학 2학년 때 만났던 여자친구의 아버지는 사업을 하는 분인데 2년 만에 고급 차를 바꾸고, 가족여행도 자주 다니고 외식도 자주 한다고 자랑해서 비교가 많이 되었다고 했다. 어느 날 입대를 한다고 하니까 여자친구가 군대 갔다 와서 무엇을 할 거냐고 물어서 제대하고 공무원 할 거라고 하자, 여자친구가 실망하면서 돈 벌려면 언제까지 기다려야 될지 모르겠다면서 불만을 표시했다고 했다. 여자친구는 고급 옷을 입고 돈을 잘 썼는데 만날 때마다 스스로 위축되고 초라한 생각이 들었다고 하면서, 가진 것도 능력도 없어서 여자친구한테 도저히 맞출 수가 없어 헤어졌다며 아픔을 털어놓았다.

자녀들이 부모의 뜻대로 하지 않고 실망을 준다고 해도 자녀들은 부모로부터 존중받고 사랑받아야 하는 존재이다. 자녀들은 자기의 인생에 대해 스스로 책임지고 살아갈 권리가 있다. 자녀가 부모의 기대에 어긋난 행동을 하거나 의사를 표현한다 해도 비난하거나 처벌적인 말로 상처를 주지 않아야 자녀들은 부모를 신뢰하게 된다. 아들에게 죽어버리라고 말하는 어머니의 태도는 아들에게 깊은 상처를 주면서 아들을 비참하게 만든다. 혼자서 많이 고민하던 아들이 어머니를 믿고 겨우 털어놓았는데 어머니는 아들의 입장을 충분히 이해하고 공감하지 못하고 아들에게 해서는 안 될 폭언을 하여 깊은 상처를 주었다. 어머니는 아들이 자기의 인생을 스스로 잘 설계해나가도록 믿고 지켜보아야 하는데도 불구하고 아들의 의견을 무시, 비난, 협박하는 말로 처벌하며 상처를 안겨주었다.

내담자는 자기 삶을 주도적으로 관리하고 이끌어 나갈 수 있는 성인이 되었음에도 열등의식에 사로잡혀 세상에 너무 큰 기대를 걸고 허황한 꿈(돈)을 쫓아가며 불행을 자초하고 있는 것으로 보여진다. 헤어진 여자친구는 돈만 소중하게 여기는 사람으로 바람직하지 못한 성격의 소유자이다. 그런데도 내담자는 돈의 많고 적음만 비교하여 스스로 열등감에 빠져 고통받았으며, 결국 자신감이 결여되어 헤어지게 되었다. 돈 때문에 여자친구와 이별하게 되었다는 좌절감에서 벗어나지 못하고 피해 의식과 열등감에 빠져 돈만 쫓는 불행한 삶을 자초하며 소중한 인생을 허비하고 있다고 볼 수 있다. 돈만이 최고라는 비합리적인 신념으로 몰고 가는 사고방식을 인식하고 개선하려 노력해야 하며, 자기 삶을 있는 그대로 인정하고 만족해야 한다. 서로 존중하는 아름다운 사랑을 해야 한다. 작은 것에서도 보람을 느끼며 행복을 찾으려는 노력이 절실하며, 진정으로 자기 자신을 사랑하면서 행복해질 수 있는 일을 찾는 것이 현명한 방법일 것이다.

3.6
아들을 꼼짝하지 못하게 붙잡는 엄마
숨통을 죄는 엄마

[그림 17]

그림 17은 필자의 작품으로 상담실에 걸려 있다. 그림 18에서 그림 41까지는 5세 아들, 3세 딸을 둔 한부모 가족 어머니(37세)의 양육 태도 개선과 유아의 공격성 감소를 위한 모-자 미술치료 단일 사례연구의 일부이다.

그림 18을 그린 어머니는 상담실 벽에 걸려 있는 그림 17을 보며 아들을 새처럼 줄을 붙잡고 꼼짝 못 하도록 놓아주지 않고 힘들게 하는 자기 모습과 똑같다는 생각이 들어서 보고 그렸다고 했다. 자신은 아들에게 집착하여 숨통을 조이고 있다고 했다. 어머니는 아들을 자신의 소유물로 여기고 꼼짝 못하게 하고 마음대로 조종하는 자신을 그렸다고 했다.

자녀를 소유물로 생각하는 부모는 자녀의 가능성을 밧줄로 꽁꽁 묶어 놓기에 독립적으로 성장할 수 있는 기회를 주는 대신 규칙 강요와 과보호 같은 방법으로 자녀들의 숨통을 조인다. 어미 독수리는 새끼를 가혹하
게 훈련하여 혼자 살 수 있게 만든 뒤 세상 밖으로 내
보낸다. 혹독하게 훈련하지 않으면 새끼들이 다 죽
기 때문이다. 또한 송아지는 태어나자마자 어설프게
절룩거리지만 제발로 걷고 뛰어다닌다. 그러나 사람
은 태어나자마자 혼자서는 아무것도 할 수 없다. 양
육자의 많은 사랑과 돌봄이 필요하다. 아기는 울고,
젖을 주면 먹고, 자고, 하품하는 등 살아가기 위한 매
우 기본적인 일 외에 스스로 할 수 있는 것이 없다.

[그림 18]

그러므로 아이가 스스로 할 수 있을 때까지 주 양육
자가 지극정성으로 돌봐야 한다. 자녀가 성인이 되어 독립적으로 살아가기 위해서는
많은 훈련이 필요하다. 모든 훈련엔 부모의 따뜻한 돌봄이 중요하며, 부모는 자녀를 양
육할 때 아무런 대가를 바라지 않고 순수하게 주어야 한다. 그러나 많은 부모는 자신이
채우지 못한 것을 자녀가 채울 수 있다는 과도한 기대감으로 자녀들을 양육하며 욕심
을 낸다. 그러한 부모의 욕심이 자녀들의 인격에 손상을 가하게 된다.

3.7
우울한 가족
가슴 찢어지게 아픈 나

[그림 19]

그림 19와 그림 20은 어머니와 아들이 함께 상담받으며 그린 그림이다. 그림 19는 어머니의 그림이다. 어머니는 "우리 가족이라서 잘 그리려고 했는데 잘 안 그려진다."라고 하면서, "나는 귀신같고 딸은 공주같고 아들은 잘생긴 왕자같다."라고 했다. 아들이 자기를 멋지지 않다고 하면 삐칠 것 같고, 인물이 좋아서 연예인이 될 거 같은데 태권도 관장님을 좋아해서 국가 대표 선수가 될 거라고 했다. 아들이 자기에게 잘해주는 사람을 잘 따른다고 하면서 아들을 보더니 "니가 딸로 태어났으면 진짜 예쁘겠다."라고 하면서 "○○(아들)이가 고추 뗄 거다."라고 말하자, 아들은 "엄마가 예쁜 거 좋아하니까 나 여자 돼야지! 나 예뻐져야 되겠다. 나 멋져!"라고 말했다. 어머니는 가족이 무표정이며, 슬퍼 보이고, 딸은 삐쳐 있는 것 같다고 하면서 자신은 눈이 우울하게 보이고 머리가 흩어져 있어서 미친 년 산발한 것 같다고 했다.

내담자는 남편과 이혼하기 전까지 아이들 때문에 참고 살았다고 하면서 가슴이 아프다고 했다. 남편은 돈도 안 벌면서 매일 돈 달라고 했고, 없다고 하면 빌려오라고 하고 안 주면 짜증을 내고 폭력을 일삼았다고 했다. 내담자는 또한 다른 사람들이 잘 대해 주면 '왜 나에게 잘 대해 줄까? 배신하려고 그럴 거야! 말하는 게 이상하다'라며 그 사람을 믿지를 못하게 되고 너무 복잡하게 생각한다고 했다. 밤이 되면 죽을 것만 같이 무섭고 미칠 것 같고, 화가 나서 잠을 잘 자지 못한다고 했다. 사는 게 힘들 때면 수면제, 신경 안정제를 먹고 겨우 잠을 잔다며, 약에 의존하게 되었다고 했다. 그런데 헛구역질도 나고 어지럽고 고통스러워서 약을 끊었는데 사는 것이 너무 힘들어서 다시 소주를 마시고 수면제를 먹어야 밤에 잠을 잘 수 있다고 했다. 영세민 아파트에 살고 있는데 월세도 못 내고 관리비도 미납되어 관리사무소에서 수도와 전기를 끊겠다고 매일 찾아온다고 했다. 남편은 이혼할 때 양육비를 주기로 합의해 놓고 지금까지 양육비를 한 푼도 주지 않았으며 오히려 얼마 전에 몇만 원을 빌려달라고 전화가 와서 전화번호를 바꿔야겠다고 했다.

[그림 20]

그림 20에서 유아는 육식동물로 포악한 공룡(티라노사우루스)을 왼쪽에 가장 크게 그렸고 이빨이 드러나도록 그렸다. 유아는 공룡을 좋아한다며 나와 동생, 엄마가 동물원에서 동물을 보고 있는 모습이라고 했다. 아저씨가 동물에게 먹이를 주고 있는데, 동물을 파는 아저씨라고 했다. 유아는 '엄마는 동물을 사달라고 해도 안 사준다'라고 불만을 표출했으며, 지렁이가 밥 달라고 조르고 있다고 했다. 엄마는 동생만 좋아한다고 했다.

[그림 21]

그림 21에서 유아는 엄마한테 혼날 때는 '가슴이 찢어지는 것 같다'라면서 조각난 하트를 그렸다. 사람은 장난치듯 웃고 있는 모습이라고 했다.

이 가족 상담에는 회기마다 주로 떠오르는 생각을 자유롭게 그려보는 자유 연상법을 적용하였다. 프로이트는 자유 연상법을 적용하여 무의식적인 정서적 반응에 대한 통찰을 얻기 위해 자발적으로 그린 그림들을 활용한다. 핵심은 연상들 사이의 내적 연결을 경청하는 데 있다. 내담자가 스스로 자유 연상과 자발적인 표현을 하도록 하여 그림을 그리게 하고 색채의 사용, 선과 형태, 공간 이용과 공간적 형태, 그림의 내용 등을 분석하는 방법이다. 내담자와 그림에 대해 이야기를 나누며 일정한 유형의 피드백을 제공하여 내담자 스스로 깨닫도록 도움을 준다. 자유 연상법은 교정적인 경험을 하도록 격려하는 기법으로, 자유 연상을 통해 무의식 안에 일어나는 것들에 대해 일종의 거울처럼 비추어 준다.

정신 분석 상담 기법 중 떠오르는 생각을 마음껏 표현하는 것을 인지-행동 치료법에서는 '자동사고'라고 부른다. 내담자가 그림의 여러 가지 측면들을 자유롭게 연상할 때 그것들을 발견하게 되며, 억압된 갈등이나 말로 표현할 수 없는 불안을 나타내는 이미지를 상징적으로 투사한다.

내담자가 느끼는 생각이나 감정들을 마음껏 그림으로 표현하는 '자유화 기법'은 내담자 스스로 주제나 방법을 결정하여 그리는 방법이다. 이러한 자발적인 표현법은 무의식을 의식화하는 데 효과적이다. 프로이트에 의하면 왜곡되고 억압된 무의식의 숨겨진 내용을 찾는 것이 정신 분석가가 해야 하는 중요한 작업이며, 내담자가 자신을 이해하여 자기 통제를 달성하도록 돕는다.

[그림 22]

그림 22는 내담자의 집에 가정 방문을 했을 때 찍은 사진이다. 거실에는 장난감 등이 어질러져 있고 물건이 많아서 들어갈 수가 없을 정도였다. 아들 방에는 이불과 옷들이 정리되어 있지 않고, 책상 주변에는 높은 곳까지 상자와 가방 등이 쌓여 있어서 매우 위험하고 불결한 상태였다. 집은 아동이 편안하게 쉴 수 없고 공부를 할 수 없는 등 안전하지 못한 상태였다. 내담자는 아파서 집을 전혀 정리할 수 없고 밥을 하지 못하니까 교회에서 밥을 먹고 오거나 아들이 라면을 끓여줘서 동생과 먹는다고 했다. 한 부모 가족이라서 정부

지원금으로 살고 있으며, 돈을 아껴 쓴다고 해도 늘 부족해서 월세를 내지 못해 주인이 집 비워달라고 해서 쫓겨나게 되었다면서 돈이 없어 눈물 난다고 했다. 내담자는 멀쩡한 물건을 동네 사람들이 버린다면서 아까워서 집에 가지고 오다 보니까 좀 많아졌다고 했다. 가구나 장난감 등은 한 번도 사지 않고 다 분리수거를 하는 데서 가지고 온다면서 저장장애 증상을 나타냈다.

집 안 구석구석 너무 많은 물건, 아이 방까지 쓰지 못하는 물건을 가득 채워둔 행동은 어머니의 병리적 저장 행동이라고 할 수 있다. 이는 결핍으로 인한 불안한 마음, 심리적 빈곤 때문에 생기는 욕구이다. 방 안 가득 물건을 채워두고 만족감을 느끼고 쓰지 않아도 버리지 못하는 것이다. 내담자는 특히 어릴 때부터 제대로 돌봄을 받고 자라지 못한 불우한 환경, 결혼 생활에서 받은 깊은 상처로 인한 외상 후유증, 자녀 양육 스트레스 등으로 혼란스러움을 겪었으며, 이러한 외상 경험이 저장장애로 이어진 것으로 해석된다.

3.8
가족화
엄마, 혼내지 마세요!

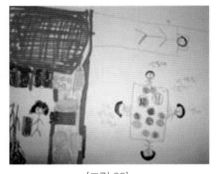

[그림 23]

그림 23은 어머니가 그린 집이며 황토집이라고 했다. 어릴 때는 매일 부엌에서 불을 때서 밥을 짓고, 물을 데웠고, 할머니가 참으로 별나서 많이 미워했다고 했다. 가족 모두 할머니를 싫어했다고 했다. 친정어머니는 둘째 언니와 자신을 미워했는데, 초등학교 다닐 때 엄마한테 10원만 달라고 해도 절대 안 주었지만, 위의 언니는 크다고 주고 막내는 어리다고 용돈을 줘서 정말로 엄마가 미웠다고 했다.

언니 옷을 훔쳐 입고 학교에 가다가 실컷 맞았다며, 친정어머니가 옷을 벗으라고 해서 벗었다고 했다. 내담자는 주름치마가 입고 싶었는데 다 떨어진 언니 옷만 물려 입고 새 옷은 한 번도 입어본 적이 없었다고 했다. 또한 언니한테 맞아서 결석하거나, 지각하면 벌을 서고 야단맞으니까 싫어서 결석하는 날이 많았다고 했다. 누운 사람은 친정아버지인데 남의 집 일도 하고 도라지를 캐서 말려 팔아 생계를 겨우 이어가다 중풍으로 일을 못 하고 누웠다고 했다. 내담자의 어머니는 일찍 돌아가시고 큰언니가 돈을 벌어서 동생들을 다 챙겼다고 했다.

내담자는 아들이 너무 말을 안 들어서 "너 같은 아들을 둔 게 후회된다.", "어휴! 내가 저걸 낳고도 미역국을 먹었나? 너 때문에 이렇게 살아야 하나? 니들 둘 다 아빠한테 주고 올 걸 잘못했다. 후회된다."라고 했다면서, 애들한테 그런 소리를 하지 않으려고 해도 너무 힘들어서 자꾸 하게 된다고 했다. 어느 날은 아이들이 너무 싸워서 밖에 나왔는데 둘이서 울고 난리를 해서 경비실에 들러 전화했더니, 아이들이 엄마가 죽으러 가는 줄 알고 "엄마! 죽지 마! 죽으면 안 돼!"라고 소리를 질렀다고 했다. 내담자는 "말 안 들으면 고아원에 줘 버리고 싶다."라고 하면서 나는 몸도 병신이고 도저히 자신도 없고 힘이 없어서 못 키우겠다고 했다. 다른 사람한테 보내버린다고 하면, 아들이 "엄마 죽으려고 그러지?"하면서 불안해한다고 했다. 내담자는 자녀에게 "니들이 엄마를 성질나게 하고 약 올려서 엄마 미치도록 하는 거잖아?"라며 소리를 지른다고 했다. 내담자는 사람을 만나기도 싫고, 집 밖에 나가기 싫어서 쓰레기를 버리러 나가지도 않는다고 했다.

내담자는 어릴 때 친정어머니한테 작대기로 많이 맞았다고 했다. 또 항상 동생을 챙겨야 했는데 동생을 데리고 다닌다고 친구들이 안 놀아줬다고 했다. 초등학교 3학년 때 친정어머니가 후두암으로 고생만 하다가 돌아가셨는데 불쌍한 생각이 든다고 했다. 아버지는 어머니가 돌아가시자 강박증이 심해져서 집에 물건이 제자리에 없으면 화를 내고 가족들을 괴롭혔다고 했다. 언니 3명 다 중학교를 중퇴하고 남동생만 학교를 다녔다고 했다. 내담자는 남동생과 언니들한테는 자신이 무엇을 해줘도 늘 욕먹는다면서 서로 살기가 힘들어서 남동생과 언니들을 안 만난다고 했다. 회사에 다니다 남편을 만났는데 남편은 초등학교 4학년 된 아들이 한 명 있으며 이혼한 사람이었다고 했다. 전 부인의 아들은 내담자가 새엄마이지만 "엄마"라고 부르며 잘 따랐는데 반항도 많이 했다고 했다. 내담자가 잔소리하면 아들은 대꾸하면서 마치 때릴 것같이 눈을 부릅뜨고 반항했다고 했다. 아들이 동생과 잘 놀고 안 싸우거나 착한 행동을 할 때만 용돈 1,000원을 줬지만 아들이 거의 매일 친구들과 동생을 괴롭히기 때문에 괴로웠다고 했다.

내담자의 아들인 유아가 그린 그림 24에서는 전체적으로 사람의 몸통이 생략된 문어모양의 형태로 인물상을 표현했다. 또한 가족의 주위를 원으로 에워싸며 포위하더니 가족이 노래를 부르고 있다며, '노래를 잘 부르는 우리 가족'이라고 했다. 갑자기 어머니를 향해서 "엄마 오늘도 혼낼 거지? 불쌍하잖아! 혼내지 마세요!"라고 말했다. "내가 아주 똑

[그림 24]

[그림 25]

[그림 26]

똑해서 다 기억해요. 나는 천재예요. 유치원에서 친구들하고 싸운다고 선생님이 그러면 안 된다고 하는데 친구들이 먼저 약 올려서 때렸어요!"라고 말했다. "친구가 어떻게 약을 올렸는데?"라고 묻자, "메롱"이라고 놀린다고 했다. 유아는 "그 친구가 먼저 약 올렸는데 맨날 선생님은 나만 잘못했다고 그래요."라며 억울한 감정을 나타냈다.

그림 25에서 유아는 '동물 가족화'를 그렸다. 얼룩말은 엄마인데 착하다고 했으며, 친구들과 잘 놀아준다고 했다. 공룡은 잠꾸러기이고 친구들과 사이좋게 놀고 있다고 했다. 공룡은 싸워서 지기 싫고 매일 착하게 살고 싶은데 맞기 싫다고 하면서, 엄마가 때리기 때문에 엄마가 싫다고 했다. 엄마 말을 안 듣고 동생과 싸우기 때문에 맞는다고 했다. 원숭이는 동생인데 까부니까 잘 싸운다고 했다. 아빠는 악어인데 악어는 엄청 무섭다고 하면서 거인도 날려 버린다고 했다. 아빠는 동생만 예뻐하고 거짓말쟁이고 우리를 맨날 혼내기 때문에 나쁘다고 했다. 여우는 이모인데 이모는 아빠보다 더 무섭다고 하면서, 이모가 아빠보다 더 무섭게 때렸다고 했다. 하지 말라는 거 계속하고 말을 안 듣고 동생과 싸운다며 이모한테 맞았다고 했다.

그림 26에서 유아는 "우리 가족 그릴 거예요! 엄마가 좋아하는 거는 우리예요."라고 말하더니 주황색으로 집을 그렸다. "차들은 다 원래 주황색이거나 검은색이에요. 아니다. 아빠 차예요. 나는 자동차 좋아해요."라고 했다. 유아는 보라색으로 집안을 색칠하더니 "요쪽에 강아지 집 그려

야지!"라며, 강아지 집을 보라색으로 그리고 파란색으로 칠하고 검은색으로 강아지를 그렸다.

'가족화'에서는 아동이 가족 구성원에 대해 주관적으로 심리적으로 느끼는 내적인 상이 시각적으로 표현되며, 가족 내에서 아동에게 가장 영향을 미치는 인물 혹은 부정적인 영향을 끼친 인물에 대해 아동이 느끼는 감정이 솔직하게 드러난다.

유아가 '가족화'를 그리며 '엄마 말을 안 듣고 동생과 싸우기 때문에 맞는다'라고 말했던 점에서, 유아는 과거 아버지로부터 학대로 인해 마음에 상처를 안고 있으며, 어머니에게도 지속해서 학대당했음을 알 수 있다. 이는 자녀들이 폭력과 공포, 학대나 방임으로부터 보호받을 권리가 있음에도 불구하고 제대로 보호받지 못하고 있다는 것을 의미한다. 부모는 자녀를 마음대로 학대해도 되는 대상이 아니라 존중하고 보호해야 할 권리가 있는 주체임을 인식하고 아동의 권리를 존중하는 방법을 배워 올바른 자녀 양육을 실천해야 할 필요성이 있다.

3.9

불행한 내 인생
남들에게 창피한 내 아들

[그림 27]

그림 27에서 어머니는 귀신이 자주 보이며 자꾸 귀신이 신발을 신고 집에 들어오는 것 같고, 귀신은 악한 영인데 무섭게 겁주려고 일부러 형태를 보여주는 것 같다고 했다. 내담자는 남편과 살 때 우울증에 걸려 '어떻게 편하게 죽을까? 방법이 없을까?'라며 죽을 방법만 생각했다고 했다. 이혼하기 전에 농약을 먹고 죽으려고 했는데 '칼로 하면 아프겠지?'라고 안 아프고 편안하게 가는 것만 생각했다고 했다. 내담자는 집의 문을 꼭 닫고 아이들이 올 때까지 불을 끄고 컴컴한 집에서 앉거나 눕기만 했다면서, 집에도 귀신이 있는 것 같아 무서웠고 귀신이 옆에 오면 아이들을 보호해야 해서 창가로 밀어붙인다고 했다. 귀신이 아이들을 잡아가거나 도둑이나 강도가 아이들을 죽일까 봐 제일 겁이 나고, 도둑이 훔치러 들어와서는 돈도 없고 귀중품도 없으니까 화가 나서 사람을 해칠까 무섭다고 했다. TV에서도 '도둑이 사람을 봤기 때문에 자기가 드러나면 잡힐까 봐 죽이는 것이다'라는 내용이 나왔다고 말했다. 자신이 죽더라도 아이들을 어떻게 대피시켜서 살릴까, 자신이 죽으면 아이들이 어떻게 살아갈까 걱정이라고 하면서 밤에는 보조키까지 잘 잠그고 몇 번씩 확인해야 잠이 온다고 했다. 귀신이

자신을 너무 오랫동안 지배하고 있어서 몸이 말을 듣지 않아 몸이 공중에 붕 떠 있는 것 같았다고 했다.

어머니는 그림을 보며 귀신의 어깨가 축 처져 있고 귀신이 고개를 푹 숙이고 힘이 없어 보인다고 했다. 이혼하기 전에 남편과 함께 살 때 지옥 같았다고 하면서, 남편은 TV도 혼자만 보고 말을 안 들으면 가족들에게 욕하고 폭력을 가했다고 했다. 내담자는 남편한테 폭력을 당해 몸이 아파서 일할 수가 없다고 했다. 시키는 일을 제대로 하지 않을 때 폭력을 당했다고 했다. 남편이 외도도 하고 노름도 하고 나쁜 짓은 다 하고 돌아다니는 사람이라 도저히 함께 살 수가 없어서 집을 나갔는데, 남편이 찾아와서 머리에 피가 나도록 때려서 내담자는 제초제를 마시고 자살을 시도했고 응급실에 실려 가서 겨우 다시 살아났다고 했다. 남편한테 이혼해 주지 않으면 또 제초제를 먹고 죽을 것이라고 협박해서 겨우 이혼했고, 이제는 아이들하고만 사니까 마음이 편하다고 했다.

심적인 불안으로 귀신공포증이 있는 어머니는 폭력적이고 가학적인 전남편으로부터 피해받은 상처를 드러내며 우울증을 호소하고 있다.

그림 28에서 유아는 '고양이 괴물'이라고 하면서 "괴물은 때려죽여야 돼!"라고 말했다. 엄마한테 햄버거 사달라고 하니까 엄마가 "말이나 잘 들어라! 에이그!"라고 했다면서 엄마한테 못됐다고 하고 싶은데 혼날까 봐 말을 못 했다고 했다. 유아는 엄마를 괴물이라고 했다. 엄마는 일 때문에 힘들어 아프다면서 우리가 말을 안 들어서 화를 낸다고 불만을 털어놓았다. 엄마가 화내면 "잘못했습니다."라고 하면 된다고 했다. 아빠는 나쁜 사람인데 엄마 돈을 빼앗고 괴롭히고 나(내담자인 유아)를 때리고 아빠, 엄마는 ○○(동생)만 좋아하고, 나는 못생겼다고 하고, 말 안 듣는다고 때린다고 말했다.

[그림 28]

[그림 29]

[그림 30]

내담자인 어머니는 그림 29를 그리면서, 아들이 매일 돈을 달라고 하고, 동네 놀이터에서는 나쁜 형들을 만나 욕을 배우고 돈을 빼앗기고 맞기도 한다고 했다. 아들이 말을 듣지 않을 때는 소리를 지르거나 울어도 소용이 없으며, 죽어버린다고 협박하거나 때려도 말을 듣지 않아 정말 방법이 없다고 했다. 아이들이 버릇이 없어서 남들 보기 창피하다면서 아비 없는 자식들이라는 소리를 듣게 하지 않고 싶다고 했다. 아들은 남의 물건을 못 만지게 하면 '왜!'라고 묻는다며, 아들이 물건에 대한 욕심이 많아서 걱정된다고 했다.

그림 30에서 유아는 "엄마가 엄청 힘들어요. 엄마는 아이들을 잘 돌보기 때문에 예쁘고요. 아기는 놀아주는 것을 좋아해요. 아빠는 자동차 타고 어디 갔어요."라고 하다 갑자기 "난 망했어요."라고 말했다. "왜 망했냐면 ○○(동생) 때문이에요. 화가 나면 나도 모르게 동생 엉덩이 때려요."라고 말했다.

3.10

남편은 인간쓰레기
혼란스러운 가족

그림 31에서 내담자는 남편이 자기 엄마(내담자의 시어머니)하고 잠시도 떨어지지 못하고 "엄마! 엄마!"라고 하면서, 무엇이든 혼자하지 못하고 늘 엄마한테 의존한다며 남편이 참 못된 사람이라고 했다. 남편하고 이혼하기 전 함께 살 때 지옥 같았다고 한다. 남편이 생활비를 안 줘서 파출부 일을 했는데 남편은 내담자에게 빨리 안 나온다고 소리를 지르고 말을 안 들으면 욕하고 폭력을 가했다고 했

[그림 31]

다. 남편은 내담자가 일을 해서 번 돈도 다 빼앗아 노름했다고 했다. 내담자는 남편에게 폭력을 당해서 몸이 아파 지금도 일을 할 수가 없다고 했다. 남편은 동물보다 더 못하다고 생각한다며 아는 언니하고도 바람피우고 술집 가서도 바람피우고 돈(합의금)을 안 줘서 성폭력범으로 구속되기도 했다고 했다. '동물도 지 새끼는 챙기는데 남편은 지 새끼를 전혀 안 챙기는 나쁜 인간'이라고 하면서 남편이 양육비를 10원도 안 보낸다고 했다. 아들을 임신해서 만삭일 때도 바람피우느라 집에 들어오지도 않고 돈 떨어지면 집에 들어와서는

"배때지를 칼로 그어 버릴까!"라는 포악스러운 말로 협박하고 괴롭혔다면서, '남편은 인간 쓰레기'라고 했다. 내담자는 "남편을 생각하면 망치로 때려죽이고 싶어진다."라고 하면서 "남편이 머리에 피를 질질 흘리며 죽는 모습을 생각한다."라고 했다. 남편이 위자료 안 주려고 이혼도 안 해줬다고 하면서, 시어머니는 남편보다 더 독하다고 했다. 내담자를 맨날 욕하고 구박해서 시어머니와 함께 밥을 먹으면 체하기 때문에 혼자 부엌에서 먹었다고 했다. 시어머니는 내담자에게 "농약을 먹고도 뒈지지도 않는다."라고 했다면서 시어머니도 아들과 똑같이 독하다고 했다. 시어머니는 내담자가 자살하려고 농약을 마신 것에 대해 '쇼'했다고 말해서 나중에는 시어머니와 말도 하지 않았다고 했다. 남편은 뭐하라고 시켜 놓고 밥을 안차려 놓거나 좀 늦어지면 밥상을 뒤집어 버린다고 했다. 남편은 항상 반찬이 없으면 없다고 폭행하는 식으로 무슨 구실을 잡아서라도 폭행했다고 했다. 남편이 생활비를 주지 않아 나물을 뜯어 와서 밥을 차려 놓으면 "풀만 먹고 살라는 말이냐!"라고 하면서 밥상을 마당에 던져버린다고 했다. 내담자의 남동생이 "왜 폭력을 행사하냐고 말로 하라!"고 하면 "맞을 짓을 하니까 때리잖아!"라고 하면서 절대로 본인이 잘못했다고 사과하지 않는다고 했다.

이혼하고 아이들하고 사니까 마음이 편하지만, 아이들을 때려 놓고 늘 미안한 생각이 들고 마음이 아프다고 했다. 그런데 자신이 언제 죽을지 몰라 늘 불안하다며 아이들이 빨리 커 줬으면 좋겠다고 했다. 아들이 사랑을 하나도 받지 못하고 자라서 불쌍하다고 했다. 이혼하기 전 남편이 아들을 많이 때렸는데 아이를 집어 던지고 아이에게 병 같은 것들을 닥치는 대로 던졌다고 했다.

내담자는 시아버지도 문제가 많은것 같다고 했다. 시아버지가 야동을 즐겨보는데 아들(내담자의 남편)에게 어릴 때부터 그것을 다 보여주었다고 했다. 성교육을 잘못시킨 것 같다고 했다. 어느 날 시어머니가 미쳤다고 불에 다 태워버렸는데 시아버지가 화를 내서 심하게 싸워서 시어머니가 집을 나가 버렸다고 했다. 성(性)적으로 문제가 있는 집안이라 아들(전남편)이 문제를 일으킨 것 같다고 했다. 불행했던 기억을 생각하면 지금도 가슴이 답답하고 불안하고 심장이 두근거린다고 했다.

그림 32를 그리며 유아는 우리가 장난감 정리를 안 해서 엄마가 아픈데 엄마한테 미안하다고 말하고 싶다고 했다. 동생이 엄마 등에 올라타서 뛰기 때문에 엄마가 더 아프

다며, 엄마가 아프면 울고 싶고 동생을 때리고 싶어진다고 했다. 동생을 때린 적도 있느냐는 질문에 "예! 동생이 까불어서 때렸어요!"라고 말했다. 엄마는 동생만 예뻐하고 맨날 자기보고 잘못했다고 한다고 "나만 혼내요!"라며 불만을 터트렸다.

[그림 32]

　　그림 33에서 내담자는 개구리 수십 마리가 떼를 지어서 가는 모습을 차분하게 그렸다. 아들이 어릴 때 "남자는 강하고 여자는 약하니까 보호해야 하는데 아빠는 왜 자꾸 엄마를 때리고 괴롭히냐!"라며 어깨를 주물러 주기도 한다고 했다. 옛날에 아빠한테 맞아서 골병이 들었다는 이야기를 아들한테 많이 한다고 했다. 어느날 남편이 아들을 집어 던져서 아들이 머리를 벽에 찍었는데 '꽉!' 소리가 나길래 머리가 깨진 줄 알았다고 했다. 그때 아들 머리에 멍이 들고 얼굴에 피도 나 놀라서 경찰에 신고했는데, 남편이 경찰에 신고했다고 "세상에서 남편을 신고하는 것은 너밖에 없을 것이다."라고 소리 지르며 못된 인간이라고 욕을 했다면서 남편은 잔인한 사람이라고 했다. 경찰이 화를 내며 한 번만 더 아이한테 폭행하면 둘 다 애들하고 떨어트려 놓는다고 했다고 했다. 딸을 임신했을 때 못 먹어서 작게 태어났다고 하면서 딸이 너무 작아서 걱정된다고 했다. 남편과 같이 살 때 남편에게 머리를 많이 맞아서 피가 줄줄 흘렀으며, 남편이 매일 욕하고 비난해서 하루도 살기 힘들 정도로 지옥 같았고, 불안

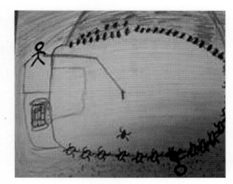

[그림 33]

[그림 34]

감과 두려움으로 정신과에 가서 약을 처방해서 복용했다고 했다. 우울증 약을 먹고 기도원에 가서 기도해도 고쳐지지 않았다고 했다. 친구는 내담자에게 그런 남편은 없는 것이

낫다고 말했다고 했다.

유아는 무서운 기억에 대해 그림 34를 그리며 빨간색 색연필로 '사람'을 빨리 그리더니 돼지, 바보, 더러워, 괴물, 똥개 등의 말을 하면서 글자로 표현했다. 괴물은 '나쁜 사람'이라고 했다.

내담자 어머니는 폭력을 행사한 전 남편으로 인해 정신적으로 충격을 받았으며, 내면에 분노와 억울한 감정들로 가득 차 있다는 것을 알 수 있다. 어머니는 개구리 수십 마리가 떼를 지어가는 모습을 강박적으로 나타냈다. 이는 어머니의 내면에 불안감, 위축감, 적대감 등이 있음을 시사한다고 볼 수 있다.

유아는 그림속에 내면의 불안, 두려움, 공포 등의 감정을 드러냈다. 아동의 그림에 등장하는 괴물(나쁜 사람)은 아동이 대인관계에 극심한 불안감을 느끼고 있으며, 내면에 억압된 분노와 적대감, 공격성 등이 있을 수 있음을 나타낸다.

3.11
감정이 조절되지 않는 엄마
동생 때리는 아들

그림 35에서 어머니는 배 타고 가족이 여행 가는 모습이라고 했다. 남편이 아이를 키우지도 못할 것이고 아이들이 없으면 죽을 것 같아서 위자료 대신 애들을 맡았다고 했다. 남편이 바람을 피울 때 동물보다 더 못하다고 생각했다고 하면서, 남편은 아는 언니하고 바람을 피웠다고 했다. 그 언니가 남편 차에서 나오기에 차에서 무슨 일이 있었냐고 하니까 "아니다! 네 신랑이 얘기하지 말라고 했다."라고 했고, 둘이 성관계를 했냐는 질문에 했다는 대답을 들었을 때 순간 분노에 치가 떨려 온몸이 떨리고 말을 하지 못했다고 했다. 그 언니보고

[그림 35]

"병원 갈 준비나 해라!"라고 말했다고 했다. 이혼 후 몸이 안 좋으니까 일하지 못하는데 남편이 카드 빚만 남겨 놓아서 어떻게 살지 걱정을 많이 한다고 했다. 죽는다고 생각하니 눈물이 난다고 하면서 벌써 '나이가 이렇게 됐나?'하는 생각이 든다고 했다. 이제 내일을 위해서 살고 싶을 때가 있다고 했다. 진짜 내가 하고 싶은 대로 마음껏 해보고 남들처럼 운전하지는 못하지만 차도 몰고 싶고 귀한 사람으로 거리를 한 번만이라도 돌아보고 싶다

[그림 36]

고 했다. 아들이 이 세상에서 제일 예쁘다고 말한다면서 누구보다 엄마가 제일 예쁘다고 말해 줘서 고맙다는 생각이 든다고 했다. 아들에게 "너 지금 엄마가 화나 있으니까 안 예쁘지?"라고 말해도 "아니! 엄마가 진짜 예뻐!"라고 말해주는데 자신은 늘 남한테 의지하고 스스로 뭐든지 잘하지 못해서 속상하다고 했다.

내담자는 그림 36을 그리면서, 자신이 아들을 많이 억눌러 스트레스를 받게 해서 그런지 동생을 많이 때린다고 했다. 아이들이 심하게 장난치고 떠들어서 혼을 많이 내기 때문에 남의 집에 미안해서 잘 가지 않는다고 했다. 내담자는 늘 머리가 아파 집에서 조용히 쉬고 싶은데 아이들 둘이서 매일 싸우고 장난을 심하게 쳐서 화가 많이 난다고 했다. 그래서 아이들을 많이 때리게 되었다고 한다. 아들이 "치! 엄마는 동생만 맨날 좋아하고 나는 사람도 아니라고 하고 나를 미워하잖아! 나는 집에서 나가라고 하고 엄마는 미워!"라고 말한다고 했다. 내담자의 말에 따르면 아들은 엄마가 집에 없을 때 약한 동생을 많이 괴롭힌다고 하면서, 엄마가 있을 때는 동생한테 잘 대해 주고 잘 놀다가도 화가 나면 감정을 조절하지 못한다고 했다. 아이들이 잠시도 엄마를 밖에 못 나가게 한다고 하면서 '남편이 자기 엄마한테 엄마! 엄마! 하면서 자기 혼자 아무것도 못 하고 자기 엄마와 못 떨어지더니 아이들도 자기 아빠를 닮아서 그런가?'라는 생각이 든다고 했다.

유아는 동생을 많이 때리고 엄마를 미워하며 공격성을 드러내는 동시에 엄마에게 의존적인 성향을 나타내고 있다. 부모로부터 학대당한 상처로 좌절감이나 박탈감, 위협 등 부정적인 감정을 갖게 되어 힘없고 나약한 동생에게 공격적인 행동을 하며 분노를 표출하는 것이다. 양육 환경에서 오는 결함으로 불안을 느낀 유아는 엄마를 미워하면서도 버림받을까 봐 엄마에게 의존하는 혼란스러움을 드러낸다고 볼 수 있다.

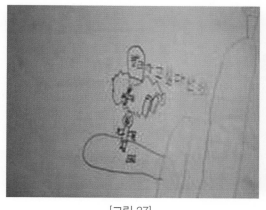 

[그림 37]　　　　　　　　　　　　[그림 38]

그림 37에서 유아는 "제일 좋아하는 사람은 나에요."라고 말하더니, "나는 돌 위에 앉아서 초콜릿과 과자를 먹고 있어요."라고 말했다. "빨리 산에 가서 과일 먹고 싶어요."라고 하면서 "맛없는 과일은 안 먹어요."라고 하더니 그림에 '빨리 가고 싶다 산에'라고 적었다.

그림 38에서 유아는 '악당'은 자신이라고 했으며 "불 칼에 불이 났는데 칼을 빼서 싸우고 있다."라고 했다. "센 놈은 대장이고 화살을 쏴서 다 죽인다."라며 "한 방에 쏘아도 소용이 없고 다 죽여야 한다."라고 했다. 화살은 나쁜 놈을 향해서 쏘고 있다고 했으며, 나쁜 애는 돈을 다 빼앗는다고 말했다. 대장은 보석을 많이 사고 사람들은 대장한테 선물을 많이 준다고 했다.

유아는 자신을 '악당'이라 칭하며, 대장을 화살을 쏴서 다 죽여야 한다고 공격성을 드러냈다. 유아는 자신이 가지고 있는 불안, 공포, 질투심 등의 부정적인 감정을 그림으로 표현했다. 이는 공격성이나 충동을 조절하는데 어려움을 겪을 가능성을 시사한다.

3.12
남들 보기에 창피한 아들
공격적인 아들

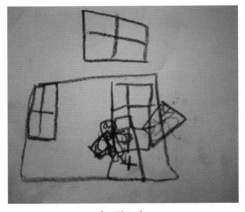

[그림 39]

그림 39는 '협동화'로 어머니는 파란색, 유아는 보라색으로 그렸다. 어머니는 아이들이 말을 안 들어서 셋이서 다 죽자고 하면서 애들을 때렸다고 했다. 아들은 이름을 부르면 들은 척도 하지 않아서 세네번 씩 고함을 질러야 대답한다고 했다. 아들이 화가 나면 동생의 목을 조르고 동생을 발로 차고 밟으며, 집에서도 때리고 교회에 가서도 때린다고 했다. 동생은 방 한쪽 구석에 가 앉아서 잘 운다며, 이모 집에 데리고 간다고 해 놓고 안 데리고 간다며 울고 사촌들 보고 싶다고 우는 등 거의 매일 운다고 했다. 옛날에는 유아가 동생이 엄마한테 고자질한다고 동생을 많이 때렸는데 지금은 동생이 고자질하지 않고 가만히 있어도 마음에 안 들면 때린다고 했다. 동생이 비위를 잘 맞춰주고 같이 놀아주면 안 때리는데 잘 놀다가도 뭐가 마음에 안 들면 갑자기 화를 내서 동생이 대들면 둘이 싸운다고 했다. 유아는 동생이 덤빈다고 때리고 깐죽댄다고 때리고 성질나게 해서 때리는데, 동생은 울기

만 하니까 많이 맞는다고 했다. 내담자인 어머니는 동생이 엄마한테 달려와서 오빠에 대해 고자질하면 동생에게 "니가 왜 오빠한테 맞을 짓을 하니?"라고 혼을 낸다고 했다. 아들이 화가 나면 엄마한테도 소리 지르며 대든다고 했다. 그렇지만 요즘에는 아들과 대화를 많이 하고 관심을 많이 가져주어서 그런지 아들이 엄마 칭찬을 많이 한다고 했다. 고구마를 구워 주었더니 "엄마, 고구마 잘 찌네? 엄마 잘하네? 우리 엄마 예쁘네?"라는 말을 한다고 하면서 아들이 "엄마, 나 잘하지?"라며 칭찬받고 싶어 한다고 했다. 내 아이는 내 마음대로 해도 된다는 생각으로 아들을 많이 혼냈는데 아들이 엄마는 다른 사람들한테는 잘하면서 나한테는 맨날 때린다며 안 때렸으면 좋겠다고 말해서 미안했다고 했다.

> 양육자에게 충분한 애정과 보살핌을 받지 못하고 반복적으로 거부당하거나 무시당하거나 혹은 처벌받으면서 성장하는 아이는 내면에 형성되는 표상들이 대체로 부정적인 성격을 띤다. 즉, 자신과 대상에 대한 표상이 주로 부정적 지각과 정서로 구성되고, 자신과 타인에 대한 경험 중 부정적인 측면만 지각하는 경향이 있다. 그 결과 낮은 자존감이 형성될 뿐만 아니라 타인에 대해서도 왜곡된 지각과 부정적인 정서가 지배적이기 때문에, 성인이 되어서도 대인 관계에서 심각한 어려움을 겪게 된다. 또한 이런 부정적 혹은 불안정한 관계를 경험하면 자아의 발달이 저해되기 때문에 취약한 자아 구조가 형성되어 심리적 적응을 저해하게 되기에 이른다.
>
> 부모는 소중한 자녀의 인격을 존중해야 하고 온정적으로 대해야 하며 잘 양육해야할 의무와 책임이 있다. 모든 사람은 존중받아야 하며 부모라도 자녀에게 함부로 해야 할 권리가 없다는 것도 알아야 한다. 내담자 어머니에게 어떠한 이유에서든지 자녀에게 폭력을 행사해서는 안 된다는 것과 자녀 양육 태도 개선을 위한 노력이 필요하다는 것을 인지시켰다. 아들이 어머니를 신뢰하고, 자기 행동에 대한 솔직한 심정을 드러냄과 동시에 자기 행동에 대해 스스로 통제할 수 있도록 돕는 것이 중요하다.

그림 40를 그리며 내담자는 애들이 교회 안에서 뛰지 말라고 해도 계속 떠들며 뛰어다니고 장난을 심하게 쳐서 남들 보기에도 창피하고 속상하다고 했다. 아들이 뭐든지 사달라고 덤벼들며 눈을 흘기고 대든다고 했다. 아들을 때리지 않으니까 자신을 얕잡

[그림 40]

아 보면서 대드는 것 같다고 했다. 그런데 아들이 어제는 "나는 아빠도 없고 운동회 때도 안 오고 엄마는 동생만 좋아하고"라며 계속 불만을 터트리면서 울었다고 했다. 그래서 내담자도 아들에게 "너도 아빠 없어 울었지! 나도 네가 엄마를 아프게 하고 말을 안 들어서 울었다!"라고 말했다고 했다.

내담자는 자신이 아들을 때리지 않아 아들이 엄마를 얕잡아 보면서 대드는 것 같다고 생각하지만, 아들은 억울한 감정을 공격적인 행동 즉, 반항으로 표현하고 자기주장을 하는 것일 뿐이며, 이 행동을 보고 엄마가 대든다고 생각하는 것이다. 이는 그동안 아들의 인격을 존중하지 않고 억압해왔던 내담자의 잘못된 양육 태도에서 비롯되었다. 아들은 자기 의사를 제대로 표현하는 방법을 터득하지 못해서 반항적으로 반응한다고 볼 수 있다. 내담자는 아들이 그동안 자신으로부터 학대당하면서 쌓인 억울한 감정과 분노를 드러내고 있음을 알지 못하고, 아들이 자신을 얕잡아보고 대든다며 부정적인 시각으로 바라보고 있다. 이는 자녀의 마음을 진정으로 공감하지도, 이해하지도 못하는 미성숙한 양육자의 태도라 할 수 있다.

[그림 41]

그림 41을 그린 내담자는 다른 사람들은 성격이 좋다고 하는데 본인은 자신의 성격에 큰 문제가 있다고 생각한다고 했다. 남들이 나에게 피해를 주는 것 같아서 괴롭다고 했다. 남들이 소리지르거나 싸우면 놀란다며 화병으로 심장이 약해져서 그런다고 했다. 이혼 전 남편과 같이 살 때는 가슴이 답답해서 두드리는데 베개로 입을 막고 소리를 지르면 나아졌다고 했다. 밖에 나가서 남편을 생각하며 "지가 뭔데 잘 사나 보자, 죽여 버리고 싶다!"라고 소리지르고 벽에다 병과 돌멩이를 던졌다고 했다.

유아는 "엄마는 공부하면 제일 좋아하잖아? 그런데 공부하는 것은 힘든데 엄마는 맨날 글씨 틀렸다고 혼내고 동생만 예뻐하고 싫어요. 엄마, 바보 똥개!"라고 불만스러운 말투로 말했다. 유아는 '내가 제일 싫어하는 것은 배 아플 때와 엄마한테 맞을 때'라고 했다. 제일 좋아하는 것은 친구들이며 장난감, 그리고 엄마라고 했다.

> 유아는 엄마가 동생만 예뻐한다며 싫어하고 "엄마, 바보 똥개!"라고 불만스러운 말투로 말하면서도 제일 좋아하는 것은 친구, 장난감, 엄마라며 이중적인 마음을 드러냈다. 이는 나쁜 엄마, 좋은 엄마를 분리해서 생각하는 혼란스러움, 과대 과장, 미성숙, 반항 등 공격성을 표출하는 행동으로 해석된다.

그림 42는 내담자가 사과가 많이 달린 사과나무와 떨어진 사과를 그린 것이다. 어릴 때부터 부모님에게서 용돈을 받은 적이 없었다고 하면서 주로 언니에게 얻어먹었다고 했다. 못 먹어서 몸이 약했고, 할머니가 오랫동안 키웠다고 했다. 어머니와는 늘 서먹서먹했고, 어머니가 항상 자기편을 들어주지 않아서 불만이 많았다고 했다. 어머니는 암으로 56세 때 돌아가셨고, 아버지는 내담자가 초등학교 3학년 때 돌아가셨는데 아버지는 평생 힘들게 농사일만 하셨다고 했다. 형제자매들이 모두 다 경제적으로 어렵게

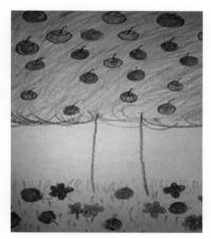

[그림 42]

살기 때문에 서로 아무런 도움을 주고받지 못하고 있다고 했다. 첫째 언니는 중이염을 치료하지 않아서 청각장애인이 되었고, 둘째 언니는 아이가 3명 있는데 형부가 집에 돌아오지 않아 자연스럽게 이혼했는데 시골에서 혼자 농사지으며 아들 셋을 키우며 힘들게 산다고 했다. 셋째 언니는 이혼하고 총각과 재혼했으며 아들 둘이 있는데, 언니가 암에 걸리자 남편이 바람을 피워서 지금 힘들게 생활하고 있다고 했다. 남동생도 이혼했는데 공사장에서 일용직으로 일하며 경제적으로 어렵게 살고 있다고 했으며, 여동생은 남편이 알코올 중독으로 자주 폭력을 썼으며 죽이겠다고 커튼 봉을 던져서 여동생의 이가 부러지기도 했

다고 했다. 여동생은 남편에게 다른 여자가 생겨서 이혼했는데 남편은 이혼하기 전에 여동생에게 매일 욕하고 짜증을 내고 많이 괴롭혔다고 했다.

아들은 놀이터에서 동네 형들이 먹을 것을 안 주는데도 따라다니면서 달라고 구걸한다고 했다. 왜 남의 것을 얻어먹으려고 하는지 모르겠고 아들이 먹는 것에 욕심이 많다고 했다. 내담자는 아들이 가정 환경이 안 좋아서 불안해하고 동생을 많이 때리고 엄마한테도 대들고 소리 지르고 공격적인 행동을 하는 것 같다고 했다. 앞으로는 아이들에게 폭력적인 언어를 쓰지 않고, 소리 지르지 않고 잘 타일러서 달래고 존중해주고, 미안하고 고맙다는 표현을 하고, 마음을 읽어주며 좋은 엄마가 되고 싶다고 했다.

어머니는 어린 시절에 불우한 환경에서 제대로 양육되지 못했으며, 형제자매 모두 어렵게 살고 있어서 아무런 도움을 받지 못한다며 어려움을 호소하고 있다. 가정 환경이 좋지 않아 아이가 불안해서 공격적인 행동을 하는 것 같다며 앞으로는 아이들한테 폭력을 행사하지 않고 존중해주며 마음을 읽어주는 좋은 엄마가 되고 싶다고 했다. 이는 상담을 통해 어머니가 긍정적으로 변화하고 있음을 의미한다.

3.13
학대당하는 자녀
다 너희들 잘 되라고...

그림 43은 중학교 2학년 여학생의 그림이다. 내담자는 자신을 사슴에 비유했으며 아빠한테 매 맞는 것이 제일 싫다고 했다. 아빠는 거의 매일 화를 내며 세상에서 아빠가 제일 싫다고 했다. 사막은 지금 사는 이 세상을 의미하며, 사막 위에 버려진 사슴 한 마리는 자신의 아버지로부터 폭행당하는 자기 자신의 모습이라고 했다. 사막에 버려진 사슴은 물 없이 살 수 없고, 사슴은 이 세상에서 살아갈 수 없는 자신을 비유한 것이라고 했다. 목이 말라 타들어 가는 듯 고통스럽지만, 세상을 살아가기 위

[그림 43]

해 어쩔 수 없이 발버둥을 친다고 했다. 사슴의 심정은 복잡하고 답답하며 죽고 싶어한다고 했다.

내담자는 겉으로 보기에는 대체로 별다른 문제가 없어 보인다. 하지만 겉모습에 가려진 내면의 참모습은 매우 다르다. 눈으로 볼 수 없는 마음을 들여다보는 일은 참으로 어렵다. 인간은 다른 사람을 볼 수는 있어도 자신은 볼 수 없기 때문에 자기 자

신을 가장 잘 모른다. 거울을 통해서 자신의 겉모습을 볼 수는 있지만 거울에 보이는 것은 실상이 아닌 허상에 불과하다. 어린 시절에는 어머니를 통해서 자신을 알게 된다. 어머니가 자녀를 부정적인 시각으로 바라보면 불안을 느끼거나 부정적인 시각으로 자신을 바라보게 되고, 어머니가 자녀를 보는 시각이 왜곡되어 있으면 자녀도 자기 모습을 왜곡해서 보게 된다. 이렇게 왜곡되어 성장한 사람은 자아에 결함을 갖게 되고 자아를 보호하려 한다. 방어기제를 사용하여 자신의 자아를 보호하려 하는 사람일수록 방어벽을 굳게 쌓아 자신을 지키려고 하는 데에 에너지를 다 소비한다. 문제가 많을수록 문제를 보지 못하게 되는 것이 문제를 가진 사람들의 딜레마이고 모순이다. 모든 것은 자신의 마음에서부터 시작한다. 따라서 자신을 알고 이해하며 자신의 장단점을 잘 파악하고 있는 그대로의 자신을 받아들이고 사랑하는 것이 가장 중요하다. 자신의 결점과 약점, 비밀 등을 다른 사람들에게 이야기할 수 있는 사람은 건강한 사람이다. 그러나 친구나 부모, 형제에게 마음을 터놓고 이야기했다가 상처받는 경우도 많아서, 심리적 고통을 받는 청소년들은 부모님이나 선생님, 친구에게조차도 말하지 못하고 혼자서 고통을 받게 된다. 마음의 고통을 숨기기 위해 많은 에너지를 소모하게 되는 것이다. 심리 치료는 마음의 고통인 비밀을 찾아 상처받은 마음을 정화하고, 두렵지만 과감히 맞서는 용기를 가지고 어려움을 극복해나가며 자신을 되돌아보는 자아 통찰을 통해 새로운 인생을 살도록 도와준다.

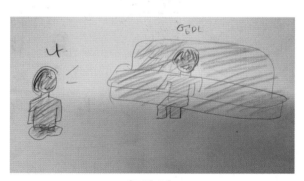

[그림 44]

그림 44는 여자 대학생(20세)의 그림이다. 내담자는 엄마한테 혼나는 모습을 그렸다고 했다. 내담자는 초등학교 때부터 고등학교 때까지 엄마한테 매를 맞았다고 했다. 성적이 떨어지면 무조건 회초리로 맞았다고 했다. 엄마는 때리고 나서 꼭 다 너희들 잘되라고 때리는 거라고 훈계한다고 했다. 내담자의 어머니는 고등학교 교사였으며, 학교에서도 무서운 선생님으로 소

문이 났다고 한다. 내담자의 말에 따르면 아빠는 한 번도 때린 적이 없었는데 엄마는 공부 때문에 혼을 낸다고 했다. "제가 아빠를 많이 닮았는데요. 엄마는 제가 아빠 닮았다고 싫대요. 그래서 그런지 엄마는 저만 괴롭혀요.", "엄마는 할머니한테도 맞고 자랐는데요. 할머니가 대학교에 못 가게 해서 엄마 스스로 돈을 벌어서 사범대를 졸업했다고 했어요."라고 했다. 엄마는 자기 어머니(할머니)를 엄청나게 싫어하며, 엄마도 할머니하고 똑같이 닮아 자기도 자기 딸을 폭행하는 '미친 엄마'라고 했다.

자녀를 학대하는 많은 부모들은 "다 너희들 잘되라고 혼을 내는 거야!"라는 말을 한다. 하지만 자녀들은 이 말을 들으면 더 화가 난다고 한다. 부모 자신이 감정 조절을 못하고 성질이 나빠서 화를 냈으면서 자식들을 위하는 척한다며 마음속으로는 증오심을 불태운다. 그러나 이러한 자녀들의 아픔을 부모는 전혀 눈치채지 못한다. 심지어 '혼을 냈으니까 다음부터는 말을 잘 듣겠지!'라고 착각을 하기도 한다. 부모가 자녀에게 폭력을 행사하면 자녀는 점차 엇나가게 되고 그러면 더 크게 혼을 내는 악순환이 계속된다.

부모에게 학대받는 자녀는 불안에 떨면서도 잘못을 계속하며 부모님을 괴롭힌다. 가족치료에서의 치료는 상처를 어루만져줌을 의미한다. 가족 관계는 모든 사람의 사회활동을 위한 시작이자 원형이다. 가족은 지속하여 상호 작용을 하는 개개인의 인간관계를 의미한다. 정상적이지 못한 역기능 가정에서 자녀들은 부모의 잘못된 행동을 보면서 무의식적으로 머릿속에 새긴다. 경직되거나, 학대하거나 혹은 방치하는 가족 구성원은 자녀의 성장 발달을 저해한다. 학대받은 자녀는 낮은 자존감을 형성하게 될 가능성이 높고, 건강한 인간관계를 갖는데 많은 어려움을 겪게 될 수도 있다.

그림 45는 여자 대학생(22세)의 것으로, 엄마는 뭔가 속상한 일이 생기면 화를 잘 내는데 남들한테는 욕을 하지 않고 친절하게 웃으면서 대한다고 했다. 하지만 딸인 자신에게는 잘못하면 쌍욕을 하고 화를 내며, 거의 매일 욕을 한다고 했다. 내담자는 "엄마는 딸이 만만한가 봐요. 어떻게 하면 우리 엄마가 욕을 안 할까요?"라고 말했다. 엄마 아빠 둘이 싸울 때도 엄마는 쌍욕을 하는데 그러면 아빠는 미쳤다고 소리를 지르고 물건을 집어

던지고 한바탕 전쟁을 치른다면서, '엄마는 욕하는 병에 걸렸으며 고치기 어렵다'라고 했다. 엄마한테 욕을 들으면 집을 나가버리고 싶은 생각이 든다며 학교 근처에서 혼자 살고 싶은데 엄마가 허락해주지 않는다고 했다.

[그림 45]

내담자의 어머니는 딸에게 언어폭력과 정서폭력을 가하며 상처를 준다. 어머니는 미성숙하고 열등감이 있으며, 자존감이 낮아 불행한 삶을 살아가는 사람이다.

자녀가 실수를 하거나 부족하면 이를 받아들이지 못하기 때문에 욕으로 반응하는 것이다. 욕을 하는 심리에는 분노, 증오, 미움, 실망 등의 감정이 내포되기도 한다. 부모가 자녀에게 욕을 하게 되면 자녀의 자존감은 낮아지고 죄책감, 분노, 적대감 등의 부정적인 감정에 쌓여 정서적 단절관계로 이어질 수 있다. 따라서 어머니는 스스로 열등감을 인식하고 잘못된 행동을 고쳐 자녀와의 관계를 회복할 수 있도록 노력해야 한다. 또한 딸은 어머니로부터 폭력을 당하지 않도록 대처하는 능력을 터득해야한다. 즉, 어머니와의 관계에서 분명한 경계를 설정해야하며 독립을 해야할 필요가 있다.

3.14
분노의 감정
속이 타들어 가는 느낌

그림 46에서 그림61까지는 어머니의 양육태도 개선과 아동의 불안 감소를 위한 모-자 미술치료 단일사례연구에서 일부를 발췌한 것이다. 38세 어머니, 초등학교 5학년 큰아들, 초등학교 3학년 막내아들이 미술치료에 참여하였으며, 그림 46에서 그림 50까지는 큰아들의 그림이다.

[그림 46]

그림 46에서 아동은 엄마한테 잔소리를 듣거나 혼이 나면 화가 폭발한다고 했다. 엄마가 화가 났을 때 쏘아붙이는 빠른 말들이 마치 기관총 같다고 했다. 엄마가 화 또는 짜증을 내면 속이 타들어 가는 느낌을 받으며, 엄마의 잔소리는 지렁이처럼 징그럽게 몸 속을 파고 들어가서 괴롭힌다고 했다. 엄마가 혼낼 때 영화 매트릭스에 나오는 로봇 벌레가 배꼽으로 들어가는 느낌이 든다고 했으며, 친구들과 엄마 때문에 스트레스를 받아서

[그림 47]

분노와 우울증이 생긴다고 했다. 엄마와 폭력배들한테 피해를 받아서 피해 학생이 되어 손, 발, 다리, 몸이 다 떨어져서 산산조각이 나서 시체에서 썩은 느낌이 든다고 하며, 그림에 나오는 철창에 갇힌 사람은 자기 자신이라고 했다. 아동은 자신이 왜 엄마와 친구들에게 그렇게 바보같이 당하고 살아야만 했는지 후회된다고 했다.

[그림 48]

어머니는 아들이 학교 수업 시간에도 멍한 표정으로 앉아 있으며 공부는 전혀 못 한다고 했다. 작은 일에도 징징대고 아기같이 퇴행한 행동을 하며 울음을 터트린다고 했다. 아들이 학교 숙제를 전혀 하지 않으며 가정통신문도 전혀 써오지 않는다고 했다. 어머니의 말에 따르면 학교 담임 선생님도 아들을 '바보'라고 생각해서 전혀 상관하지 않고 방치한다고 했다. 친구들도 바보 취급한다고 했다. 아들이 동생과 친구들에게도 돈을 빼앗기기 때문에, 돈을 빼앗길까 봐 돈을 일절 주지 않는다고 했다. 아들과 함께 노는 친구는 담임 선생님이 챙겨주라고 해서 아침마다 데리러 오고 같이 가고 매일 놀아준다 했다. 학교에서 아들을 '바보'라고 공부도 전혀 시키지 않는 점이 속상하다고 했다. 어머니는 아들이 3학년 때까지는 강제로라도 공부를 시켰기 때문에 그런대로 잘했는데 4학년 때부터는 전혀 시키지 않았다고 했다. 어머니는 아들이 3학년 때까지 일기도 스스로 쓰지 못해서 매일 일기 내용을 불러줘서 썼고, 숙제도 다 챙겨줬지만 4학년 때부터는 포기했다고 했다. 어머니는 자신의 양육 방식이 무엇이 잘못됐는지 잘 모르겠다고 했으며 아이

[그림 49]

들을 키우기가 너무 힘들다고 했다.

　　그림 47에서 아동은 60호 캔버스에 '스틱맨' 시리즈를 그렸다. 나쁜 적을 방어하기 위해 무장하는 장면이라고 했다. 엄마의 이중적인 모습과 자기를 보고 죽여 버린다는 말이 짜증 난다고 했다. 엄마가 잔소리도 많이 하고 신경질도 많이 내고 매일 혼냈다고 했다. 그림 48에서 아동은 두건 쓴 무장 군인의 모습을 그렸다. 그리고 그림 49에서 아동은 자기를 괴롭히는 나쁜 적들이라고 하면서 총으로 다 쏴 죽이는 장면이라고 했다.

　　아동은 그림 속에 주로 등장하는 인물화에서 자아상을 추상적이거나 만화처럼 그렸다. 이는 대인 관계에 불안감과 경계심을 가지고 있으며, 대인 관계를 회피하려는 자기방어적인 태도를 나타냈다고 볼 수 있다. 그림 48에서 볼 수 있는 손에 총과 칼을 들고 두건을 쓴 무장 군인의 모습에서 아동의 내면에 자기방어와 긴장감, 두려움, 공포, 분노, 공격성 등의 부정적인 감정이 내포되어 있음을 알 수 있다.

　　아동은 분노의 감정을 드러내고 있다. 칼·총·폭발물·폭탄·탱크 등 매우 위협적인 무기로 공격하는 장면에서 아동의 내면에 있는 불안, 적대, 피해 의식으로 인한 분노가 표출되는 모습을 볼 수 있다. 이는 학대 경험으로 인한 피해 의식, 애정 결핍 등의 부정적인 환경 요인으로 인한 부정적인 감정이다. 아동의 불안 공포증은 적기에 치료받지 못하면 성인이 되어서도 재발할 확률이 매우 높다는 점에서 주의를 기울여야 한다.

　　그림 50에서 아동은 밤하늘의 별과 자전거를 표현했다. 그림 51에서 열받은 아이는 시험 성적을 75점을 받았는데 얼굴에 상처가 나서 반창고를 붙였고 기분이 엉망이며 "분노를 느끼는 아이는 기분이 괴물 같아요!"라고 했다. 80점 받은 아이는 자기가 잘났다며, 75점 받은 아이가 똥오줌을 쌌다고 놀리고 있다고 했다. 60점 받은 아이는

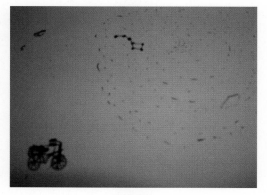

[그림 50]

[그림 51]

부모님이 착해서 '그래! 열심히 했는데도 속상하겠구나!'라고 하면서, 혼내지 않고 다음에 더 잘하면 된다고 위로해 준다며 참 훌륭한 부모님이신 것 같다고 했다. "옆에 50점 받은 이 친구는 집에 가면 엄마 아빠한테 겁나게 혼날 것 같아 두려워서 벌벌 떨면서 집에 못 가고 있는 거예요!"라고 하면서 100점 받은 아동은 하늘을 날 것 같은 기분이고 잘난 척하고 있다고 했다. 0점 받은 아이는 최악의 상태라서 열 받고 창피하고 공포를 느끼기 때문에 파란색으로 나타냈다고 했다.

그림 50에서는 밤하늘에 떠 있는 별을 나타냈다. 이는 애정 박탈과 억압된 반응을 의미한다고 볼 수 있다. 아동은 그림을 종이에 비해 지나치게 작게 그렸다. 이는 내면에 위축감이나 부적절감, 불안감, 심리적인 압박감이 있고, 자아구조가 매우 나약한 것을 의미할 수 있다. 또한 왼쪽 하단 구석에 자전거는 힘을 보충하기 위한 시도이거나, 우울감을 의미한다고 볼 수도 있다.

내담자는 시험 성적을 받은 아이들의 모습을 그린 그림 51에서 내면의 불안, 공포, 분노 등의 감정을 구체적으로 표출하고 있다. 아동은 '열받은 아이는 시험 성적을 75점을 받았는데 얼굴에 상처가 나서 반창고를 붙였고 기분이 엉망'이라고 시험 성적에 대한 압박으로 불안해하는 마음을 표출했으며, 분노를 느끼는 아이는 기분이 괴물 같다며 심정을 토로하고 있다. '80점 받은 아이는 자기는 잘났다고 75점 받은 아이가 똥 싸고 오줌 쌌다고 놀리고 있다'라고 배변 장애를 겪는 자기를 놀리는 친구들에게 적대감을 느끼며 분노의 감정을 드러내고 있다.

그림을 그리는 자체만으로도 아동에게 치료적 효과가 있을 수 있다. 아동은 자신의 내적 감정을 표출하며 감정을 정화하고, 아울러 부정적인 자아상을 긍정적으로 재구성하기도 하며 자신을 통찰할 기회를 얻게 된다. 아동은 자신이 중요하게 생각하는 장면을 그림으로 표현하게 되고, 치료자는 그림 속에 나타나는 인물이나 사물 등 다양하게 나타나는 대상을 중심으로 아동의 성장 발달에 중요하며 크게 영향을 끼치는 내적 갈등을 찾아낼 수 있게 된다. 아동의 그림에는 자신이 가장 중요하다고 생각하는 것들이 등장하기 때문에 그림을 통해서 느끼고 있는 생각을 말로 표현하는 방법은 매우 치료 효과가 좋다.

아동과 부모와의 관계는 세상에 태어나서 처음 맺는 사회적 관계로 자녀의 신체적·정서적·인지적·사회성 발달 등에 큰 영향을 미친다. 부모는 아동에게 양육과 사회화 과정의 가장 큰 원천이 되기 때문에 부모의 양육 방식은 자녀에게 매우 중요하다. 그러나 모든 아동이 부모로부터 바람직한 양육과 지지를 경험하지는 못하며, 심한 정신적·신체적 고통을 받기도 한다. 신체적으로 학대당한 자녀는 공격적이며 충동적인 사람이 될 수도 있다. 정서적으로 학대당한 자녀는 분노와 적대감이 생기며 위축된 행동을 보인다. 또한 권위주의적인 부모 대부분은 자녀에게 무조건 복종하도록 요구하며, 강압적인 제재를 가한다. 복종을 강요하는 부모 밑에서 자란 아동은 친구 등 사회적 관계에서 자신이 주도권을 쥐지 못하면 불안감을 나타내기도 한다.

이처럼 부모의 병적인 인격 장애나 과잉보호와 무관심, 아동의 감정과 불일치 등 양육상의 부조화는 아동의 성격 형성에 장애 요인이 될 수 있다. 특히 주 양육자가 지배적인 성향이나 보호적인 성향을 가지고 있을 때 자녀에게 문제가 나타나며, 주 양육자에게 성격 결함이 있으면 자녀는 정서 발달이 늦어지고 자주성과 창조성이 부족하고, 신경증적 문제가 발생하게 될 수 있다. 주 양육자의 양육 방식은 부모로서 갖게 되는 지식, 태도, 기술 등으로 인해 결정된다.

아동은 부모로부터 사랑과 보호를 받고 부모의 가치관을 내면화하기 때문에 부모의 양육 태도는 아동의 정서 발달에 의미 있는 영향을 미친다. 적절한 부모 역할은 아동의 성장 발달에 필수적이다. 부모들은 대부분 체계적인 교육을 받은 경험이 없고, 그들 나름의 방식이나 부모의 양육법을 그대로 답습하기 마련이다. 자녀가 어떻게 성장하며 어떤 경험을 하는가를 이해함으로써 부모는 자녀의 욕구를 보다 충족시킬 수 있으며 부모-자녀 간에 더욱 만족스러운 상호 작용을 경험하게 되지만, 그렇지 못한 경우 부적절한 부모 역할이 반복될 수도 있다. 아동기의 경험이 불안에 큰 영향을 미친다는 사실은 부모의 양육방식의 중요성을 시사한다. 즉, 불안이 높은 아동의 부모는 정상 아동의 부모에 비해서 자녀에게 너무 엄격하거나 일관되지 못한 태도를 보이고 애정을 표현하지 않는 등 거부적인 양육 태도를 보이는 경향이 있다. 이처럼 부모가 자녀의 의견을 무시하고 비민주적으로 자녀를 지배적으로 대할 때 자녀는 불안을 경험하게 되는 것이다. 아동에게 있어서 주 양육자의 양육 태도는 자녀의 일생에서 커다란 영향을 미친다. 주 양육자의 부정적인 자아관은 자녀를 부정적으로 보게 하고, 자녀의 부정적 시각은 향후 어른이 되어 타인을 부정적으로 바라보도록 만들기 때문에 주 양육자와 자녀의 상호 작용 관계는 매우 중요하다고 볼 수 있다.

3.15
엄마 때문에 참을 수가 없어요!
충동조절장애

그림 52에서 그림 61까지는 앞의 사례에서 다룬 가족 구성원 중 초등학교 3학년 작은 아들의 그림이다. 그림 52는 '동적 가족화'로 아동은 엄마 아빠가 싸우는 모습이라고 했다. 자신은 무서워서 꼼짝하지 못하고 숨었으며 형은 엄마의 잔소리 총알에 놀라서 죽어버렸다고 했다. 엄마 아빠가 제발 그만 싸웠으면 좋겠다며, 엄마는 온갖 욕을 하면서 귀를 막아도 들릴 정도로 소리를 지르고 화를 내기 때문에 귀청이 떨어질 뻔했으며 싸울 때는 둘 다 너무 무섭다고 했다. 엄마는 마치 정신병자처럼 이상하게 행동하며 개새끼라고 욕을 한다면서, 엄마는 사기꾼이라고 말했다.

[그림 52]

어머니는 아들을 지나치게 통제하고 아들에게 간섭 및 심한 욕을 하며 스스로 감정조절을 하지 못하고 아들에게 정서적 학대를 하고 있다. 그로 인해 아들은 분노와 화가 많고 공격적인 성향이 높다. 막내아들은 형을 무시하면서도 형보다 무엇이든 잘하려고 경쟁심을 보이며, 어머니가 형에게 친절하게 대해서 질투심을 느끼고 있다. 형이 똑똑하지 못하다는 점에서 형을 무시하며 창피하게 생각하는 한편 그렇게 생각하는 자신을 부정적으로 생각하고 있으며 불안 증세를 나타내고 있다.

부모의 잦은 부부 싸움으로 아동은 스트레스를 심하게 받고 있다. 어머니의 학대는 자녀의 정서발달에 매우 부정적인 영향을 미치고 있다. 불안, 두려움, 공포 등 심리 상태가 불안정한 아동은 어머니가 자기만을 바라보고 칭찬해주고 좋아하기를 바란다. 어머니가 형을 더 좋아한다는 느낌이 들어 사랑을 빼앗길까 불안해하며 어머니의 애정을 확인하려고 하지만 번번이 어머니로부터 무시당하자 형을 더 미워하면서 분노와 억울한 감정이 들어 스트레스를 받고 있다. 이에 따라 아동은 심한 심리적 갈등과 고통을 겪으며 어머니에게 반항적인 행동을 나타내고 있으며, 어머니의 잔소리나 간섭, 통제 등으로 인해 무기력한 자기 도피적인 생각으로 자살 충동을 느끼고 있다. 또한 어머니를 나쁜 엄마로 인식하면서도 한편으로는 유아처럼 퇴행한 행동을 하며 어머니에게 의존하고 있다. 대상 아동은 어머니로부터 사랑받고 싶은 욕구를 나타내고 있으며 매우 불안정한 애착을 나타내고 있다. 어머니는 비효율적인 양육방식과 역기능적인 양육 태도로 아동의 정신 건강에 매우 불안정하고 부정적인 영향을 미치고 있다. 아동은 정서적으로 매우 불안정하며, 사랑받지 못하는 데서 오는 분노와 자신에 대한 부정적인 생각들이 파괴적으로 나타나고 있다.

[그림 53]

그림 53은 학교 생활화로, 아동은 만화책을 보고 있는 자기 자신의 모습이라고 했다. 그림에 인물상이 뒷모습으로 나타났다. 이는 심리적인 불안감과 현실도피적인 경향이 반영된 것으로 볼 수 있다. 어머니는 작은아들이 겉으로 보기에는 명랑하고 활발해서 그동안 상담받지 않았는데, 형의 문제로 인해서 함께 상담받으면서 동생의 문제가 더 심각하다는 것을 알게 되었다고 했다.

아동은 심한 욕을 하면서 어머니에게 반박하고 반항적이며 거친 행동을 나타냈다. 이는 어머니로부터 습득된 부정적인 행동이기도 하다. 그러한 행동의 이면에는 어머니로부터 사랑을 갈구하는 나약함이 숨겨져 있으며, 어머니로부터 관심받고 사랑받고 싶은 욕구와 어머니의 아이로 머물고 싶은 욕구 때문에 그러한 행동이 나타나기도 한다. 어머니의 역기능적인 양육 방식으로 인해 아동은 심한 스트레스를 받고 있다. 아동은 어머니를 신뢰하지 못하고 자신에게도 수치감을 느끼며, 반항적이며 부정적인 태도를 나타내고 있다.

그림은 사람의 마음을 그대로 비춰주는 거울과도 같다. 화가 나거나 분노를 느낄 때 그림을 그리면서 심리적인 분노의 감정을 표출하며 안정을 찾게 된다. 그림을 그리는 작업을 통해 내면의 솔직한 감정들을 말로 표출하면서 억압된 분노의 감정들을 풀어내며 스스로 치유하고 성장해가는 소중한 경험을 할 수 있다.

그림 54에서 아동은 '12층에서 떨어진 모습'을 그렸다. 까불거리며 "나 자살하는 거 그려야지! 12층에서 떨어진 거 그려야지!"라고 말하더니 노란색으로 사람을 그리고 나서 빨간색으로 피를 나타냈으며 자살하는 장면을 그렸다. 초록색으로 잔디를 그리고 회색으로 도로를 그리더니 갑자기 엄마를 툭툭 치면서 "엄마는 나쁜 엄마야!"라고 말했다. "맨날 욕하고 소리 지르고, 짜증내고, 형

[그림 54]

하고 나를 혼내고, 죽여 버린다고 하고, 쫓아버린다고 말하고. 어휴 끝도 없어요! 정말 나쁜 엄마야!"라며 한숨을 쉬었다. 12층에서 떨어져서 자살한 장면이라는 설명에, 형이 옆에서 무섭다며 소리 질렀다. "아휴, 무서워 끔찍해! 어떻게 자살(할 생각)을 하냐?"라고 말하자, 동생은 "형! 우리 동네 아파트에서 지난번에도 어떤 아이가 14층에서 떨어져 자살했잖아? 그리고 형도 얼마 전에 창문에 올라가서 죽으려고 했잖아?"라고 말했다. 그러자 형이 "아! 그거 그때는 열 받아서 그랬어!"라고 말했다. 그러자, 동생이 "형! 나도 형처럼 열받을 때 많은데 특히 엄마 때문에 열받으면 죽어버리고 싶어진다!"라고 말했다. 형이 "나도! 나

도!"라고 말하며 둘이서 쳐다보며 웃었다.

그림 55는 '철로에서 자살하는 모습'으로, 검은색으로 철로를 그렸으며 철로 위에 사람이 누워있는 장면과 기차를 그렸다. 바탕색을 칠하고 나서는 기차의 불빛을 그렸다. 아동은 그림을 그리다가 갑자기 "엄마 때문에 자살하고 싶어! 엄마는 나쁜 엄마예요!"라고 말했다. 아동은 자기 손발이 철로에 묶이고 입도 꼼짝을 못하도록 밧줄에 꽁꽁 묶여서 자살하는 장면이라고 했다. 기차는 오는데 묶여서 피할 수가 없다며 죽고 싶을 때가 많다고

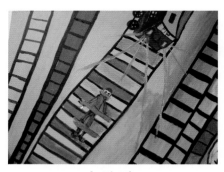

[그림 55]

했다. 아동은 '어떻게 죽을까?'라며 죽는 생각을 자주 한다면서, 엄마를 쳐다보며 "아마 엄마는 내가 죽어도 잘 죽었다고 할 거예요! 나를 안 좋아하니까요!"라고 말했다. 또한 "엄마 때문에 죽고 싶어! 엄마는 정말 사람을 피곤하게 해!"라고 말하더니 어머니가 입고 있는 옷에다 유성 사인펜으로 선을 그으며 분노를 표출했다. 어머니는 소리를 지르며 화를 냈지만, 분노를 삭이더니 고개를 숙이며 "왜

그랬어! 그렇게 엄마가 미운가보네?"라고 말했다. 그러자 아동은 반항하듯이 "엄마가 못됐으니까 그렇지!"라고 말했다. 어떤 점이 그렇게 화나게 했느냐고 아동에게 질문하자 엄마는 형한테만 잘 대해주기 때문에 화가 난다고 대답했다. 또한 친구들이 오면 친절하게 잘 대해주면서 친구들이 집에 가고 나면 갑자기 치우라고 소리 지르고 화를 낸다면서 못된 엄마고 이상한 엄마라고 말했다.

[그림 56]

그림 56에서 아동은 '형이 무서워하는 귀신'이라고 했다. 아동은 마음대로 그려도 된다고 하면서 검은색으로 인물상을 그리더니 지팡이를 그렸다. 아동은 귀신을 그렸다고 하면서 밤에 무서워서 잠을 잘 자지 못한다고 했다. 무엇을 상징하느냐고 질문하니 "형이 무서워하는 귀신이에요!"라고 말했다. 형이 매일 귀신 꿈을 꾸는데 형이 무서워하는 귀신이라고 하면서, 형은 잠잘 때 매일 무서워하며 자신은 잘 때 무서워서 매일 엄마가 옆에 있어야 잔다고 했다.

그림 57에서 아동은 "우리 엄마 그려야지!"라고 말하며 검은색으로 인물상을 그리면서 "가면을 둘러쓴 우리 엄마 나쁜 엄마!"라고 혼잣말하더니 열심히 빠르게 그렸다. 왼쪽은 웃고 있으며 오른쪽 얼굴은 화를 내는 모습을 그렸다. "표정이 다른 모습이네? 누구의 얼굴일까?"라고 질문했더니, 아동은 엄마의 모습이라고 하면서 엄마가 친구들이 있을 땐 착하고 친구들이 없으면 갑자기 화를 내고 소리를 지르고 욕을 하고 악마가 된다고 했다. 엄마가 이상한 사람이라면서 정신병원에 입원해야 한다고 말했다. "어머니가 갑자기 화를 내는 이유가 무엇이라고 생각하니?"라

[그림 57]

는 질문에 "우리가 방 어질러 놓고 게임만 하고 공부 안 한다고 그런 것 같아요!"라고 말했다. 아동은 엄마가 죽인다고 말할 때가 제일 무섭다며 "우리 엄마 정말 못된 엄마예요!"라고 말했다. 또한 아동은 엄마가 언제 또 소리를 지르고 화를 낼지 모르기 때문에 불안하고 무서운 생각이 든다고 말했다. 어머니는 옆에서 아동의 말을 듣더니 "엄마가 그렇게 이

[그림 58]

상한 행동을 해서 속상했겠구나? 많이 잘못했네! 정말 미안해!"라고 했다. 엄마의 말에 아들은 "엄마는 사과해 놓고 집에 가서 또 화낼 거지?"라고 불신감을 나타내면서 "어휴! 우리 엄마는 병이야! 정말 큰 병이야!"라고 말했다.

그림 58에서 아동은 엄마를 보고 자기가 메롱 하고 놀리는 모습이며, 또한 스트레스와 화로 가득 차서 입이 삐죽 나왔고 화가 나 있는 모습이라고 했다. 그림 59에서 아동은 어머니의 잔소리를 들으면 돌아버릴 것 같은 생각이 든다면서 엄마는 화가 나면 소리를 지르기 때문에 귀를 막아도 들린다며 귀신을 보는 것 같은 무서운 공포를 느낀다

[그림 59]

고 했다.

그림 60에서 아동은 엄마의 이중적인 모습이 짜증
이 난다며 엄마는 형에게만 친절하게 해주고 자기한테는
화를 내기 때문에 밉다며, 형만 잘해주고 내 마음은 몰라준
다면서 혼만 내는 엄마가 괴물 같다고 했다. 그리고 엄마는
자기를 보고 죽여 버린다고 말해서 짜증이 난다면서 자기
도 크면 엄마한테 "엄마 죽여 버릴 거야!"라고 말할 거라고
했다.

[그림 60]

그림 61에서 아동은 엄마한테 짜증스러운 말을 들
으면 분노와 화가 난다고 하면서 검은색으로 테
두리를 그리고 나서 보라색, 하늘색, 노란색, 갈
색으로 색칠했다.

아동은 형하고 싸운다고 엄마가 "너 형
한테 까불면 죽는다!"라고 했다면서, 아동이 "엄
마는 살인자예요? 왜 자꾸만 죽인다고 그래요?
엄마가 혼낼 때마다 나는 자살해버리고 싶단 말
이에요!"라고 말했더니 엄마는 "자살하고 싶다
고? 그래 그럼 죽어!"라고 말하며 까만 비닐봉지

[그림 61]

를 머리에 씌우고 "머리에 덮어쓰고 있으면 숨을 못 쉬게 되니까 빨리 죽을 수 있어!"라고
말했다고 했다. 아동은 진짜 죽는 줄 알았다면서 "아! 죽는다는 것은 무서워! 나 안 죽을
거예요!"라고 놀라서 비닐봉지를 벗었다고 했다. 어머니는 어릴 때 아버지가 죽인다고 해
도 한마디도 못 하고 벌벌 떨기만 했는데 왜 우리 애는 반항하고 대드는지 모르겠다고 했
다. 어머니인 내담자는 5살 때 어머니가 돌아가셔서 외할머니와 함께 살았는데 자살과 가
출을 수없이 반복하며 지금까지 불행하게 살아왔다고 했다. 지금 생각해보니 자신은 어릴
때 부모님의 사랑이 무엇인지도 모른 채 외롭게 자랐던 것 같다고 했다.

아동은 그림으로 자신의 속마음을 드러내고 있다. 아동의 그림을 통해 어머니

로부터 관심을 받고 싶어 하는 마음과 소외되고 싶지 않은 마음을 읽을 수 있다. 아동의 그림 속에서 두려움, 공포, 적대감, 불신감, 억울함, 반발심, 적대감 등의 다양한 심리를 읽을 수 있다.

어머니의 지나친 통제와 간섭으로 인한 분노 등 부정적인 감정을 그림으로 드러내고 있는 아동은 어머니가 친절하게 대해주는 형에 대한 질투심, 어머니로부터 관심과 사랑을 받고 싶은 욕구가 매우 강하다. 똑똑하지 못한 형을 무시하며 창피하게 생각하는 아동의 모습에서 내면이 불안정함을 알 수 있다. 어머니가 형을 더 좋아한다는 생각으로 인한 불안감, 억울함, 분노의 감정 등으로 인한 심리적인 갈등을 어머니를 향해 반항적인 태도로 드러내거나 그림을 통해서 표출하고 있다.

아동의 그림에서 발견할 수 있는 놀라운 점은 어머니의 잔소리나 간섭, 통제 등으로 인해 무기력한 자기 도피적인 생각으로 자살 충동을 느끼며, 어머니를 나쁜 어머니로 인식하면서도 퇴행한 행동으로 어머니에게 의존적인 태도를 나타내고 있다는 것이다. 이는 어머니의 비효율적인 양육 방식으로 인한 스트레스에서 기인한 것으로 보이며, 어머니를 신뢰하지 못하고 자신에게도 수치감을 느끼고 있음을 의미한다고 볼 수 있다. 아동들은 슬픔이나 분노, 억울함 등의 내면의 다양한 감정 그림으로 표출하며 안정을 찾는다. 또한 아동들은 그림 속에 자신의 마음을 담아내기 때문에, 그림은 아동의 마음을 이해하는 데에 많은 도움을 준다. 즉, 그림은 사람의 마음을 그대로 비춰주는 거울과도 같아서 그림 속에 투영되어 나타나는 아동의 마음을 잘 읽을 수 있다. 특히 자신의 마음을 억압하며 잘 드러내지 못하는 아동들의 마음을 읽고 이해할 수 있는 좋은 계기가 될 수 있다.

아이들은 부모를 통해 세상을 본다. 유년기에 부모와 애착 관계가 잘 형성된 자녀는 친밀감을 느끼며 긍정적인 상호 작용을 통해 즐거움과 행복감, 편안함을 느끼게 된다. 그러나 부모가 자녀에게 충분한 사랑을 주지 못하고 처벌적이며 비난적인 양육 방식으로 대하게 될 때, 자녀는 불안과 두려움, 분노의 감정을 나타낸다. 특히 조건적인 부모의 양육 방식은 칭찬과 인정만을 추구하고 사랑을 잃을까 불안해하는 아이를 만든다. 부모가 자신들의 마음에 드는 부분은 조건적으로 칭찬하고, 마음에 들지 않는 부분은 심하게 질책을 가하거나 야단을 치게 되면, 아이는 내면에 분노, 적대감, 질투심, 반항심 등이 가득 차 문제 행동을 한다. 형에 대한 질투심이 매우 강한 대상 아동은 반항과 공격적인 태도로 분노를 표출하고 있다. 따라서 어머니는 아동을 존중하고 수용해주며, 안정된 경험을 통해 아동이 건강한 자기 가치감을 가지고 자신에 대한 사랑을 발달시킬 수 있도록 도움을 주어야 한다. 또한 아동의 자아를 강화시킬 필요가 있다. 자아가 약한 대상 아동은 어머니의 간섭이나 잔소리를 견디지 못하고 반항하거나 방어하려고 한다. 어머니로부터 박탈당한 애착의 감정을 보상받기 위해 부정적인 관심을 끌며, 어머니와 형을 괴롭히며 형을 질투하는 대상 아동의 반항적인 태도를 이해하고 사랑으로 보살펴 줄 필요가 있다. 대상 아동을 무조건 수용하고 안아주고 사랑해주어야 철없는 행동들이 사라지게 되고 다시 마음이 자라기 시작할 것이다. 대상 아동의 상처받은 마음을 어루만져주고 위로해주는 어머니의 따뜻한 보호와 사랑이 전해질 때, 비로소 아동은 어머니의 간섭이나 잔소리에서 벗어나 독립된 개인으로서 자율적인 주도권을 가질 수 있다.

　　어린 시절의 형제 관계는 성격 형성에 매우 중요하다. 자기중심성에서 벗어나 타인을 이해하고 공감하는 능력과 친밀감을 가지고 긍정적인 관계를 형성하며, 더불어서 함께 살아가는 사회성을 발달시키는 데 형제 관계의 경험이 큰 역할을 한다. 또한 부모는 적절한 훈육을 통해 자녀에게 공감 능력이 함양될 수 있도록 노력해야 한다. 바람직한 양육 방식으로 스트레스에 대처하는 능력을 발달시키고, 상황에 따라 자녀의 욕구를 만족시켜주거나 지연시키고, 원하는 것을 위해 현실적으로 바람직한 방법을 모색하며 건강하고 안정된 성격으로 발달이 이루어지도록 해야 한다. 기본적으로 자녀에게 긍정적인 생각과 수용적인 태도로 균형 있게 발전할 수 있는 여건을 마련해 주어야 할 것이다. 그러기 위해서는 먼저 부모가 성숙한 태도와 모범적인 행동을 보여주는 것이 중요하다.

3.16
동반 자살 기도 가족
살인 부모

그림 62는 여자 대학생(25세)의 그림이다. 어릴 때 바다에 갔던 일이 생각난다고 하면서, 아버지가 사업이 부도가 나서 도저히 살기 어렵다고 가족 모두 높은 바위 위에서 떨어져 죽자고 했는데 자기는 너무 무서워서 안 죽는다며 소리치고 크게 우니까 아버지가 다시 가족을 데리고 집에 왔었던 기억이 난다고 했다. 그때 죽지 않고

[그림 62]

가족 모두 살아서 다행이지만, 가정 형편이 어려워서 아버지가 용돈을 안 주셨기 때문에 학교에도 장학금을 받고 다니고 용돈은 아르바이트해서 쓴다고 했다. 그런데 아버지는 술만 마시면 가족에게 "모두 죽어버리자."라는 말을 한다면서 '아버지가 사는 것이 너무 힘들어서 그런가보다'라고 생각하면서도 그런 말을 하는 아버지가 밉고 화가 난다고 했다.

아버지가 어린 자녀와 함께 세상을 등지고 떠나고 싶어하는 마음은 자녀를 소유물처럼 생각하는 아버지의 이기적인 생각에서 비롯된 것이다. 부모가 자녀와 함께 극단적인 선택을 하는 행동은 살인행위이다. 자녀의 생사여탈권을 부모가 가진 것처럼 생각하는 것이다. 자녀를 살해하고 자살하거나 자녀의 의사와 상관없이 자녀와 함께 죽음을 선택하려는 부모의 행위는 희망이 없는 사회에서 아이의 불행을 막는다는 부모의 극단적인 생각에서 비롯된 것일 수 있다. 그러나 이는 자신을 따르는 가족 구성원의 생명까지도 좌우할 수 있다는 부모의 잘못된 생각으로 가족을 죽이는 살인에 해당하는 행위이다.

삶을 살아가는 것은 우리 모두의 의무이다. 어느 누구에게도 삶을 포기할 권리는 없다. 극단적인 선택을 예방하기 위해서는 주변에서 그들의 삶을 공감하는 노력이 필요하다. 무능함과 자기비하적인 생각으로 세상을 등지고 싶어하는 그들의 말을 잘 들어주어 힘을 내서 살아갈 수 있도록 용기를 심어주고 주의깊게 살펴볼 필요성이 있다. 삶은 소중하다는 것을 인지하고, 자기 자신을 소중히 여기고 마음을 잘 조절할 수 있는 적절한 심리치료를 받는 것이 중요하다.

4장

미성숙한 부모

● 자녀를 지켜주지 않는 부모

정서적으로 미성숙한 부모는 진정으로 자녀들을 보살피는데 필요한 정서적인 조건을 충족시켜주지 못하는 부모이다. 미성숙한 부모는 자신의 감정을 잘 다스리는 방법을 잘 모른다. 자녀들이 말을 듣지 않거나 부모가 원하는 대로 따르지 않으면 감정을 조절하거나 통제하지 못하고 화를 낸다. 미성숙한 부모는 자녀들의 마음을 잘 이해하고 존중하며 공감적인 반응을 할 줄 모르고 부적절한 반응으로 대하기 때문에 자녀들은 마음에 깊은 상처를 받는다. 이처럼 미성숙한 부모들은 자녀를 위험으로 부터 안전하게 지켜주지 못할 뿐만 아니라 오히려 자녀에게 해를 가하므로 자녀들이 우울과 불안, 두려움 속에서 벗어나지 못하게 될 수도 있다.

4.1
감정이 조절되지 않는 엄마
내 아들은 꼴통이에요!

그림 1은 초등학교 1학년 아들을 둔 37세 어머니(중국동포)의 그림이다. 내담자는 '풍경구성법'(강, 산, 밭, 길, 집, 나무, 사람, 꽃, 동물, 돌)으로 그림을 그렸다. 더 그리고 싶은 것이 있으면 그려 보라고 하자, 해, 새, 무지개를 그렸다. 내담자는 새를 그리면서 "내

[그림 1]

가 아들보다 더 못 그린다. 갑자기 왜 새가 생각이 안 나지?"라며 위축성을 드러냈다. 사람으로는 남편, 아들, 본인이라며 스틱맨을 그렸고, 굴뚝에 연기가 나는 집을 그렸다. 내담자는 어릴 때 비가 온 뒤 무지개를 보면 기분이 좋았다며, 세 식구가 너무 사치스럽지도 않고 깔끔하며 평화롭게 사는 집이라고 했다. 아들이 학교에서 소리를 지르거나 친구들을 때리고, 혼잣말을 하거나 이상한 소리를 내서 수업을 진행하는게 너무 힘들다고 담임 선생님에게서 전화가 자주 온다며, 아들이 꼴통 같은 애라고 했다. 집에서는 엄마가 소리를 지르고 혼내며 무섭게 하니까 말을 듣는데 학교에서 선생님 말씀을 듣지 않아 어찌해야 할지

모르겠다고 했다.

어머니는 일본에서 7년동안 유학했고 한국에 와서 번역 일을 했는데 코로나 19(COVID-19)로 인해 일자리가 없어서 지금은 쉬고 있다고 했다. 중국에서 대학을 다니다가 다니기 싫어 현실 도피를 위해 일본으로 유학을 떠났다고 했다. 그 벌로 7년 동안 죽을 만큼 고생했는데 너무 힘들어서 죽을 뻔한 적이 많았으며 자살하려고 한 적도 많았다고 했다. 결국 일본이 싫어서 한국에 왔고 회사에 다니다가 친구의 소개로 남편을 만나 결혼했는데, 후회도 많이 되고 다시 연변으로 가야 하나 고민된다고 했다. 남편은 회사에서 하루 12시간 2교대로 일하기 때문에 집에서 거의 10시간 동안 잠을 잔다고 했다. 내담자는 남편이 6살 연하인데 남편이 아버지 역할도 못 하고 남편 역할도 제대로 못 하기 때문에 혼자 가정을 이끌어가기가 힘들다고 했다. 남편은 아이한테 전혀 관심도 없고 어떻게 해줘야 하는지도 모르고 그냥 돈만 벌기 위해 태어난 사람 같다며 불만을 털어놓았다.

내담자는 외동딸로 자랐는데 아버지가 기대를 많이 해서 그런지 공부에 대한 잔소리를 너무 많이 해서 싫었다고 했다. 하지만 아버지가 엄청 무서워서 아버지한테는 아무 말도 못 했다고 했다. 그리고 어머니는 잔소리를 많이 하지만 딸이 원하는 것을 뭐든지 다 해주고 공부하지 않아도 혼내지 않았는데, 내담자는 어머니처럼 자식을 과잉 보호하여 키우면 자기처럼 실패할까 봐 걱정이라고 했다. 아들을 강하게 키우려고 혼을 내고 무섭게 대해도 아들은 꾀를 부리며 말도 안 듣고, 약속도 잘 지키지도 않는 등 엄마를 가지고 논다며 아들만 생각하면 열이 받는다고 했다. 아들이 말을 안 들어서 속상해서 울고 있으면, 아들은 "엄마 말 잘 들을게요"하고 엄마를 달래 놓고는 돌아서면 또 말을 안 듣고 말썽을 피워서 잔소리를 안 할 수가 없다고 했다. 나중에는 화가 나서 더 큰소리를 지르게 되고 때리고 욕도 하는데 아들은 그럴수록 내담자에게 더 약을 올리고 괴롭힌다고 했다. 아들의 행동이 느려서 "빨리 해!"라고 소리를 지르기도 하고, "엄마 말을 듣지 않으면 안 예뻐할 거다."라고 협박도 하고, 거짓말을 하면 혼을 내고 잔소리도 하는데, 그래서인지 항상 서로 긴장하고 소리 지르며 싸운다고 했다. 그러면서 아들이 '꼴통'이어서 너무 힘들다고 했다. 친정어머니가 깔끔하고 결벽증이 있어서 집에 한 번씩 오시면 계속 잔소리를 하는데, 자신과 아들 둘 다 혼을 내기 때문에 아들이 결벽증, 완벽증이 있는 것 같다고 했다.

내담자는 아들에게 빨리하라며 소리를 지르고 협박하며, 거짓말한다고 혼내고 잔소리한다. 또한 아들과 싸우면서 아들을 '꼴통'이라고 생각하며 힘들어하고 있다. 아들이 어머니 말을 순종적으로 잘 듣지 않고 동작이 좀 느리다고 아들한테 다그치고 소리를 지르고 화를 내고 있다. 이러한 경우 아들은 긴장하면서 불안감과 불쾌감을 느끼게 되고, 자기 자신에게 질책을 가하게 되어 짜증을 내거나, 분노의 감정을 욕으로 표출하는 등 반항적인 행동을 하며 공격성을 드러낼 수도 있다.

친정어머니가 깔끔하고 결벽증이 있어서 집에 한 번씩 오시면 계속 잔소리하고 혼을 내기 때문에 아들이 결벽증과 완벽증이 있는 것 같다고 하는 내담자의 말에서 알 수 있듯이, 아들을 코너로 몰아붙이면서 계속 다그치면 아들은 결국 더 산만해지고 분노로 인한 공격적인 행동을 보일 수 있다. 따라서 내담자는 좀 더 인내심을 가지고 지켜보며 기다려주는 노력이 필요하고 아들을 존중해주는 태도가 필요하다.

인간은 다른 사람을 볼 수는 있어도 자신을 볼 수 없으므로 자기 자신을 가장 잘 모르고 있다고 할 수 있다. 어린 시절에는 주 양육자를 통해서 자신을 알게 된다. 주 양육자가 부정적인 시각으로 바라보게 되면 자녀는 불안을 느끼거나 부정적인 시각으로 자신을 바라보게 된다. 주 양육자가 아기를 보는 시각이 왜곡되어 있으면 아기도 자기 모습을 왜곡해서 보게 된다. 왜곡되어 성장한 자녀는 자아에 결함을 가지게 되고 자아를 보호하려고 한다. 모든 것은 자신의 마음에서부터 시작한다. 따라서 자신을 알고 이해하며 장단점을 잘 파악하고, 있는 그대로의 자신을 잘 받아들이며 자신을 사랑하는 것이 가장 중요하다.

4.2
남편 때문에 힘들어요!
벽보고 이야기해요!

[그림 2]

그림 2는 40세 주부의 것이다. 왼쪽에 검은색으로 '네모'를 그렸으며 '벽'이라고 표시했다. 남편(44세)과 대화가 전혀 안 된다며 혼자 벽을 보고 대화하는 느낌이라고 했다. 남편은 내담자가 무슨 말을 하든 늘 무시하고 비난한다고 했다. 남편과 전혀 대화가 안 되고 벽을 보고 이야기한다는 느낌이 들 때가 가장 힘들었다고 했다. 남편에게 무슨 말을 하면 "미쳤나."라는 말로 창피를 준다고 했다. 남편은 정이 하나도 없고 애정을 줄 줄도 모르는 사람이라고 하면서 아이들 있는 데서 단 한 번도 애정 표현을 해본 적이 없었다고 했다. 내담자의 남편은 다른 집 아버지와는 다르게 딸에게 자상했던 적이 없다고 했다. 아버지로서 지금까지 딸을 단 한 번도 안아준 적이 없다며 딸도 아버지를 거부한다고 했다. 다른 집과는 다르게 딸한테 자상하게 대하지 않는 남편은 아들에게는 잘 대해주면서도 딸한테는 늘 못마땅하게 대하고 미워하고 잔소리한다고 했다.

내담자는 남편과 대화할 때 벽을 보고 대화하는 느낌이 들어 늘 불만이 쌓였으며, 좋은 뜻으로 말을 해도 늘 비난 또는 오해하는 남편 때문에 대화를 잘 나누지 않게 되어 점차 마음의 문을 닫아버렸다. 인간관계, 특히 부부 사이에서 긍정적인 대화를 하지 못하면 정서적인 친밀감도 없어져 정서적 단절로 이어지게 되며 갈등이 더 깊어진다. 내담자인 아내의 그림에서는 남편한테 사랑받고 싶은 마음이 가득하지만 무시와 비난을 당하면서 점점 더 남편을 원망하고 미워하는 심정이 드러나있다. 인정 없는 남편과 아버지로 역기능적인 역할을 하고 있다. 또한 아내를 못마땅하게 여기고 무시하며 아내를 닮은 딸도 못마땅하게 여기며 미운 감정을 나타내고 있다.

자녀를 편안하고 안정적인 성격으로 키우기 위해서는 우선 주 양육자의 마음이 안정되어 있어야 한다. 그러나 어릴 때부터 혼란스럽고 불행한 가정에서 자란 경우, 결혼해서도 불안정한 애착 패턴에 기반을 두고 자녀를 양육하는 경향이 있다. 그로 인해 가족이 일치적 의사소통이 불가능하고, 서로의 마음을 잘 헤아리지 못하게 된다. 이는 대화 단절과 감정 단절로 이어지면서 가족 간에 깊은 갈등이 유발되어 결국 불행한 가정이 될 수 있다.

그림 3은 남편과의 갈등 관계를 파악하기 위해 내담자에게 '남편'에 대한 이미지를 그림으로 표현해 보도록 한 것이다. 보라색 크레파스를 들고 먼저 동그라미를 그리더니 칸을 만들고 황토색, 보라색, 분홍색, 하늘색, 연두색 순서로 색칠했다. 그림 속에 나타난 동그라미의 중앙 부분인 여백 공간은 남편의 따뜻한 면이 부족하고 정이 없음을 의미한다고 했다. 내담자는 자신이

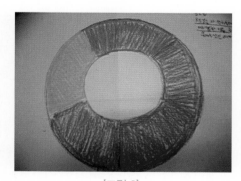

[그림 3]

자존감이 낮으며 자기주장을 잘하지 못하고 일관성이 없으며 감정 기복이 심하다고 했다.

또한 너무 완벽하고 모든 것을 잘하는 남편을 보면 늘 자신이 따라가지 못해서 두렵다고 했다. 남편은 무엇이든지 바르고 정직해야 한다는 틀에 가족을 맞추려고 하고, 가족을 거침없이 비난해서 불안하게 만든다고 했다. 남편은 내담자가 친구를 만나서 술을

마시고 노래방에 가는 것을 보고 "여자가 정숙하지 못하게 집을 지키지 않고 나쁜 곳에 다닌다."며 며칠 동안 삐쳐서 말도 하지 않았다고 했다. 내담자는 3년 전부터 친구들을 만나 술을 마시고 노래방도 다녔는데 남편이 무척 싫어한다고 했다. 친구들을 보면 모두 다 남편들이 잘해주는 것 같은데 본인만 불행한 것 같아서 속상하다고 했다. 남편은 이기적이라며, 차를 타고 시댁에 갈 때가 있었는데 내담자가 춥다고 해도 계속 창문을 열고 가면서 오히려 "네 몸이 이상한 게 아니냐."라며 비난하고 질책해서 화도 나고 슬펐다고 했다. 형님이 춥다고 하니까 아주버님이 땀을 뻘뻘 흘리면서도 창문을 닫은 채 운전하는 걸 지켜보면서, 자신은 남편의 모습이 생각나 뒷좌석에 앉아 울었다고 했다. 첫 아이를 임신했을 때 우연히 길에서 남편을 만났는데 남편이 오토바이를 타고 가다가 모르는 척 외면하고 지나갔던 적도 있다고 했다. 그때 남편이 본인을 좋아하지 않는 것 같다고 느꼈으며 창피하게 생각하는 것 같았다고 했다. 남편은 집에서도 화를 많이 낸다고 했다. 내담자가 음식을 잘 만들지 못한다는 이유로 며칠 동안 말도 안 하고 화만 낸 적도 있다고 했다. 남편이 집에 있는 시간은 불안하고 긴장된다고 했다. 남편은 시아버지를 똑 닮아서 성질이 나쁜 것 같다고 했다. 그렇지만 남편도 불쌍한 사람이라며 이혼은 절대 안 할 것이라고 했다. 남편이 자기를 좋아하지 않아서 화가 난 것이지 자신은 남편을 좋아한다고 했다. 남편 앞에서나 강한 타인들 앞에서 감당할 수 없는 두려움을 자주 느낀다고 했다. 내가 나를 좀 더 사랑해야 하는데 늘 못난 나를 탓하는 것에 화나고 속상하다고 했다. 남편한테 늘 무시당하고 비난을 듣다 보니까 자신도 남을 비난하고 무시하는 것 같다고 했다. 다른 사람들이 잘난 척하면 꼴도 보기 싫다고 했다. 내담자는 남편에 대한 분노를 딸에게 풀었으며 어릴 때부터 딸을 많이 때렸다고 했다.

내담자는 친정아버지가 술을 마시는 모습이 너무 싫어서 절대 술은 마시지 말아야겠다고 다짐했지만, 자신도 너무 힘들 때는 술에 의존한다고 했다. 술이라도 마시지 않으면 괴로워서 견디지 못한다고 했다. 혼자 술을 마시다가 일주일에 한 번 정도는 친구들과 밤늦게까지 마시게 되는데 그러고 들어오면 남편은 며칠 동안 내담자를 쳐다보지 않으며 인간 이하로 취급한다고 했다. 내담자는 남편이 자신을 직장에 다니지도 못하게 하고 친구들도 못 만나게 한다며, 집에만 있더라도 화만 내기 때문에 미칠 것 같다고 했다. 남편은 냉정하고 따뜻함이 전혀 없는 사람이라며, 시댁에 가도 밤새도록 고스톱만 치고 따뜻한 눈길 한 번 준 적이 없었고 본인은 늘 외톨이가 되어서 청소만 하다가 집에 온다고 했다. 남편은 상처 주는 말만 해서 내담자를 늘 비참하고 외롭게 만들었으며 지치게 했다고 했다. 남편과 싸워도 나아지지 않아서, 같이 비난하고 할퀴는 말을 하기도 하고 무시하거나 독한 표정을 짓는 등 남편에게 복수하겠다는 결심을 내렸다고 한다. 남편 친구들과 부부 동반 모임을 가도 남편은 친구 아내들과 함께 걸어가면서 자신을 소외시켰다고 했다. 남편에게 사람이 어찌 그렇게 냉정하냐고 투정도 해보았지만 들어주지도 않았다고 했다. 자신이 남편에게 원망하는 말투로 말하는 것을 알지만, 남편이 늘 그런 식으로 말할 수밖에 없는 환경을 만들었다고 했다.

자신은 원래 그런 식으로 말하지 않았는데 복수심이라는 것이 생겼고 '당신도 이제까지 그래왔으니 한 번 당해 봐라!'라는 식으로 살다 보니 몸에 배어버린 것 같다고 했다. 그러한 면을 고쳐야 한다는 것을 본인도 알고 있지만 세월이 많이 흐르다 보니 비난하는 말투와 공격적인 말들이 자꾸 나온다고 했다. 내담자는 본인이 달라지는 것이 힘들지만 지금은 자신도 조심하는 편이고, 남편에게도 그런 식으로 하지 말라며 충고하다 보니 남편도 변하려고 조금은 애를 쓰는 것 같다고 했다.

친구들과 술을 마시고 노래방에 다니는 등 내담자의 미성숙한 태도로 인해 남편과의 갈등이 더 깊어졌음을 알 수 있다. 남편은 본인이 가장 싫어하는 행동만을 하는 아내를 이해하지 못하고 화를 내며 짜증을 더 심하게 내거나 말문을 닫아버린 채 부부관계를 더욱더 악화시키고 있다.

내담자는 어린 시절 불행한 가정에서 받은 상처로 인해 외롭고 우울했는데, 자신의 아버지에 대한 미움과 원망이 남편에게로 흘러가 관계가 나빠지게 되었다고 볼 수 있다. 남편을 원망하고 미워하다가 당해 보라는 마음으로 남편이 가장 싫어하는 노래방 출입과 음주를 하는 등 괴롭히며 복수하는 것이다. 그러나 이렇게 남편을 괴롭히는 것은 진정 본인이 원하는 것이 아니다. 이로 인해 본인도 더 괴롭다는 것을 깨달아야 한다. 서로가 게임을 멈춰야 불행의 늪에서 벗어날 수가 있다.

내담자는 두려움이나 불안한 마음을 회피하거나 술에 의존하는 방법 등을 사용하여 잘못 대처하고 있으며, 가족들에게 바람직하고 모범적인 역할을 하지 못하고 있다. 내담자는 술에 의존하는 식의 잘못된 방법으로 낮은 자존감 문제를 해결하려고 한다. 또한 딸에게 폭력을 행사하거나 가족들에게 짜증을 내 불안해하고 초조해하고 있음을 알 수 있다. 남편의 비난과 질책에 마음속으로는 분노와 슬픔, 화를 느끼지만 정당하게 자기의 주장을 표현하지 못하고 위축된 태도를 보이면서 수동공격적이며 방어적인 행동을 하고 있다. 감정 기복이 심하고 스스로를 살피지 못하는 내담자는 남편을 위협적인 존재로 인식하며, 자신을 방어하는 데 심리적 에너지를 많이 소모한다. 따라서 불안과 두려움으로 대인 관계 능력이 저하되고 왜곡된 사고로 인해 분노와 복수심 등이 가득 차 있음을 알 수 있다. 겉으로는 남편을 좋아하고 있다고 하면서도 남편을 신뢰하고 수용하지 못하고 마음속으로는 미워하고 원망하며 거부하는 등 양가감정을 가지고 있다. 친정아버지에 대한 두려움과 분노 같은 부정적인 감정들을 남편에게 전가한 것이다. 남편을 위협적인 존재로 인식하여 두려워하고 원망하며 불만을 품은 채, 역기능적인 의사소통을 하여 부부 갈등을 겪고 있다고 볼 수 있다.

내담자는 어릴 때 불행한 가정 환경에서 양육자의 따뜻한 애정을 받지 못했기 때문에 애정 결핍이 생겼으며 심리적으로 상처받으며 자랐다. 성인이 된 내담자는 너그러운 마음으로 인내하기 어려운 성격이 형성되었으며 긍정적인 인간관계를 맺지 못했다. 내담자는 이러한 문제점을 해결하지 못한 상태에서 결혼하고 자녀를 낳아 기르면서 자녀에게 바람직하고 모범적인 행동을 보여주지 못했을 뿐만 아니라 남편과 갈등이 생겼다. 또한 내담자의 자기 방어로 인한 행동은 가족 간의 갈등을 유발했다.

내담자는 자신의 두려움과 극도의 불안을 감추려는 방어적인 행동으로 자신과 가족들을 힘들게 했으며, 상대방을 통제하려 하고 있다. 내담자가 자신의 행동의 근본 원인을 알아보려는 마음의 준비를 해야만 근본적인 공포와 불안을 해결할 수 있다. 남편 역시 거절당하기 두려워하는 내담자의 마음을 이해하고 사랑으로 대하는 지혜가 필요하다. 또한 지배적이고 완벽주의자인 모습으로 가족들을 통제하고 억압하고자 하는 태도가 부부 갈등을 더 심각하게 만든다는 것을 인지할 필요가 있다. 내담자인 아내의 그림을 투사한 결과, 아내는 피해의식이 크고 타인의 이목에 지나치게 예민하며 남편에게 의존적이다. 그러나 남편은 이를 거부하고 관심조차 주지 않는다. 그러자 내담자는 남편으로부터 받은 억울함, 분노 등의 감정을 딸에게 화풀이하며 딸의 인격을 훼손

했으며, 부모의 희생양이 된 딸은 특히 주 양육자인 어머니로부터 부정적인 영향을 받고 자랐기 때문에 건강한 자아를 형성하지 못할 가능성이 크다.

그림 4를 그리며 내담자는 우울한 자기 모습이라고 하면서, 꽃이 쓰러질 것 같고 우울해 보이지만 참 예쁘다고 했다. 내담자는 시어머니가 손녀를 보고 "우리 집에는 저런 애가 없는데 어째 저런 애가 생겼노!"라며 자신의 친정을 쌍놈 집안인 양 비난한다고 했다. 남편은 원래 화를 많이 내고 무섭게 대한 자신의 어머니 앞에서 지금도 꼼짝 못 하고 무서워한다고 했다. 남편은 자기 어머니를 못

[그림 4]

마땅해 하면서도 늘 잘해야 한다고 시댁에 농사일을 도와주러 자주 가는데, 내담자도 함께 따라가지만 짜증난다고 했다. 남편은 화가 나 있으면 물어도 대답하지 않고 무시한다며, 딸에 대해 이야기하는데도 TV만 보고 한 번도 돌아보지 않았다고 했다. 마음이 아픈 것은 서로 같으니 한 번이라도 쳐다만 봐도 좋겠는데 반응이 없어서 속상하다고 했다. 딸이 가출했을 때도 남편이 자신의 탓을 할 것이라고는 생각도 못 했다고 했다. 남편은 내담자가 집에서 똑바로 행동하지 않아서 아이가 저렇게 됐다고 남편이 자신을 원망한다고 했다. 남편은 자신의 강압적인 모습을 인정하지 않는다고 했다. 예전에 아이들하고만 외식할 일이 있었는데 딸아이가 아빠가 없어서 부담이 없다고 하면서 불안하지 않아서 좋아했다고 했다. 남편은 외식하러 가서도 종업원들에게 따지고 아이들이 잘못한 것을 지적하는 등 불안하게 한다고 했다. 남편한테 애정을 표현해도 창피를 주고 거부당했기 때문에 그 뒤로는 애정 표현도 할 수 없었다고 했다.

남편은 비난하는 자신의 어머니와 아내를 동일시하여 내담자를 비난하고 있다는 것을 알 수 있다. 내담자는 시어머니의 비난적인 태도에 적절하게 대처하지 못하고 마음속으로 미움과 원망, 분노를 나타내고 있는데, 이로 인해 쌓이는 부정적인 생각

들은 고부 갈등으로 이어질 수 있다. 아내는 짜증과 화를 내며 잘못을 지적하는 남편의 행동을 보며 타인들이 어떻게 생각하나 '타인의 평가'를 중요시하고 있으며 '부정적인 자기상'을 가지고 있음을 알 수 있다.

역기능적인 가족은 서로 마음 놓고 대화하지 못한다. 가족이 서로 상처받지 않을까 하는 두려움으로 인해 대화를 피하며, 서로 친화적이지 못하고 거리감을 느낀다. 남편은 아내와 가족들에게 개인적인 자주성과 독립성을 존중해주지 않고 지배하고 통제하여 상처를 주고 있는 것으로 보인다. 한편 기능적인 의사소통을 하지 못하고 있는 내담자는 남편으로부터 받은 불안과 두려움, 분노의 감정에 대해 딸을 동맹자로 만들어 딸이 아버지를 싫어하고 미워하며 거부하도록 만들고 있다. 딸이 아버지로부터 처벌과 미움을 받는 행동을 하도록 해서 아버지와 정서적으로 단절되도록 하고 있는 것으로 보인다. 딸은 자신의 편을 들어 달라고 하는 어머니의 요청을 거절하지 못하고 부부 싸움의 '희생양'이 되어 어머니 편을 들게 될 가능성이 높다. 결국 아버지로부터는 미움을 받게되어 역기능적인 가족관계가 형성될 수 있다.

사람들은 누구나 태어나서 죽을 때까지 다른 사람들과 불가분의 관계를 맺으며 살아간다. 어떤 사람들은 주위의 모든 사람을 불신하고, 자기 모습을 있는 그대로 보이면 거부당하지나 않을까 두려워하며, 늘 보이지 않는 보호막을 치고 살아간다. 서로 다른 사람들이 인간관계를 맺으면 갈등이 일어나기 마련이며, 이를 잘 극복할 수 있어야 하지만, 이런 이들에게 대인 관계는 그야말로 심리적 불편함과 갈등을 유발하는 스트레스의 원인이다. 부부 관계도 마찬가지이다. 서로 다른 성장배경을 가진 남녀가 함께 생활하기 때문에 갈등은 필연적이다. 갈등은 친밀한 관계에서 일어나는 지극히 자연스러운 현상이다. 부부는 이전에 형성된 각자의 의사소통의 방식이나 습관, 형태 등이 서로 달라 의사전달에 어려움을 겪기도 한다. 부부 갈등은 부부 개인의 생활 습관, 사고방식, 성격의 불일치로 인하여 발생하기도 하며, 부부간 의사소통, 애정, 성, 배우자의 부정으로 인해 발생한다. 또한 경제적 요인이나 가사 노동 분담의 불평등으로 인해 발생할 수도 있으며, 자녀 교육이나 친인척 관계 등으로 인해 발생하기도 한다.

내담자는 상담 초기에 남편에 대해 부정적이었고, 남편과 긍정적인 상호 작용도 없었으나, 회기 과정 중 점차 스스로 변화하기 시작하며 남편과도 긍정적인 상호 작용을 하기 시작하고 자신의 생각을 적극적으로 표현하기 시작했다. 내담자는 그동안 스스로 자기 자신을 억압하고 순종적인 태도를 보이면서도 자신에 대해 부정적이었으며, 남편에 대한 분노와 죄책감에 시달리고 있었다. 하지만 상담을 통해 점차 자아존중감이 향상되면서 변화하기 시작하였고 남편과의 관계도 점차 회복되면서 긍정적으로 변화하는 모습을 보였다.

그림 5는 인형이 있는 사진을 잡지에서 오려 붙인 후 다양한 사람들의 입을 오려서 붙인 것이다. 인형의 수와 입은 가족을 의미한다고 했으며, 가족이 서로 많은 대화를 하는, 웃음이 가득한 집을 꾸미고 싶은 소망이 담겨 있다고 했다. 내담자는 남편과 대화가 단절되어서 답답하다고 하면서 사소한 내용이라도 서로 대화를 주고받고 싶다고 했다. 아내는 가족이 사소

[그림 5]

한 대화조차 없어서 삭막하다고 했으며, 무슨 말을 하면 트집 잡힐까 봐서 서로 말을 하지 않는다고 했다. 좋은 뜻으로 말을 해도 오해를 사고 비난이 돼서 돌아오니까 서로 조심한다며, 용기가 없어서 말을 잘하지 못하는 자신이 싫다고 했다. 편지와 문자 메시지, 자연스러운 스킨십으로 늘 사랑을 표현하면 좋겠다고 했다. 아들은 부모의 비위를 맞추기 위해서 늘 까불며 웃긴다고 했다. 그러나 며칠 전에 아들이 컴퓨터를 켜 놓고 밖에 나가서 내담자가 우연히 아들이 컴퓨터에 쓴 글을 보게 되었는데 "컴퓨터 업그레이드시켜 달라고 엄마랑 아빠한테 말하니까 공부 더 열심히 하면 해준다고 지랄 떨고 있다.", "일요일에 할머니 집에 갔는데 큰아빠가 '너, 공부 잘하나? 반에서 1등 하나?'라고 묻는다. 어른들은 공부하라는 소리밖에 안 한다. 꽉 때려죽이고 싶다."라고 쓰여 있어서 충격을 받았다고 했다. 엄마가 못나서 그러나 보다 한숨지으며 아들에게 "그래도 온라인에 올리면 남들도 다 보는데 뭐라 하겠나?"라고 한마디 했더니 아들이 까불까불하면서 몰래 왜 남의 컴퓨터를 보냐고 소리 지르며 항의했다고 했다. 아들이 벌써 사춘기가 됐다며 아빠한테 일러야 할

지, 이르면 아들이 혼이 날 터인데 어떻게 대해야 할지 너무 어렵다며 자신감도 없고 걱정이 태산 같다고 했다.

내담자의 가족은 서로 대화가 전혀 이루어지지 않음을 알 수 있으며, 아들은 부모의 영향을 받아 방어적인 태도를 보이고 있음을 알 수 있다. 내담자는 아들의 잘못된 행동에 대해 부모로서 어떻게 교육해야 하는지 바람직한 방법을 잘 몰라 혼란스러워하며 불안해하고 있다. 혈연으로 이루어진 가족에서 부부 관계는 기능적인 가족을 결정하는 기본적인 요소이며, 부모는 가족의 안정성을 유지하는 데 가장 중요한 역할을 한다. 가정 내의 불화와 바람직하지 못한 부모 양육 태도가 역기능 가정을 낳는다.

4.3
철없는 엄마
집 나간 엄마

그림 6은 5세 남아가 그린 그림이다. 엄마가 집을 나가서 들어오지 않는다며 엄마가 보고 싶고 집에 들어왔으면 좋겠다고 했다. 엄마를 그리더니 뭔가 자꾸 이상하다며 마음에 안 든다고 했다. 다시 그리겠다고 해서 다시 그렸는데 또 엄마가 뭔가 이상하다고 하더니 머리가

[그림 6]

마음에 안 든다고 했다. 그리고 종이를 뒤로 넘기더니 다시 엄마를 그렸다. 유아는 엄마를 그리고 나서 옆에 누나를 그렸으며, 다 그리고 나서 갑자기 괴물을 그리더니 검은색으로 칠했다. "괴물이 도망 못 나가도록 문을 잠가 놓았어요!"라고 했다. "외계인들이 나타나서 괴물과 싸울 거예요. 그래서 문을 잠가 놓았어요."라고 말했다.

유아의 아버지(48세)는 10살이나 어린 아내가 철이 없어서 애를 다섯이나 둔 엄마인데도 1시간 이상 화장하고 외출하곤 했다면서 불만을 털어 놓았다. 아내가 너무 멋을 많이 부리고 사치가 심하다고 하면서 "너무 튀게 치장하고 다니기 때문에 동네에서 모르는 사람이 없을 정도로 소문난 여자입니다. 동네 사람들한테도 창피하고 그래서 다음 달

에 아이들 데리고 할머니 계시는 고향으로 이사 갈 겁니다. 아이들한테는 관심도 없고 본인이 치장하고 돌아다니는 데만 관심을 두기 때문에 아이들 엄마하고 많이 싸웠습니다. 제가 사업이 잘 안돼서 집에 돈을 많이 주지 못했는데 돈 많이 못 번다고 매일 구박해서 아이들 보는 데서 많이 싸웠어요. 그런데 어느 날 퇴근해서 집에 오니까 아내가 없어요. 자정이 되어도 집에 안 들어오더니 그 뒤로 집에 안 들어왔어요. 아이들이 엄마 보고 싶다고 아무리 사정하고 애걸해도 집에 안 들어온다고 합니다. 아마도 시내 어느 술집에서 근무하는 것 같다며 돈을 많이 벌어 혼자 쓸 수 있으니 그게 더 좋은가 봅니다. 집에는 절대 안 들어온다고 하니까." 유아의 아버지는 아내에게서 이혼하자고 전화가 몇 번 왔었지만 절대 이혼은 안 해 줄거라고 하면서, "아내를 용서할 수가 없네요. 아이를 다섯 명이나 낳아 놓고서 집 나가서 들어오지도 않는 나쁜 엄마 때문에 우리 아이들이 불쌍해요. 중학생 딸이 세 살과 다섯 살 된 두 어린 동생을 돌봐주고 있는데, 그래도 가끔 누나가 동생들 데리고 엄마를 만나러 가는 모양입니다. 무책임한 아내는 철없고 한심한 여자예요. 생각만 해도 화가 나고 때려죽이고 싶어요." 이혼하면 아내가 다른 남자하고 재혼하는 꼴도 보기 싫고 아이들을 위해서라도 이혼을 안 해주고 있다면서 "막내가 돌도 안 지났을 때 집을 나가서 안 들어왔으니까 정말 나쁜 여자예요."라고 말했다.

유아가 긍정적이고 안정적이지 못한 가정에서 어머니의 부재와 부모의 갈등으로 인해 불안한 정서 상태에 처해 있다는 것을 알 수 있다. 한 사람의 일생에서 가장 중요한 유아기에 심리적인 상처를 받거나 주된 양육자로부터 안정된 애착 관계를 갖지 못하면 성인이 되어서 정신적인 어려움을 겪을 수 있다.

4.4

비교하는 엄마

편애하는 엄마

그림 7은 여자 대학생인 내담자가 들판과 나무, 구름, 해를 그린 것이다. 내담자는 엄마가 생각난다면서, 엄마는 언니가 공부도 잘하고 상장도 많이 받아와서 칭찬했지만 자기는 혼을 많이 냈다고 했다. 엄마 앞에 서면 늘 벌벌 떨게 된다고 하면서 스스로가 기가 죽어서 아무것도 할 수 없을 것 같은 생각이 든다고 했다. 무엇을 하든지 엄마는

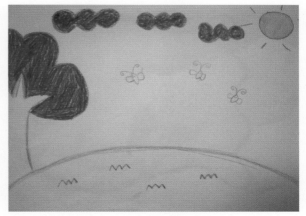

[그림 7]

못마땅하게 여기고 혼내고 화를 낸다며, "언니는 잘하는데 동생은 왜 저 모양인지 모르겠다."라고 투덜댄다고 했다. 언니는 이기적이고 잘난 척을 해서 서로 사이가 안 좋으며 언니가 싫다고 했다. 둘이 서로 너무 달라서 자매가 아닌 것 같은 생각이 든다고 했다.

자녀들은 누구나 부모에게 사랑과 인정을 받고 싶어 한다. 언니와 비교하고 불

만을 표출하고 편애하는 어머니로 인해 내담자는 마음에 상처를 받았다. 내담자는 언니를 더 미워하게 되었고 그로 인해 자매 사이가 나빠졌다는 것을 알 수 있다. 어머니가 언니만 칭찬하고 동생을 혼내면서 자매를 차별하면, 동생은 억울함과 분노로 언니를 미워하는 마음이 생기기 마련이다. 자녀의 마음에 부정적인 감정이 생기지 않도록 자녀의 마음을 잘 읽고 존중하는 태도가 중요하다.

4.5
딸을 지켜주지 않은 엄마
무조건 참아야 해!

그림 8은 40대 주부의 것으로, '풍성한 나무 그늘에서 한나절 쉬고 싶다'라는 소망을 담은 그림이다. 내담자는 어릴 때 어머니가 재혼했다면서, 새아버지의 가정에서 온 이복 오빠가 두 명 있었는데 오빠들이 장난이 심해서 나쁜 기억만 남았다고 했다. 또한 어머니에 대한 원망과 분노가 사라지지 않는다고 했다. 내담자가 5세 때 친구 집에 놀러 갔는데 친구

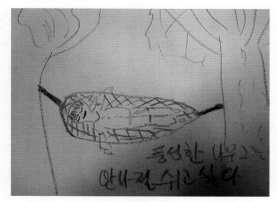

[그림 8]

가 바구니에서 500원을 꺼내 과자를 사 먹기에 자기도 바구니에서 돈을 꺼내서 친구와 같이 과자를 사 먹었다고 어머니에게 이야기했다고 했다. 그러자 어머니는 남의 집에서 도둑질했다며 세 살 버릇 여든간다고 혼을 내야 한다며 내담자의 두 손을 밧줄로 꽁꽁 묶어서 파출소에 질질 끌고 갔다고 했다. 내담자는 사람들이 다 쳐다봐서 무섭고 창피했다며, 그렇게 혼이 났으면 도둑질하지 않아야 하는데도 남의 것을 보면 훔치고 싶은 유혹을 뿌리치기가 힘들었다고 했다. 내담자는 성인이 되어서도 몇 번이나 남의 것을 훔쳤는데 그

때마다 어머니의 모습이 떠올라 화가 나면서도 긴장되고 흥분되었고, 훔치고 나서야 긴장이 풀렸다고 했다. 내담자는 '누구에게도 말 못하는 원한이 어떻게 치유가 될까?'라는 생각이 들었다고 했다. 숨기고 싶은 비밀은 말하지도, 누구에게도 알리지도 못하는 엄청난 고통이며, 상처를 입은 사람들은 분노로 고통스러워하고 신음하며 살아가게 된다. 내담자는 자신의 아픈 상처에 대해 차마 지금까지 그 누구에게도 말 못한 사연이 있는데, 숨기고 싶은 충격적인 내용이고 수치스러운 비밀이라고 했다. 초등학생 때 이복 오빠가 다락방에 데리고 가서 성폭행했으며, 그런 일을 자주 당했기 때문에 혼자 고민하다가 어느 날 어머니에게 그런 일이 있었다는 사실을 말했다고 했다. 그러나 어머니가 "그건 오빠가 너 예뻐서 그러는 것이니까 참아야 한다."라고 말해서 어머니를 미워하고 원망했다고 했다. 어머니가 딸을 데리고 재혼을 했기 때문인지 딸이 그렇게 당하고 상처받고 있었는데도 딸을 지켜주지 못하고 내버려 두었다는 사실이 화나서 견딜 수가 없었다고 했다. 그때부터 어머니를 미워하게 되었고 지금도 친정어머니만 보면 화나서 견딜 수가 없다고 했다.

부모가 올바른 가치관을 가지고 자식을 바람직하게 이끌지 못하면 자식은 이중적인 성격을 나타내거나 정신적으로 건강하지 못한 사람으로 성장하여 불행한 삶을 살게 될 수도 있다. 내담자는 착한 남편을 만났음에도 지금까지 왜 자신이 그토록 불행하고 외로웠는지 궁금해했다. 내담자는 자신이 겪었던 과거의 불행한 상처로 인해 아들을 미워하며 이웃집 아저씨와도 크게 싸운 기억이 있다고 했다. 내담자는 억울함, 미움, 분노 등의 감정으로 스트레스를 받으며 타인들, 특히 남자들과 자주 갈등을 겪었다. 내담자는 자신을 지켜주지 않은 어머니에 대한 분노의 감정을 풀지 못한 채 이를 다른 부정적인 감정들로 표출하고 있는 것으로 볼 수 있다.

바보 같은 엄마
잘못된 길로 인도하는 엄마

[그림 9]　　　　　　　　[그림 10]　　　　　　　　[그림 11]

　　그림 9, 10, 11은 내담자(48세, 주부)가 신문칼럼에 실린 사진을 보며 그렸다. 아크릴 물감으로 캔버스(4호)에 그림 3장을 따로 그렸다. 아기 오리가 엄마 오리 뒤를 쫄쫄 따라가다가 맨홀에 빠져 버렸다고 하면서, 철없는 엄마 오리는 아기 오리가 몸이 작아서 빠질 수도 있다는 것을 모른 채 앞만 보고 갔다고 했다. 나중에 아기 오리가 없어진 걸 알고 엄마 오리는 아기 오리가 왜 그곳에 빠져버렸는지 그 원인을 모른 채 '바보같이 왜 거기 빠

져 있느냐며 구해주지도 못하고 안타까운 모습으로 지켜보고 있다고 했다. 이 세상을 건강하고 안전하게 잘 살아가려면 부모가 잘 이끌어야 하는데 걱정이 된다며, 잘못 이끌게 되면 아이들이 맨홀에 빠져 죽을 수도 있고 불행해지기 때문에 걱정이라고 했다.

엄마 오리는 자식을 올바른 길로 이끌어주지 못하고 잘못된 길로 이끌고 갔으면서도 정녕 자식이 잘못되어 버린 모습을 지켜보며 원인조차도 모르고 있다. 아기 오리를 잃고 나서 후회를 하고 발을 동동 굴러 봐도 아무 소용이 없다는 것을 알게 된 엄마 오리는 아기 오리를 구해낼 수가 없어서 안타깝게 바라보고 있다. 이러한 엄마 오리의 모습은 부모로서 자녀의 앞날을 위해 올바른 길로 이끌지 못한 어리석음의 결과라할 수 있다. 대부분의 부모들이 잘못된 양육 방식이 자녀의 앞날에 불행을 예고하는 것임을 미리 안다면, 결코 자녀들을 위험한 길로 인도하지 않을 것이다. 그러나 다만 철없고 어리석은 부모들은 자녀의 앞날을 미리 내다보지 못하며, 자식들의 불행한 일을 예견하지 못한다. 자식들을 무시하고 협박하고 학대하며 심지어 자녀에게 정신적인 고통과 심한 상처를 안겨주어서 살아갈 수 없도록 하는 부모도 있다. 이러한 부모를 둔 자식들은 당연히 낮은 자존감이 형성되고 분노, 원망, 미움 등의 부정적인 감정들로 멍든다. 마음속 깊은 상처는 불행한 일들을 예고하기도 한다. 마음의 상처는 정신적으로 건강하지 못한 삶을 살게 하거나, 세상을 부정적인 눈으로 바라보게 하여 불행한 삶을 살도록 만들기도 한다. 부모의 부정적인 양육 방식은 자식들을 불행한 길로 이끄는 행동이라 할 수 있다.

일부 부모들은 나쁜 행동을 일삼거나 혼란된 삶을 살아가면서도 자식들에게는 올바르게 살아야 한다고 말하는 이율배반적인 행태를 보인다. 앞서 철없는 엄마 오리의 모습을 보면서 부모는 과연 자녀들에게 무엇을 어떻게 해야 하는지 고심해야 한다. 즉, 주 양육자인 부모는 자신들이 자식을 바른길로 이끌지 못하면 자식들은 평생 고통 속에서 힘들게 살아간다는 사실을 깨달아야 한다. 한편, 높은 기대를 하고 자식에게 공부를 강요하거나 효(孝)를 강요하는 부모는 자식에게 '내가 너를 어떻게 키웠는데 그렇게밖에 못하니?'라며 자식을 괴롭히기도 한다. 또한 며느리가 기대한 만큼 잘하지 못하면 아들을 괴롭혀서 어떻게 해서든지 싸우게 만들거나 갈등을 유발하여 이혼시키거나 자식을 불행하게 만드는 시부모도 있다. 자식을 불행의 늪으로 이끌고 가는 이러한 부모는 철없는 엄마 오리와 같다고 할 수 있다.

어릴 때 부모의 병리적인 양육방식으로 인해 불안정한 애착 관계가 형성되었거나, 부모로부터 충분한 사랑과 보호를 받지 못하고 자라 애정결핍 증세를 보이는 사람들은 평생 누군가로부터 관심을 받고 싶어 하며 사랑받기 위해 피눈물이 나도록 노력한다. 특히 자신의 아이를 통해서 보상받으려는 보상심리로 자신이 이루지 못한 꿈을 자식에게 강요하기도 하는 모습을 보이기도 한다. 자기 부모를 극히 싫어하면서도 그 부모를 똑같이 닮아가며 대물림하는 예도 많다. 과거 자신이 부모와의 관계에서 고통받았던 경험을 회피하지 않고 마주할 때 비로소 고통에서 벗어나 자유로운 삶을 살아갈 수가 있으며, 자식을 양육하면서 발생할 수 있는 부정적인 대물림을 끊을 수 있다. 그러나 많은 사람들이 성인이 되어서도 부모 형제에게서 벗어나지 못하고, 계속 고통받고 억압당하며 여전히 그 영향 아래 고통스러워하고 있다. 부모로부터 인격체로 존중받지 못하고 학대받으며 부정적인 가정에서 자란 사람은 자신이 부모가 되어서도 부모라는 이유로 자녀를 처벌하거나 학대하며 함부로 다루는 경향이 있다.

자녀가 진정으로 행복해지기를 원한다면 부모는 조건 없이 자녀를 사랑해야 한다. 조건 없는 사랑은 부모의 진정한 사랑이기 때문이다. 그렇지만 부모가 조건 없는 사랑을 받지 못하고 자랐다면, 스스로 사랑하는 방법을 터득하지 못했기 때문에 자녀에게도 조건 없는 사랑을 베풀지 못하게 된다. 오늘날 우리 사회는 점점 복잡해지고 다양해지고 있으며 이러한 사회에서 아이들은 부모와 상호 작용할 기회가 점점 줄어들고 있다. 많은 아이들은 변화하는 사회에 대해 적절한 대처 능력을 기르지 못하고 정서적 스트레스, 불안증이나 부적응 등의 다양한 증상들을 겪고 있다. 정서적으로 다양한 문제를 겪고 있는 아이들이 부적응을 극복하여 건강하고 올바른 인간으로 성장하고 발달할 수 있도록 도움을 주어야 한다.

주 양육자로부터 사랑과 존중을 받으며 자란 아이는 성인이 된 후에도 자신을 소중히 여기고 사랑하며 남들에게도 사랑을 줄 수 있고 타인을 존중할 수 있다. 가정은 삶의 바탕이 되고 인간답게 살아가도록 가족 구성원이 함께 사랑을 나누며 에너지를 얻는 곳이다. 우리는 가끔 인생을 살아가면서 헤쳐 나가기 어려운 역경을 겪기도 한다.

고난과 역경을 헤쳐 나오면서 자신이 용감하고 슬기롭고 자랑스럽다고 생각할 때도 있다. 내담자들을 만나 인생 살아온 이야기를 들을 때면 '그래도 지금까지 힘든 역경을 잘 견디며 살았구나!'하는 생각이 드는 마음 아픈 사연들이 많다. 고통을 털어놓고 외로운 투쟁을 어둠 밖으로 끄집어내어 자신의 고통에 귀를 기울이게 되면 자신의 문제점을 스스로 찾고 이해하게 된다.

이 세상의 모든 부모가 정신적으로 성숙하다 할 수 없거니와 훌륭한 부모 역할을 하기도 쉬운 일이 아니다. 그래서 미성숙한 부모들은 자식들에게 많은 스트레스를 안겨주며 부정적인 영향을 미치고 있다. 자식들에게 올바르게 살아가는 모습과 올바른 사랑을 심어주지 못한 부모들은 자식들에게 심리적인 상처를 안겨주며, 의도하든 의도하지 않았든 자식들이 평생 성격 장애나 정신적인 병리 현상을 나타내도록 유도하게 된다. 많은 부모는 자녀에게 어떻게 해주는 것이 최선의 행동이고 자녀에게 어떠한 도움을 주는 것이 최선인지 혼란스러워한다. 부모의 병리적인 양육 방식은 가족의 비밀이라는 베일에 싸이고, 그러한 환경에서 상처받고 자란 자녀는 아픔을 누구에게도 하소연하지 못한 채 평생 병리적인 증세를 보이며 고통을 겪는다. 어릴 때 부모로부터 깊은 상처와 아픔을 겪고 자란 사람들은 세상 사람들을 두려워하며 외롭고 쓸쓸하게 아픈 상처를 안고 살아가게 된다. 수치심 때문에 말할 수 없으며 다시 떠올리기 싫어서 말하지 못하고 은밀하게 비밀로 간직하며 정신적 고통을 당하며 살아간다. 마음에 깊은 상처를 받게 되면, 실제로 겪은 사실이라고 해도 다시 기억하기가 너무나 고통스럽고, 분노를 느끼거나 슬픔에 빠지게 될 수 있다. 그래서 이러한 상처를 스스로 망각해 버리기로 다짐하면서 비밀이 되어버릴 수도 있다. 아주 어릴 때 부모로부터 폭력을 당한 상처는 성인이 된 이후에도 아픈 상처로 남을 뿐만 아니라 지금의 이해하기 힘든 행동의 동기가 되기도 한다. 어릴 때 경험했던 비밀스러운 상황이 어른이 되어서야 비로소 표면으로 돌출되기도 한다. 또한 폭력을 일삼는 양육자 밑에서 자란 아이들은 양육자의 뒤를 이어서 똑같이 폭력적인 행동을 하거나, 거짓말을 하고 거친 행동을 하는 등 무의식적으로 폭력이 정신세계 내에 자리 잡게 될 수도 있다.

애착 이론가인 존 볼비(John bowlby)는 일관성 있으며 신뢰할만하고 공감해주는 부모 밑에서 자란 아동은 부모와 안전한 애착 관계를 형성하게 되고, 부모에게 유기, 거절, 학대당하고 비일관적인 양육 방식으로 자란 아동은 불안전한 애착 관계를 형성하게 된다고 보았다. 지혜롭고 현명한 부모는 자녀가 상호 작용하는 능력뿐만 아니라 자기 통합감과 자기 가치감을 발달시키도록 도움을 주는 역할을 한다. 또한 자녀의 애착 행동에 대해 기쁘게 응해주고 부모를 벗어나 세상을 탐색하는 시기에는 자유를 허락해주며 지원해주는 역할을 한다. 즉, 자녀의 마음을 잘 파악하고 이해하며 자녀의 심리상태를 동일시하며 '공감'해주려고 노력한다. 반면 둔감한 부모는 자녀가 원하는 것을 파악하지 못하고, 자녀의 심리 상태를 읽지 못하거나 자녀의 의도를 충족시키지 못하며, 긍정적이고 안정적인 상태로 만들어 주지 못하는 부모이다. 특히 철없는 부모는 자녀들을 위험 속에서 안전하게 지켜주지 못할 뿐만 아니라 오히려 자녀에게 해를 가하며 자녀들을 평생 우울과 불안, 공포 속에서 벗어나지 못하도록 하기도 한다.

미성숙한 부모는 자녀를 지나치게 통제하거나 간섭하며, 스스로 독립적으로 살아가야 하는 시기가 되어도 무시하거나 비난한다. 또한 자녀가 성장해서 스스로 할 일을 하고 울타리를 벗어나 독립적으로 자기의 일을 할 수 있도록 도와주지 않는다. 자녀의 독립적인 성장을 방해하는 미성숙한 부모는 자녀가 스스로 할 수 있음에도 불구하고 다 해주고 나서 어느 순간에는 그것도 못 하냐며 자녀를 질책하고 비난하기도 한다. 부모에게 의존적인 자녀들은 세상 밖에서도 의존적인 성격 장애를 나타낸다. 자식이 혼자서는 살 수 없도록 다 해결해주는 부모는 자식들이 스스로 결정하지 못하고 부모에게 의존하도록 만든다. 부모에게 의존하는 자녀는 혼자 있지 못하게 되고 누군가가 옆에 없으면 불안해하거나 공허함을 느끼며 우울해한다. 부모에게 자기주장을 펴지 못하고 살았기 때문에 남에게도 자기표현이나 자기주장을 하지 못한다. 또한 자기가 진정으로 원하는 바가 무엇인지를 파악하지 못하며 자기 자신이 어떤 사람인지조차도 모르는 경우가 많다. 극단적인 경우, 결혼해서 배우자에게 폭력을 당하며 살면서도 폭력을 가하는 배우자 없이는 살지 못한다며 굴레에서 벗어나지 못하고 의존하며 고통스럽게 살아가는 사람들도 있다.

의존적인 사람들은 바람둥이이거나 폭력적인 배우자에게 평생 헌신적으로 희생하며 살아가면서도 자신이 문제가 있음을 전혀 알지 못한 채, 참고 사는 것이 미덕이며 그렇게 살아가는 것이 당연하다며 체념하며 받아들인다. 부모에게 의존적으로 매달려 왔던 사람들은 고독을 견디지 못하기 때문에 폭력을 가하거나 바람을 피우는 배우자에게도 계속 매달리며 헤어나지를 못한다. 알코올 의존자나 폭력적인 배우자와 헤어지지 못하는 의존적 성격 장애를 겪는 사람의 경우, 성장 과정 중에도 타인에게 이용당하고 불이익을 당하더라도 관계를 유지하려 했을 가능성이 높다. 또한 다수의 의존적인 사람들은 어릴 때 지배적인 부모로부터 학대받았거나 무시, 간섭, 과보호 속에서 자라 자기 자신이 열등하다는 생각에 지배당하고 있는 경향이 있다. 의존적인 아이들은 유순하더라도 주변에 나쁜 친구가 생기면 금방 동화되어 비행 청소년이 되기도 한다. 자기 자신의 주체적인 사고나 의지가 없어서 이른바 잘 노는 선배들에게 의존적인 행태를 반복하게 된다. 그리하여 약물이나 알코올, 담배 등에 빠지고, 자신의 의지가 약하기 때문에 쉽게 빠져나오지 못하게 된다.

부모와 애착 관계가 불안하게 형성된 아동은 부모에게 더 매달리고 정서적으로 더 많이 보채는 경향이 있으며, 회피 애착 아동은 부모와 거리감을 두고 부모와의 친밀한 관계를 형성하지 못한다. 이렇듯 부모와 안정된 애착 관계를 형성하지 못한 자녀들은 부모의 부정적인 반응을 유도하고 부모와 관계에서 악순환 고리가 형성된다. 인간의 성장 발달에 있어서 주 양육자인 부모는 절대적인 존재이며, 부모가 어떻게 양육했는지 따라 자녀들은 평생 영향을 받으며 살아간다. 부모는 자녀에게 좋은 성격, 긍정적인 사고, 부드러운 감성과 인성을 심어주어야 한다. 자녀들이 부모와 신뢰감, 심리적인 안정감, 안정된 애착 관계를 형성하면 자녀들은 자기 자신을 사랑하게 되고, 아울러 다른 사람에게도 사랑을 베풀면서 힘들고 어려운 경우에도 역경에 굴하지 않는 건강한 사람으로 성장하게 된다.

병리적인 증상을 보이는 사람들은 본인도 자신이 고통스러운 원인을 모른 채 살아가고 있다. 타인과 어울려 사는 법을 잘 모른 채 타인들에게 피해의식을 느끼고 미워하며, 자신에게 화가 나 견딜 수 없으며 모든 것이 귀찮고 세상 살기가 싫어져 자살하고 싶어 하는 사람들도 있다. 이 모든 것들이 주로 무의식에서 일어나기 때문에 분노로 인한 스트레스로 시달려도 그 원인을 잘 모른 채 고통스러워하며 살아가고 있는 경우도 많다. 그뿐만 아니라 그 원인을 알아도 습관이 되어서 고치기가 매우 힘들다고 한다. 그러나 고통스러워하는 원인을 스스로 알게 된다면 정신건강을 개선하는 데 큰 도움이 될 것이다.

　　주 양육자의 양육 방식은 아이의 발달에 매우 중요한 역할을 한다. 부모와 자녀의 상호 작용 패턴이 병리적일 때 자녀가 성인이 되어도 이 방식은 유지된다. 자녀를 지지하고 온정적이며 지나치게 간섭하지 않는 부모 밑에서 자란 사람은 활달하고 다른 사람들과 잘 지내며 자기 삶에 만족하는 경향을 보인다. 그러나 어린 시절 부모로부터 학대와 폭력의 희생양이 되어 상처받고 자랐거나, 약물 중독, 우울증, 조현병 등의 정신 장애를 앓는 부모 밑에서 자란 아동들은 비행 청소년이 될 확률이 매우 높을 뿐 아니라 성인이 되어서도 부모의 문제가 대물림될 확률이 매우 높다. 이처럼 부모의 병리적인 양육 방식은 자녀의 불안정한 애착의 중요한 요인이 된다. 자녀에게 죄책감을 심어주고 압력을 행사하거나, 자녀가 슬픔을 표현하거나 분노를 표출하지 못하도록 막으면 자녀가 외로운 아이로 성장할 가능성이 크며, 나중에 주관적인 경험이나 감정을 무시하는 부모가 될 수도 있다. 이러한 패턴은 부부 관계에서도 마찬가지로 이어지게 된다.

　　행복한 가족이 되기 위해서 우리는 부모로서 어떻게 해야 할까? 행복은 생활 속에서 가장 중요한 감정적 상태이다. 기쁨, 희열, 황홀함, 사랑과 같은 감정이며 결핍과 곤궁으로부터의 자유로움, 사물의 질서에 대한 올바른 인식, 사회에서 자신의 위치를 확신하는 상태, 마음의 평화 등이 행복이라 할 수 있다. 행복감을 느끼는 사람들은 자신의 감정을 잘 조절하고 분노에서도 쉽게 회복된다. 삶은 행복뿐 아니라 비극, 도전, 불행, 실패 그리고 후회까지도 모두 껴안고 있다. 하지만 이런 상황에 우리가 어떻게 대처하느냐에 따라 불행해질 수도, 행복해질 수도 있는 것이다. 지금 진정으로 살만한 가치가 있다는 것을 발견하는 이 순간이 행복의 순간이다. 행복해질 수 있는 능력은 어느 정도 유전적 요인도 있지만 생후 5세까지의 성장 환경에 의해서도 결정될 수 있다. 행복감은 단기간에 증가했다가 떨어질 수도 있지만 장기적으로 항상 평형 상태를 유지하기 때문에, 유아기의 안정적인 가정 환경에 따라 행복 또는 불행이 평생 지속된다. 우리는 누구나 스스로 선택하여 행복을 증가시킬 수 있다. 행복한 사람들의 공통적인 특징은 낙천적이며 앞으로 인생이 잘 풀리고 좋은 일이 생길 것이라는 희망을 품고 있다는 점이다. 일반적으로 행복할 때 사람들은 더 창조적이고 개방적이며 남에게 베풀 것이 늘어난다.

우리가 겪는 가장 강렬하고 의미 있는 경험은 바로 가족 관계에서 오며, 즐거움과 성장을 느낄 수 있는 가장 큰 기회는 가정생활에 있다. 자녀의 인생에 긍정적인 영향을 미치고 성공적인 삶을 살아갈 수 있도록 큰 도움을 주는 부모와 자녀의 기(氣)나 꺾고 원한의 대상이 되기도 하는 부모는 어떤 차이가 있을까? 우선 훌륭한 부모들은 자녀들에게 삶의 지혜를 가르친다. 훌륭한 부모는 끊임없이 바르게 살아가는 길을 가르쳐 주고, 자기 자신이 되어 있어야 할 모습과 지금 모습의 차이점을 분명히 알려주며, 언제나 희망과 용기를 잃지 않게 도와주고, 자신감을 가질 수 있도록 믿어 준다. 자녀들 앞에서 하는 말이 달라진다면 그런 부모를 어떻게 믿을 수가 있을까? 어떤 아동은 우리 엄마는 이중인격자라며, 손님들이 있을 때는 잘 보이려고 친절하게 말을 하는데 손님들이 가고 나면 곧바로 화를 내고 욕을 한다고 했다. 부모는 화를 참지 못하고 미성숙한 태도로 자녀에게 분노를 표출하고 있다. 신뢰받고 존경받는 부모가 되기 위해서는 늘 자녀들 편에서 이해해주고 인내하며 바람직한 방향으로 이끌어야 한다. 그래야 자녀들이 부모를 신뢰하고 존경하며 타인과의 관계에서도 긍정적인 인간관계를 형성할 수 있다.

　　부모는 자녀를 한 사람의 인격으로 존중하는 성실한 태도를 지녀야 한다. 자녀가 부모에게 자기의 심정을 터놓고 이야기하지 못하는 이유는 비난당하거나 무시당할 위험이 있기 때문이다. 혹은 오해받지는 않을까, 자기가 한 말의 뜻이 제대로 전달이 안 되어 부모님의 감정이 상하지 않을까, 미움받지 않을까 걱정한다. 어떤 부모들은 다른 의견과 생각을 가진 자녀들을 무조건 이상한 눈빛으로 바라본다. 또는 부족하거나 철이 없거나 못 낫다고 생각하며 늘 비난하거나 질책하기도 한다.

　　부모는 자녀를 대할 때, "한 사람의 인간으로서 너를 신뢰하고 있다. 비록 내가 너의 생각에는 동의하기 어렵고 너의 기분을 공감하기는 힘이 든다고 하더라도 그것이 너의 뜻이고 심정이기 때문에 나는 소중하게 생각한단다."와 같은 말로 자녀에게 신뢰를 주도록 노력하여야 한다.

　　이렇듯 자녀의 관점에서 귀담아듣고 '네가 그렇게 생각하고 느낄만한 충분한 이유가 있다는 것도 알겠다'라는 태도로 자녀를 대하여 자녀의 마음에 진심으로 전달이 될 때, 자녀들은 부모를 신뢰하게 되고 정서적인 친밀감도 형성된다. 자녀들의 욕구를 파악하기 위해서는 무엇을 진심으로 원하는지 파악해야 한다. 이를테면, "엄마! 나 정말 학교생활이 힘들어요!"라고 이해나 공감을 요구했음에도 불구하고, 어머니가 "너는 그것도 못 참아서 맨날 힘들다고 하니? 다른 친구들은 학교 갔다 오면 학원에도 가고 도서관에도 가서 공부도 열심히 하고 다 잘하는데 너는 왜 투정만 부리고 그러니! 정말 너 때문에 짜증 난다!"라고 말을 한다면, 그 아이는 자존감이 바닥에 떨어지게 되고 어려운 일을 극복하기가 점점 더 힘들어지게 될 것이다. 부모가 아이의 입장을 생각해보고 진심으로 아이가 무엇을 원하는지 잘 파악해서 반응해주어야 훌륭한 부모의 역할을 하는 것이라고 할 수 있다.

부모들은 자녀들의 이야기를 자기 입장이나 기준에만 맞추어서 듣는 경향이 있어서 공감보다는 비판하거나 판단하고 설득하기 마련이다. 자녀의 입장에 서서 진심으로 들어야 한다. 많은 부모가 자기의 주장이나 생각을 자녀에게 일방적으로 강요해서 자녀들의 생각이나 행동을 바꾸어 보려는 욕구가 있다. 그렇기에 겉으로는 자녀의 이야기를 열심히 듣고 있는 것 같지만 마음속으로는 '어떻게 하면 멋진 반박을 해줄 수 있을까?'라고 열심히 궁리만 하는 경우가 많다. 이런 마음은 아이를 진정으로 이해하고 공감해주려는 태도가 아니다. 만약에 부모가 자녀에게 부모의 뜻대로만 움직여 주기 바란다면 자녀들도 또한 부모가 자기 뜻대로 움직여 주기만을 바라고 있을 것이기 때문이다. 자녀의 입장과 심정에 이입하여 듣고 있지 않다면 참된 대화는 기대하기가 무척 어렵다.

자녀의 입장에 서서 자녀들을 받아들이려고 한다면 진심으로 마음의 문을 활짝 열어야 한다. 자녀가 부모의 생각과는 다른 이야기를 하거나 때로는 얼토당토 않은 소리를 할 때 뭔가 이상한 아이 또는 생각이 모자라는 아이로 판단해 버린다면 대화는 불가능하다. 부모와 다른 생각을 이야기하는 아이는 그 나름대로 충분한 이유가 반드시 있는 법이다. 그럴 때는 '아이가 왜 저런 말을 할까?' 하고 귀를 기울여야 한다. 진심으로 자녀를 이해하고자 하는 마음이 바탕이 되었을 때 아이와 긍정적인 대화가 가능하다.

부모는 아이가 '부모님은 내 입장이나 처지를 이해하고 알아주시는구나!' 하고 느낄 수 있게 해 주어야 한다. 자녀가 자기의 입장이나 심정을 부모가 알아준다고 느끼게 하기 위해서는 자녀의 이야기를 듣고 그 이야기를 부모가 어떻게 받아들이고 있는가를 확인해 주는 대화 방식이 필요하다. 부모는 자녀의 말에 담긴 뜻과 감정을 파악하는 것이 중요하다. 부모가 자녀와 효과적인 의사소통을 하기 위해서는 자녀의 이야기를 경청하며 감정 상태를 잘 읽고, 이야기의 내용이 무엇인지를 파악하고 긍정적인 반응을 보여주어야 한다. 자녀의 이야기를 들으면서 자녀의 감정과 의도를 부모가 제대로 이해하고 있는가에 대해 직접 확인해 보는 것은 효과적인 의사소통을 위해서 매우 중요하다.

5장

자녀에게 복수 당하는 부모:

가해자와
피해자

한 개인이 자신과 가장 가까운 사람인 부모에게 느끼는 강한 감정적 유대 관계인 애착 관계에 실패하게 되면, 불안정한 애착 형성으로 인해 불행한 완벽주의자가 되거나, 혼자 남는 것을 극도로 두려워하거나, 공포에 사로잡혀 불안한 증세를 나타내기도 한다. 주된 양육자인 부모가 아기의 욕구를 충분히 채워주거나 잘 공감하며 반응하면 아이는 건강하게 성장할 수 있다. 반면 그렇지 못할 경우, 공감 반응의 결핍 또는 과도한 좌절 경험, 자기 손상으로 인해 극도로 스트레스를 받게 된다. 특히 자녀에게 공부를 무리하게 강요하거나 심한 잔소리, 형제 자매간 비교, 편애 등으로 신체적, 정서적 학대를 하게 되면 스트레스를 받게 되고 마음에 깊은 상처를 입게 된다. 자녀가 정서적으로 불안감을 느끼면, 부정적인 성격이 형성되며 무의식적으로 수동공격형으로 대응하여 부모가 원하는 것을 하지 않거나 자기 처벌적인 행동을 하면서 부모에게 복수하는 행동을 하게 될 수 있다. 즉, 부모가 자녀에게 처벌하면서 가해자 역할을 하게 되면 자녀는 피해자가 되지만, 자녀가 부모에게 배운 폭력을 답습하거나 반항하며 부모를 괴롭혀 부메랑처럼 되돌려주면서 가해자가 되기도 한다.

5.1
감정이 조절되지 않는 아동
욕을 참지 못하는 아동

그림 1은 초등학교 1학년 남학생의 그림이다. 아동은 다문화 가정의 자녀로 어머니가 중국 동포이다. 아동은 주의가 산만하고 말이 빠르고 욕을 잘한다. 아동은 캔버스에 빨간색 아크릴 물감으로 가족 구성원을 그렸는데 사람의 얼굴만 그리고 눈, 코, 입은 그리지 않았으며, 가족을 곡선으로 둘러싸이게 포위했다.

[그림 1]

아동의 그림에 나타나는 상징적인 의미를 해석하기 위해 다른 정보들을 고려하여 해석해보자면, 아동은 가족을 원으로 구획화(區劃化)시켜 방어벽을 만들어 고립시켰는데, 이는 소외감을 암시한다고 볼 수 있다. 또한 스틱맨(막대기 모양 사람)은 불안으로 인한 적대적이고 거부적인 태도를 암시한다고 볼 수도 있다. 텅 빈 얼굴은 억압된 분노나 거부적인 태도를 반영하며, 가족에 대한 지각과 태도가 부정적 이미지의 가능성을 시사한다.

그림 2에서 유아는 왼손에 연필을 독특하게 쥐고 능란하게 자동차를 그렸다. 계속

[그림 2]

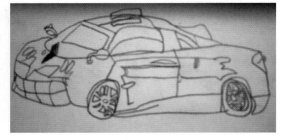

[그림 3]

혼잣말하면서 그렸으며, 글씨는 오른손으로 썼다. 그림 3에서 유아는 완성된 자동차를 보여주면서, "선생님! 제가 그림을 참 잘 그리지요?"라고 말하며 웃었다.

아동은 자기 자신이 그림을 매우 잘 그린다는 것에 대한 자부심이 있으며, 과시하고 싶어하는 경향이 있다. 한편으로는 칭찬받고, 인정받고 싶은 욕구도 다소 엿보인다.

[그림 4]

그림 4에서 아동은 관절 인형에 수술할 거라고 했다. 그러면서 "주황색으로 몸만 색칠할 거예요. 옷을 입혀요. 누워야 해요. 선생님! 지금 엄청난 수술이 필요합니다. 이거 진짜 엄청난 수술이에요. 죽어! 죽어! 이 나쁜 놈들 죽어! 거슬려요! 이놈들! 개 빡신 놈들 죽어! 이 배신자 싸다귀 같은 놈아! 선생님! 보세요. 이 엄청난 파워! 코로나 없애야 해요. 사람이 이상해졌어요. 코로나 걸렸어요. 왜 이렇게 죽었어요? 선생님! 이거 사람이 아니고 귀신 아니에요? 사람이 사람처럼 행동을 해야 되는데 얼굴이 돌아가요. 미쳤나 봐요…이런 젠장! 이 빡친 놈아! 똥개 같은 놈아! 이 나쁜 놈아! 이 코로나 세균덩어리 다 죽어! 이 싸대기 없는 ○○놈아!"라며 인형을 향해 심하게 욕을 하더니, "이건

나쁜 욕인데. 나쁜 말은 안 할게요!"라고 말했다.

       감정을 잘 조절하지 못하는 내담자(아동)는 성격이 매우 급하고 산만하다. 분노의 감정을 느낄 때 감정을 조절하지 못하고 화를 내거나 욕을 한다. 어머니는 아이가 행동이 느리다며 다그치고 불같이 화를 낸다고 했다. 아이가 약속을 했는데도 지키지 않고 하지말라고 했는데도 무시하고 말을 듣지 않을때는 열 받아서 도저히 못 참고 매를 들고 때렸다고 했다. 아동은 어머니의 강압적이고 통제적인 양육방식에 의해 내면에 억압되어있던 분노, 억울함, 적개감 등의 부정적 감정이 쌓여있을 것으로 추측된다.

       이에 아동은 무서운 대상인 어머니한테는 처벌 받을 까봐 두려워 반항을 하지 못하고, 힘 약한 다른 대상을 향해 욕을 하면서 분노를 표출하고 있는 것으로 보여진다. 어머니는 화가 나면 감정 조절을 못해 불같이 화를 내는 성격이다. 이와 같이 감정 통제가 안되는 미성숙한 부모는 대체적으로 아이가 화를 부추기 때문에 화를 낼 수밖에 없다며 자기 자신을 합리화하거나 아이가 버릇이 없고 잘못될까봐 어쩔 수 없이 화를 내게 된다고 정당화한다. 감정조절이 안되는 어머니의 잘못된 양육방식은 자녀의 정서발달에 심각한 영향을 미칠 수 있다. 어머니는 자신의 감정을 잘 다루지 못하고 잘못된 육아 방식으로 아이에게 상처를 주고 있다는 것을 인정할 필요가 있다.

       어머니는 아이가 동작이 느리다고 다그치고 소리를 지르며 재촉을 한다고 한다. 그럴 때마다 아이는 짜증을 내고 서로 갈등을 겪는다고 한다. 아이는 엄마한테 혼나지 않으려고 불안해 하면서 매번 행동을 서둘러야한다. 이로 인한 누적된 불안과 긴장감은 아이가 더 산만한 행동을 하도록 만들 수 있다. 어머니는 아이가 독립된 사회인으로 건강하게 잘 자라도록 책임을 가지고 도와주어야 한다. 그러기 위해서 아이를 믿고 기다려주는 인내심도 가지고 존중과 공감, 배려를 해주어야 하며 아이에게 온정적인 사랑을 주어야 한다.

       어머니는 아이가 엄마를 무서워하면서도 떼를 많이 쓴다고 하면서 아이 키우기 힘들다고 했다. 아이가 떼를 쓰거나 징징거리면 조금 참다가 귀찮으니까 할 수 없이 요구 사항을 들어줄 때도 있고, 계속 징징대거나 조르면서 심하게 떼를 쓰면 9번 참다가 10번째는 도저히 못 참고 결국 화를 내고 체벌을 가한다고 했다. 이러한 어머니의 처벌적이고 일관성이 없는 비효율적인 양육 방식으로 인해 아이는 정서적인 박탈감과 혼란스러움을 느끼며 어머니를 괴롭히면서 계속적으로 시험을 하는 행동을 하는 것이라고 볼 수도 있다.

부모가 자녀에게 무섭게 체벌한다고 해서 아이의 잘못된 행동이 고쳐지는 것은 아니다. 감정적으로 화를 내며 체벌을 가하면 아이는 상처받게 되어 공격적인 행동을 더 자주 하게 된다. 따라서 감정을 조절하고, 충동적이며 반항적인 행동을 고치도록 도와주기 위해서는 아동 개별 심리 치료 외에 가족 치료가 반드시 함께 실시되어야 한다.

5.2
왼손이 편해요
불안한 나무 막대기 인형

그림 5에서 아동은 토끼를 좋아한다며 인형을 앞에 두고 계속 토끼에게 말하면서 그렸다. 오른손으로 그리다가 "이쪽으로 그려야 잘 그려져요." 하더니 왼손으로 그렸다. "토끼가 좋아하는 거는 당근이에요. 구름 토끼인데요. 보름달에 토끼가 살아요. 토끼가 떡을 만들고 있어요. 선생님 주려고 떡을 만들고 있어요."라고 말했다.

[그림 5]

그림 6에서 아동은 토끼는 당근을 좋아한다며 당근을 정성스럽게 크게 그리고 나서 작은 토끼를 그렸다. 그림 7에서 아동은 로봇을 좋아한다면서 로봇을 그리더니 작은 나무 막대기 인형을 그렸다. 그림 8에서 아동은 "사람(나무 막대기 인형)이 갑자기 펑 하고 날아갔어요. 병원에서 치료해서 나왔는데 새한테 잡혔어요. 잡혀가다가 상처를 입었죠! 까마귀, 여러 명이 싸우는 거예요. 통에다가 못 나가도록 감옥에 가둬버렸어요. 공장 구멍에 두었는데 폭발했어요. 공장이 폭발해서 사람들이

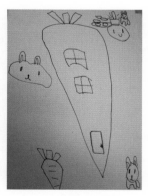

[그림 6]

[그림 7]

[그림 8]

너무 많아서 폭발했어요. 사람들이 아파서 아! 아! 하고 있어요. 구름까지 올라갔어요."라고 계속 혼잣말하면서 그림을 그렸다.

아동은 불안한 상황에서 사람인 나무 막대기 인형(스틱맨)이 피해당한 이야기를 혼잣말을 하면서 스토리를 흥미롭게 전달하고 있다. 아동은 이미지를 통해 사건을 이야기로 꾸며 생생하게 전달하고 있다. 그림의 스틱맨은 위험에 처한 자아상으로 볼 수 있다. 아동은 다양한 사물이나 인물들을 등장시켜 위험에 처한 상황이 극에 달하도록 전개해서 불안 공포등의 심리를 표출해 내고 있다. 이는 아동이 그림 속에서 자신의 불안한 마음을 그림으로 표현하는 것으로, 그림을 그리는 행위 그 자체가 심리치료 역할을 한다고 볼 수 있다. 아동은 그림 그리기와 점토 놀이, 움직이거나 변신하는 로봇, 창의적으로 만들거나 꾸미는 것을 매우 좋아한다. 점토 놀이할 때는 혼잣말을 하면서 주로 분노를 표출하고, 그림을 그릴 때는 상상 속의 인물들과 독특한 단어와 말을 사용하면서 이야기를 꾸며내며 매우 흥미롭게 그린다.

상상력이 풍부한 내담자 아동은 사람을 사물에 비유해서 그림 속에 등장시키거나 그림 속에 다양한 상황을 만들어 내면의 불안, 공포, 속상함, 억울함, 분노 등의 다양한 감정들을 드러내고 있다. 아동의 이야기에서 알 수 있듯이 스틱맨이 갑자기 다쳐서 병원에서 치료 받고 나왔는데도 새한테 잡혀가고, 싸우고, 감옥에 갇히고, 공장이 폭발해서 사람들이 다치는 등의 불안하고 공포스러운 이야기를 통해 내면의 심리상태가 매우 불안정하다는 것을 알 수 있는 단서를 제공하고 있다.

5.3
악마와 천사
비밀 이야기

그림 9에서 아동은 캔버스를 이젤에 놓고 혼잣말을 하면서 아크릴 물감으로 그림을 신나게 그렸다. 하단에 큰 나무, 작은 나무, 양, 해를 차례로 그렸으며, 구름을 그리고 나서 하트를 그리더니 바탕을 하늘색으로 정성스럽게 칠했다.

[그림 9]

그림 10에서 아동은 왼쪽 아래에 집을 그리고, 해, 구름, 작은집, 굴뚝, 구름을 타고 올라가는 사람을 그렸다. 그러다 갑자기 화살표로 왼쪽을 표시하더니 "아까 그 사람이 요렇게 아파트에서 떨어져 죽었어요. 번개 맞고 죽었어요. 구름이 화가 나서 죽었어요. 사람이 점점 작아졌어요. 그리고 사람이 점점 커지고 있어요."라고 하더니 나무 막대기 모양으로 사람을 점점 크게 그렸다. "구름을 타고 가는 사람은 그냥 사람인데, 어! 어! 7살이에요. 남자인데 죽었어요. 엄마가 이 집에 살아요. 엄마는 자고 있어요. 이 사람이 죽었는 걸 몰라요. 비밀이에요."라고 혼잣말을 계속하면서 그림을 그리더니 갑자기 학교생활이 재미없고 힘들다고 했다.

[그림 10]

아동은 사람이 아파트에서 떨어져 죽고, 벼락을 맞아 죽고, 구름이 화가 나서 죽고, 구름을 타고 가다 죽는다고 하면서, 엄마는 자고 있어서 아이가 죽는 줄도 모르고 있다고 했다. 이는 엄마에 대한 불신감, 무기력, 분노, 불안정 등 부정적인 감정이 반영되어 나타낸 것이라고 할 수 있다. 아동은 지능이 높고 상식 및 어휘력이 뛰어나게 발달했으며, 로봇 조립이나 공작 만들기 등에서 뛰어난 재능도 보인다. 하지만 본인이 좋아하는 분야와 제한된 관심 영역에만 집착하는 경향이 있다. 학교생활이 재미없고 힘들다며 어려움을 호소하는 아동은 에너지가 많아 학교생활에 어려움을 겪고 있을 수도 있다. 입학해서 낯선 환경에 적응하고, 관심없는 수업을 들어야 하는 것이 아동에게 심리적인 부담이 될 수 있으며, 선생님과 친구들과의 인간관계 속에서 느끼는 갈등 등으로 인해 학교생활환경에 적응하는데 다소 어려움을 겪을 수도 있다. 따라서 부모님은 아동이 학교생활에 잘 적응할 수 있도록 아동의 일상 생활 전반을 세심하게 관찰하고, 격려와 지지를 해주는 노력을 기울여야 한다.

[그림 11]

그림 11에서 아동은 "큰 나무가 있고, 산이 있고, 뾰쪽한 산이 있고, 작은 나무가 있고, 사람이 떨어지려고 해서 돌멩이를 잡고 있어야 살 수 있어요. 그냥 거기서 살고 있어! 해가 있어요. 번개도 쳐요. 구름도 있어요. 비도 맞아요. 이 사람이 번개를 맞는 거예요. 선생님 보세요. 초승달도 있어요. 밤이 되었어요. 이 사람이 잠도 못 자요."라고 계속 혼잣말하면서 그림을 그렸다.

아동은 그림 속에 번개가 치고 사람이 벼락을 맞는 장면을 표현하며 불안함을 나타내고 있다고 볼 수 있다.

그림 12에서 아동은 로봇 그림자를 그려야 한다면서 어떻게 그릴지 잠시 고민하더니 "아! 알았다."라고 했다. 그러더니 작은 로봇을 눕혀서 본을 뜨고 그 위에 연필로 진하게 칠했다. 마음에 들지 않았는지 "색칠하는 거는 아무 의미가 없어요. 아이 씨! 망했다. 젠장! 얘는 나쁜 자식이에요. 죽일 놈이에요."라며 갑자기 종이를 구겨서 던져버리더니, "망했네! 난감하네! 지우개로 죽여버렸어요. 죽였어요. 보기 싫어요. 이거 개같이 망했어요. 이 쓸모없는 놈아! 싸대기 없는 놈아! 어우 씨! 이런 싸가지! ○○놈아!"라고 분노를 표출하다가 잠시 멈추더니, "이건 나쁜 말인데요. 이제 안 할 거예요. 선생님! 엄마한테 일러 주지 마세요. 엄마가 한 번만 더 욕하고 말 안 들으면

[그림 12]

저세상 가야 한다고 했어요. 무서워요. 절대 엄마한테 말하지 마세요."라고 했다. 아동은 다른 종이를 한 장 달라고 하더니 "선생님! 제가 깜짝 놀라게 해줄 거예요. 선생님! 기절하지 마세요. 아마 놀래서 병원에 실려 가야 하는데 쳐다보지 마세요! 비밀이에요!"라며 그림을 그렸다. 로봇 그림자를 그리고 날개를 그렸다. 종이를 반으로 접더니 반대쪽에 로봇을 쳐다보며 그린 후 날개를 그렸다. "얘는 천사와 악마예요. 뿔을 그려야지!" 천사 머리 위에 동그라미를 두 개를 그렸다. "선생님! 얘가 놀라서 댄스를 추고 있는데요. 이름을 지어줍시다. 로봇이니까 '보로'라고 합시다. 그런데 얘가 귀여운 데가 있어요, 머리를 흔들면서 걸어요. 얘는 기술이 발전해서 움직이는 것도 할 수 있는 거예요."라고 말했다.

대상 아동은 감정을 잘 조절하지 못한다. 또한 성격이 매우 급하고 잠시도 쉬지 못하며 화가 나면 분노를 참지 못한다. 따라서 아동이 마음껏 그림을 그리거나 만들기, 점토 놀이 등으로 스스로 놀이를 선택해서 내면에 쌓인 분노, 억울함, 불안, 공포 등의 감정을 표출하고 정서적으로 안정감을 찾을 수 있도록 도와야 한다. 아동은 로봇과 그림 그리기, 점토 놀이, 창의적으로 만드는 공작 놀이를 좋아하고 자기 자신이 관심 있거나 흥미로운 무언가를 발견하면 집중해서 열심히 한다. 혼잣말을 많이 하고 감정

을 잘 조절하지 못해 심한 욕을 하거나 분노 표출로 공격적인 성향을 드러내기도 한다. 아동은 혼란스러운 정서를 나타내고 있어서 회기마다 아동이 좋아하는 그림 그리기나 친숙한 점토 놀이 등을 편안하고 즐거운 마음으로 함께 하면서 아동의 감정을 받아주고 읽어주며 신뢰를 쌓는 것이 필요하다.

어머니와 상담하면서 아들이 욕을 하는 이유가 궁금하다고 하자, 어머니는 아마 게임을 하면서 배운 것 같다며, 아들이 남들에게 피해를 주고 잘못될까 봐 엄하게 대했는데 머리가 커져서 반항한다고 했다. 이제는 막다른 골목에 와 있는 것 같고 애를 키우는 데에 한계를 느낀다며 너무 힘들다고 했다.

아동이 욕을 하는 주된 원인은 어머니의 양육태도에서 기인한다고 보여진다. 조그마한 실수에도 어머니가 큰소리로 혼을 내며 협박, 통제, 비난 등으로 무섭게 처벌하기 때문에 아들은 어머니를 두려움의 대상으로 여기며, 내면에 잠재된 두려움과 공포, 불안, 분노, 억울함 등의 부정적인 감정들을 놀이를 통해서 풀어내고 있다. 이러한 아동의 행동에서 볼 때 아동은 어머니를 두려움, 분노, 공포의 대상으로 느끼고 있는 것으로 파악된다. 어머니의 잘못된 양육태도로 인해 아들은 분노와 공포, 불안의 감정을 가지게 되고, 이러한 부정적인 감정들이 욕으로 표출되어 나오는 것이라 여겨진다.

언어적·정서적 폭력에 해당하는 욕을 하는 공격적인 행동은 상대방을 존중하거나 공감하지 못하는 태도에서 나온다. 주 양육자에게 충분히 공감받지 못하고 자라면 공감 능력이 부족해져 타인에게도 공감하지 못하며, 배려심이 부족하고 미성숙한 행동을 하게 될 수 있다. 따라서 아동의 내면이 분노에 찼을 경우, 화를 느끼는 감정은 수용하되, 밖으로 표출되는 나쁜 행동은 반드시 한계를 지어주어야 한다. 즉, 자기 자신에게나 다른 사람에게 욕을 하면서 정신적으로 피해를 주는 잘못된 행동을 해서는 안 되며, 사람을 향해 욕하는 잘못된 행동은 상대방의 인격을 무시하는 언어적·정서적 폭력에 해당하기 때문에 욕하지 않도록 명확하고 단호하게 교육해야 한다. 또한 행동 조절의 필요성, 자신의 감정을 잘 알아차리는 훈련, 행동을 다스리는 방법 등을 가르쳐 주어야 한다.

양육자의 자녀 양육 방식은 자녀의 심리 발달에 매우 큰 영향을 미친다. 특히 주 양육자인 부모의 부정적이고 일관성이 없는, 잘못된 양육 방식은 자녀에게 병리적인 증세를 유발한다. 아이들은 양육자로부터 정서적으로 충분한 자양분을 지속하여 받지 못하면 정상적인 발달을 이룰 수가 없고 병리적인 증세를 보이게 될 수 있다. 정서적 지지와 보살핌 없이 윽박지르거나 꾸짖거나 언어적·신체적 학대를 가하거나 분노를 표출하거나 하는 등의 부정적인 양육 방식으로 불안감을 느낀 아동은 내면에 쌓인 분노, 적대감, 억울함 등의 부정적인 감정들을 밖으로 표출하며 공격성을 드러내게 된다.

같은 상황에서도 어머니가 자기의 감정에 치우쳐 자녀에게 일관성 없이 어떤 때는 긍정적이었다가 어떤 때는 부정적인 태도로 혼란스럽게 대할 때, 아이는 어려움을 겪게 된다. 그림 12에서 천사와 악마를 동시에 그리며 분노의 감정을 드러내는 아동은 긍정적으로 또는 부정적으로 대하는 어머니가 같은 인물이라는 것을 받아들이는 데에 혼란을 겪고 있는 것으로 보인다. 아동은 어머니라는 같은 대상에 대해 두 가지의 극히 상반된 이미지를 분리하고 있으며, 마음속 대상에 대한 적절한 통합이 이루어지지 못했다는 것을 알 수 있다. 성인이 된 경우에도 경계선 성격 장애가 있는 사람들은 같은 대상에 대해 어떤 때는 존경의 감정을 표현했다가 어떤 때는 극도의 부정적 감정을 표출하게 되는데, 이러한 요인 또한 부모에 대한 통합이 이루어지지 못해서 나타나는 것이라고 할 수 있다.

자녀들은 어머니의 감정을 배우며, 행동을 보고 답습하기도 한다. 아이의 감정은 곧 어머니가 자녀에게 보여준 감정이다. 어머니의 부정적인 방식, 즉 화내고 욕하는 방식을 자녀는 답습하여 동일시하는 행동을 하기도 한다. 아동이 자신에게 또는 불안한 대상에게 욕을 하면서 스트레스를 푸는 행동은 자신을 보호하려는 방어기제일 수도 있으며, 우월감을 느끼고 싶어 하는 심리에서 나온 것일 수도 있다.

아이들은 어머니에게 처벌받으면 자존감에 상처받게 된다. 무서운 어머니에게는 대항하지 못하고 죄책감으로 자해하거나 타인, 물건, 사물 등 힘이 약하거나 해를 가해도 안전한 대상을 향해 공격적인 행동으로 분노를 표출한다. 이러한 공격적인 행동이 습관화되면 행동을 수정하기 어렵고, 대인 관계에 어려움을 겪게 되어 감정이 불안정하거나 상대방의 감정을 잘 살피지 못하게 될 수도 있다. 감정을 조절하고 잘 표현하는 방법, 자기 자신을 존중하고 타인을 존중하는 법은 더불어 살아가야 하는 현시대에서 삶을 풍요롭게 하는 인생의 덕목이므로 반드시 배우고 익혀야 한다.

5.4
원망하는 딸
엄마 때문에 내 인생 망쳤어요!

[그림 13]

그림 13, 그림 14는 모녀(각 62세, 34세)가 함께 상담을 받으면서 그린 것이다. 그림 13에서 딸은 자화상을 그렸다. 연필로 얼굴을 스케치하다가 지우개로 몇 번 지우더니 연두색 사인펜으로 얼굴을 크게 그렸다. 딸은 사람의 얼굴을 너무 크게 그려서 다리를 못 그리겠다고 했다.

딸은 양팔을 몸 뒤로 감춘 모습을 그리다가 잠시 멈추더니 자신에 대해 이야기했다. 우울증 걸린 지 10년도 넘었고 약을 계속 먹었는데 약을 먹어도 안 되고 어떻게 해야 할지 모르겠다고 했다. 초등학교 때 소아 우울증에 걸려 학교에서 아무 이유 없이 울었고, 집에서 아빠에게 많이 맞아서 스트레스를 받아 학교에서도 울었다고 했다. 야영하러 가서도 계속 우니까 선생님이 집에 전화해서 아빠가 한밤중에 오기도 했다며, 스트레스를 받으면 우울증이 재발하고 증상이 심해지는데 우울증 약의 부작용으로 살이 많이 쪄서 고민이라고 했다. 10년 동안 부작용으로 약을 중단했다가 우울증이 심해지면 다시 먹기를 6번 정도 반복했던 것 같다고 했다. 부모님이 잔소리를 많이 하는 스타일이라서 혼자 살려니까 무섭고 외로워서 결혼했는데 이혼했고, 지금은 미국인과 반 동거하고 있는데 이렇게 계속 살 수는 없고, 결혼해야 할 것 같다고 했다. 미국에 가서 공부하고 싶다고 하면서 지금은 우울증 약 없이 살고 있지만 재발할까 좀 무섭다는 생각이 든다고 했다. 결혼하면 시간제로 일하고 스트레스를 스스로 관리할 거라고 했다. 부모님이 용돈을 줄 정도로 경제적인 여유가 있으니까, 약을 안 먹고 재발 안 하는 게 1순위이므로 몸 관리를 잘하려고 한다고 했다. 미군 남자 친구는 잘 칭찬해주고 위로해주고 '사랑한다', '잘했다'라며 표현을 잘해줘서 좋은데 엄마 아빠는 칭찬해주지 않았다고 했다. 엄마는 감정이 둔해서 애정 표현도 스킨십도 못하면서 잔소리가 심하다고 했다.

아빠는 감정 기복이 심해서 자기 기분이 안 좋을 때는 무섭도록 트집을 잡아서 화를 내기 때문에 둘 다 성격이 이상해서 힘들었다고 했다. 집에서 놀기만 한다고 엄마가 폭력을 많이 행사했는데, 학교를 자퇴하고 집에서 노니까 마음에 안 들었는지 분노가 폭발하면 '설거지해라', '왜 TV만 보냐'라며 집안일을 안 도와준다고 거의 매일 소리 지르거나 때렸다고 했다. 아빠가 폭력을 가하면 엄마는 말리지도 않고 나 몰라라 방치했다고 하면서, 엄마는 엄마가 피해를 볼까 봐서 내버려 둔다고 했다. 내담자는 자신이 엄마를 닮아 그런지 남자 친구에게 꼬치꼬치 캐물었는데, 남자 친구는 믿어주고 내버려 두라고 한다면서 "네 엄마가 아빠한테 잔소리하니까 너도 싫어하잖아! 너도 아이 낳으면 그렇게 할 거냐! 상대편 생각해서 말을 해라!"라고 말했다며 "제가 엄마를 닮아서 잔소리를 많이 하는 것 같아요."라고 했다. 내담자는 남자 친구가 자신에게 매일 사랑한다고 말하고 칭찬해주고 위로해주고 잘 대해주기 때문에 만나는 거라고 했다.

불면증으로 잠을 깊게 못 자고 자도 서너 번은 깨는데 신생아 때부터 고모네 집, 외숙모네 집, 할머니 집, 엄마 집 등 여러 군데로 옮겨 다녔다고 했다. 그리고 아빠가 때리고 기숙 학원에서도 따돌림당하면서 위험을 항상 느끼고 불안해서 잠을 잘 자지 못한다고 했다. 혼자 있으면 우울과 강박증으로 시달리는데 엄마는 이거 해야 한다, 저거 해야 한다, 돈 벌어야 한다, 집에서 혼자 있지 말고 밖에 나가라 등 잔소리한다고 했다. 그래서 밖에 나가려고 하지만 밖에 나가면 돈이 들어서 못 나가는데 엄마는 돈 없다고 돈 벌라고 하고 항상 돈 벌어라 뭐해라 이렇게 소리치면서 자신에게 강박증이 생기게 했다며 엄마를 원망했다.

엄마는 내담자가 마음 편하게 쉬지 못하게 하고 불안하게 한다면서, 유치원과 초등학교에 다닐 때부터 우울증이 심했는데 엄마는 약만 먹으라고 하고 계속 소리를 지르고 이해나 공감을 해주지 않았다고 했다. 엄마는 내담자가 죽고 싶다고 하면 나가 죽으라고 하고 자기 자신이 분노와 불안을 조절하지 못 하고 딸에게 욕심을 다 퍼붓기 때문에, 자신은 엄마의 '감정 쓰레기통'이라고 했다. 엄마는 자신에게 아침마다 늦게 일어나고 늦게 잔다고 소리 지르고 아빠에게도 소리 질러서 불안하게 만든다고 했다. 재산을 주기 싫어서 이혼하지도 않을 거면서 아빠에게 이혼하자고 협박하며 둘이 폭력적으로 매일 싸워서 자신을 지금까지 불안하게 했다고 했다. 항상 어릴 때부터 이혼하겠다는 협박을 들었으며, 부모가 정신 병원에 입원하는 대신에 외국에 가서 살라고 해서 자살하지 않고 외국에 갔다고 했다. 한국에 있으면 적응을 못 한다고 엄마 아빠 둘 다 자신의 기만 죽이고 부정적으로 자존감을 낮추는 말을 한다고 했다. 아르바이트도 이제는 나이 제한이 있어서 안 된다고 하면서 좌절감이 든다고 했다. 취업하기 위해서 면접을 보면 계속 떨어져서 더 우울해진다고 했다.

내담자는 어릴 때 엄마가 직장에 다닌다고 매우 바빠서 할머니가 키워주셨다고 했다. 할머니는 친절하고 애정 표현을 잘 해주셨는데 할머니가 돌아가신 뒤 충격이 컸는지 그때부터 자주 울었고 우울증이 생겼다고 했다. 할머니가 살아 계셨을 때는 자신감이 넘쳐서 학교생활도 잘했는데 엄마 아빠 두 사람 다 칭찬도 안 해주고 위로도 안 해주니까 스스로 남자 친구에게 기대고 의지하는 것 같다고 했다. 본인은 남이 어떻게 생각하는지 관심이 전혀 없는 회피성이며, 남자 친구는 베트남계 미국인인데 자존심이 너무 세서 다른 사람 눈치를 많이 보고 어떻게 생각하는지 체면을 중요하게 생각하며 신경을 많이 쓰는 게 단점이라고 했다. 남자 친구에게 비난하고 잔소리하거나 다그치듯이 말하면 "비난 잘 한다."라고 말하며 입을 딱 다물어버린다고 했다. 남자 친구는 내담자에게 '기다려주면 되는데 조급하게 괜찮다고 말하라고 재촉하지 않으면 좋겠다'고 했다고 했다.

내담자가 남자 친구에게 집착하면서 "나 떠나지 마라."라고 매달리면 남자 친구는 "안 떠날 거니까 두려워하지 말라."고 위로한다면서, 자신이 상대방의 기분을 생각하지 않고 막말하고 의심하고 많이 불안해하기 때문에 남자 친구도 힘들어할 것 같다며 인내심을 키워야겠다고 했다. 남자 친구는 한국말은 하나도 모르는데도 일본말은 잘한다면서 생김

새는 일본인처럼 생겼다고 했다. 남자 친구의 아빠와 친할머니, 할아버지는 베트남 사람인데 외할머니와 엄마는 일본인이라고 하면서, 남자 친구가 군 생활이 매우 힘든지 스트레스를 많이 받으며 공황 장애 증세가 생겨서 심장 마비로 병원에 간 적이 있었다고 했다.

그림을 완성한 후 자기 자신에게 어떠한 말을 해주고 싶으냐는 물음에 내담자는 "잘하고 있어! 극복할 수 있어! 괜찮아!"라고 글로 적었다. "남자 친구에게 관심을 가져달라며 울고, 보채고, 협박하고, 잔소리하고 성숙된 행동을 못 해 남자 친구도 참 힘들 것 같아요. 제가 문제가 참 많은 것 같아요! 제가 고쳐야 되겠어요."라고 하더니, "맺혔던 말을 털어놓고 나니 마음이 좀 편안해지는 것 같아요. 이제 저 자신에 대해서 좀 알 것 같아요. 제가 노력해야겠어요."라고 말했다.

내담자는 주어진 한 장의 종이 안에 크기를 적절히 조절하지 못했다. 이는 계획성이 부족하고 자기 관리를 잘 하지 못하고 있을 가능성을 시사한다. 또한 내담자는 얼굴, 눈, 치아를 지나치게 세부적으로 묘사했다. 이는 내면의 열등감과 무가치감을 과잉보상하려는 시도로 볼 수 있다. 하얀 이를 드러내며 어색하게 웃고 있는 모습은 사회적 상호 작용에서 부적절한 행동을 할 가능성이 있음을 나타내는 것일 수 있다. 따라서 건강한 자아를 위해 잘못된 습관과 태도를 바꾸는 훈련을 하고 자기관리하는 방법을 터득해서 어려움을 극복하도록 노력하는 것이 중요하다.

딸인 내담자는 어머니 때문에 자신이 결혼에 실패했으며, 엄마 때문에 자신의 인생을 비롯하여 모든 것이 실패했다며 엄마를 원망하고 있다. 내담자는 결혼에 실패한 것도 취업이 안되는 것도 모두 다 어머니에게 탓을 돌리며 투사를 하고 있다. 어머니에게 정신적으로 고통을 주며 자기 파괴적인 행동으로 복수하고 있다. 이러한 심리는 본인을 점점 더 '실패자', '낙오자'로 만들 뿐 아니라 부모님을 원망하고 탓하며 인생을 낭비하는 행동이다. 남자 친구에게도 울거나 보채는 등 미성숙하고 퇴행한 행동으로 관심과 사랑을 결사적으로 갈구하는 내담자는 사랑과 인정의 욕구에 사로잡혀 자신을 더욱 미워하고 자신의 인생을 자기 파괴적으로 몰고 가는 바람직하지 못한 행동을 하고 있다. 이런 바람직하지 못한 행동의 주된 요인은 트라우마와 낮은 자존감이라고 볼 수 있다.

한국에서는 누구를 만나도 불행할 것이라는 비합리적인 신념을 가지고 있는 내담자는 부적절한 정서와 행동을 하고 있다. 합리적인 사람은 집착이나 잘못된 방식으로 상대방을 통제하며 자신을 희생하면서까지 다른 사람에게 사랑이나 인정받으려고 하지 않는다. 따라서 자신의 비합리적인 신념과 행동에 대해 알아차리고 부정적인 행동을 시정하도록 노력해야 한다.

　　　내담자는 애정 결핍, 의존증, 과잉 불안, 염려, 자아 상실감 등의 부정적인 감정으로 부모님을 원망하고 있다. 또한 남자 친구를 간섭과 비난 등으로 통제하며 버림받을까 두려워하고 초조해하는 등 의존성을 드러내고 있다. 현실도피 경향이 강한 내담자는 독립적이지 못하고, 미성숙한 행동을 하며 남자 친구에게 지나치게 집착하고 있으며, 스스로 무력감을 느끼며 과거의 실패 경험이나 사건에서 벗어날 수 없다는 강한 신념에 사로잡혀 있다. 이와 같은 신념과 태도는 자신감 상실로 이어질 수 있다. 따라서 과거 부모로부터 받은 부정적인 영향을 냉철하게 분석하여 스스로 변화할 수 있도록 노력해야 한다. 지나친 염려로 인한 절대적 사고는 자신을 구속하고 자기 파괴적으로 이끌고 가며 우울감, 불안, 무가치감, 적개심 등과 같은 부적절한 정서를 유발한다. 스스로 만든 정서적 문제에 직면하고 정신적인 건강을 회복하기 위해서는 합리적으로 사고하고 자기를 수용하기 위해 노력해야 한다.

　　　그림 14에서 어머니는 시골 생각이 난다고 하면서 색연필로 차분하게 그림을 그렸다. '행복하고 순수했던 어린 시절'이라고 제목을 적었다. 결혼해서 열심히 직장을 다니면서 부동산에 투자해서 알뜰히 돈을 모았고 딸에게 재산을 다 물려주려고 하는데 외동딸

[그림 14]

(34세)은 엄마에게 매일 원망하고 울고 투정 부리며 소리 지르고 대든다고 했다. 딸이 외국에서 변호사와 결혼했으며, 변호사면 돈도 많이 벌고 딸에게 잘해줄 거라고 생각했지만 사위가 생활비를 한 푼도 주지 않아서 딸은 친정에서 생활비를 보내준 돈으로 살았다고 했다. 사위가 계속 돈을 요구하고 돈을 안 보

내면 딸을 폭행해서 결국 딸이 못 살겠다고 이혼했다면서, 딸 때문에 힘들다고 했다.

딸은 어릴 때 엄마 아빠가 욕하고 때려서 억울하다고 원망하며 소리를 질렀다고 했다. 그리고 엄마에게 문자를 보냈는데 '한국에서 학교생활이나 사회생활에 적응을 잘하지 못해 친구도 못 사귀고 은둔형 외톨이가 되어 우울증과 불안증으로 몸이 항상 아팠다. 갑상선 두통, 허리 과민 대장, 스트레스 불안 때문에 몸이 만성통증으로 평생 아팠는데 이렇게 아프면서 살다가 암에 걸리거나 정신병으로 죽거나 자살하거나 그럴 거 같아서 한국에서 살기가 아프고 무서웠다. 외국에서는 영어를 잘하지 못해도 생존하려고 학원이나 교회도 혼자 가고 친구 사귀려고 노력해서 친구도 잘 사귀었다. 한국에서는 학력이나 나이, 경력 때문에 취업도 어렵고 또 이혼녀 편견 때문에 자신의 미래가 어둡다'라고 문자를 보냈다고 했다. 딸은 엄마가 결혼하라고 해서 결혼했기 때문에 엄마를 계속 원망하고, 한국에 와서 아무것도 할 줄 모르고 병이 생긴 것은 다 엄마 때문에 그렇게 되었다면서 엄마가 인생을 망쳤다고 원망한다고 했다. 딸이 집에만 틀어박혀서 아무것도 안 하고 남자만 만나고 다닌다며, 딸이 잘못된 데에는 부모 책임이 크다면서 힘들다고 했다. 딸이 집에서 아무것도 하지 않고 아침 늦게까지 잠자고, 돈 벌러 나가라고 해도 직장에도 안 다니고, 남자 만나러 나가면 집에 들어오지도 않는데 앞으로 어떻게 해야 할지 걱정이 태산 같다고 했다.

딸은 부모에게 반감을 가지고 부모 탓을 하면서 삶을 원망하고, 자포자기하며 삶의 의지를 잃어버리고, 우울함과 절망 속에서 자신의 인생을 낭비하고 있다. 딸은 결혼에 실패한 요인을 어머니에게로 돌리며 원망하고 있다. 딸은 원망의 대상인 어머니를 괴롭히며 복수하고 있으며, 자신을 어머니와 동일시하여 남자 친구에게 잔소리, 간섭, 비난 등으로 통제하는 한편 버림받을까 두려워하고 초조해하는 등 의존성을 드러내고 있다.

원망하는 마음은 그 자체로 많은 에너지를 낭비하며, 원망이 깊으면 자기 연민에 빠질 수도 있다. 원망이 마음 깊숙이 뿌리내려 쉽게 벗어날 수 없는 상황에 이른 딸은 스스로를 무능하고 보잘것없는 사람으로 만들어 불행을 자처하고 있다. 따라서 영원한 패배자가 되지 않기 위해서는 원망하는 부정적인 감정을 스스로 개선해야 하며, 어머니를 이해하며 용서하고 새로운 자기의 길을 향해 힘차게 나아가야 한다.

5.5
아들을 미워하는 엄마
엄마를 미워하는 아들

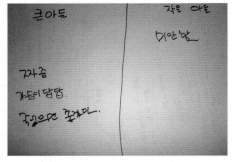

[그림 15]

그림 15는 초등학교 4학년과 2학년 아들 둘을 둔 30대 주부가 쓴 글이다. 어머니는 아들 때문에 많이 힘들다고 하면서 큰아들은 '짜증', '가슴이 답답', '죽었으면 좋겠다'라고 하고, 작은 아들은 '미안함'이라고 적었다. 큰아들이 동네에서 자전거를 몇 번이나 훔쳐서 애를 먹인다면서 파출소에서 연락이 오면 겁이 덜컹 난다고 했다.

몇 번이나 자전거를 보상해주었는데도 큰아들은 자전거를 훔쳐 중고 가게에 팔아서 돈을 다 쓰고, 돈이 떨어지면 집에 들어온다고 했다. 그뿐만 아니라 아침에 학교에 간다고 나가서는 학교에도 안 가고 나쁜 애들하고 어울려 다니다가 어린 애들의 돈을 뺏고 때리며, 오락실에 가서 놀고 나쁜 짓을 많이 하고 다녀서 괴롭다고 했다. 아들이 애먹일 때마다 아들에게 차라리 죽어버리라고 말하기 때문에 아들도 죽으면 엄마 아빠가 좋아할 거라는 생각을 할 거라고 했다. 아버지도 아들을 때리고 달래고 해도 계속 나쁜 짓을 하니까 나중에는 차라리 죽어버렸으면 좋겠다고 한다면서, 엄마 아빠가 어떻게 해야 아들이 정신을 차릴지 도저히 방법을 모르겠다고 했다. 다른 집 아이들은 다 착한 것 같은데 우리 애는 왜 그런지 괴롭다고 말했다.

자전거를 훔쳐서 중고 가게에 팔고 돈이 떨어지면 집에 들어온다는 아들은 반복된 행동을 하며 스스로 통제되지 않아 자포자기하며 나쁜 행동을 하는 것으로 보인다. 어머니는 어린 애들의 돈을 뺏고, 때리고, 오락실에 가서 노는 등 문제 행동을 많이 하고 다니는 아들로 인해 고통스러워하며, 아들이 차라리 죽어버렸으면 좋겠다고 생각한다. 품행 장애가 있는 아동·청소년 대부분은 역기능 가정에서 부모로부터 올바른 교육을 제대로 받지 못하고 자란 아동·청소년들이다. 자녀를 어떻게 교육해야 할지 잘 모르는 부모는 자녀가 문제 행동을 하면 그제야 왜 그런지 이유를 잘 모르고 혼란스러워한다. 그러다가 포기하거나 차라리 자식이 죽었으면 좋겠다는 나쁜 생각까지 하게 되는 것이다.

자녀가 처음에 실수나 나쁜 행동을 했을 때 부모가 비난하거나 처벌을 가하며 제대로 된 가르침을 주지 못해서 자녀들이 계속 폭력, 절도 등 문제 행동을 하는 것이라고 볼 수 있다. 혹은 충동이 조절되지 않거나 훔치는 것에 대한 쾌감을 좇거나 돈을 사용하기 위해 문제 행동을 하기도 한다. 타인에게 피해를 주는 이러한 행동은 절대로 해서는 안 된다. 죄책감 없이 반복되는 문제 행동은 반사회적 인격 장애로 인한 것이며, 타인의 권리를 침해하는 행동이다. 사회 규범을 따르지 않는 행위는 자신이나 사회에 부정적인 영향을 끼치기 때문에 반드시 시정되어야 한다. 신체적·언어적·정서적으로 학대당한 아동은 마음의 상처로 인해 만성적인 불안 상태에 머무르게 되어 범죄 행동을 하게될 수도 있다. 그러므로 주 양육자인 부모는 자녀들이 어릴 때부터 어떠한 경우에라도 자녀들을 학대하지 않아야 하고 자녀의 인격을 존중하여 올바르게 잘 성장하도록 도와야 한다.

5.6
공격자와의 동일시
할머니와 닮은 엄마

[그림 16]

그림 16은 여자 대학생(21세)의 그림으로 엄마에게 폭력을 당하는 장면을 그린 것이다. 어머니가 어릴 때 할머니에게 뺨을 자주 맞았다고 했다. '엄마가 할머니한테 맞고 자라서 엄마도 똑같이 그런 미친 행동을 한다'며 '미친 엄마'라고 했다. 어머니는 아버지에게도 못되게 대하고 심하게 간섭해서 서로 잘 싸우고 갈등이 심해 맨날 이혼하자고 해서 불안했는데, 이제는 서로 이혼했으면 좋겠다고 했다. 또한 차라리 엄마가 죽어버렸으면 좋겠다는 생각도 한다고 했다. 아버지는 딸에게 절대 폭력을 행사하지 않았는데 엄마의 행동은 이해가 안 된다고도 했다. '미친 행동을 하면서도 정신과병원에 가지도 않는다'고 하면서 주변에 자식들을 못살게 괴롭히는 미친 엄마들이 많다고 했다.

내담자의 어머니는 자신의 어머니로부터 폭력당한 아픔으로 분노나 적개심, 공격성이 있을 가능성이 있다. 따라서 내담자가 과거의 잘못된 관계가 지금 여기에서 반복되고 있음을 알아차리고, 그 상처와 관계된 감정 경험이 불안과 긴장 상태를 불러일으키며 현재의 스트레스를 가중시키고 있음을 깨닫도록 해주는 것이 중요하다. 과거를 반복하면서 발달과 성장이 저해되어 제자리걸음을 하고 있음을 알게 해주어야 한다. 이러한 치료 방식은 과거의 패턴을 내담자의 눈에 드러나게 해주어서 잘못된 감정 반응과 생각, 그리고 잘못된 시각을 다시 수정해 주는 과정이다. 새로운 각도로 바라보고 새로운 반응을 배우도록 유도하는 것이다. 어머니로부터 학대당한 딸은 자신도 부모가 되면 자녀를 학대할 가능성이 매우 높다. 따라서 내담자에게 어머니의 상처와 지금의 행동 패턴이 유사하며 과거와 같은 반응을 되풀이되고 있음을 인지시켜주는 것이 중요하다.

우리는 자신이 그토록 거부하고 인정하기 싫고 닮기 싫어하는 부모님을 똑같이 닮아 있는 것을 보고 때로는 놀란다. 예를 들자면, 술을 마시고 아내와 자식들을 폭행하고 괴롭히는 아버지 때문에 지옥 같은 삶을 살았으나, 자기 자신도 결혼해서 아내와 자식들에게 폭력을 일삼으며 가족들을 괴롭히는 삶을 살게 되는 것이다. "나는 절대로 내 아버지처럼 행동하지 않을 거야! 나는 내 어머니처럼 살지 않을 거야!"라며 살았으나, 어느 순간 자기 자신의 모습을 되돌아보니 자신이 가장 싫어하는 아버지의 행동, 어머니의 모습을 그대로 닮았음을 깨닫게 된다. 이처럼 폭력은 대물림되고 불행을 안겨주기 때문에 어떠한 경우에라도 폭력을 행사해서는 안되며, 폭력 가족은 반드시 가족치료적 개입이 필요하다.

5.7
반항하는 소녀
과잉 기대하는 엄마

[그림 17]

그림 17에서 그림 33까지는 총 34회기를 진행한 가족의 자아존중감, 의사소통 및 가족 관계 개선을 위한 가족 미술치료 사례 연구에서 중학교 2학년 여학생 내담자가 그린 그림이다. 내담자는 '평온한 마음'으로 나무에 기대어 쉬고 있다며 자기 나이에 비해서 생각이 많은 사람이 조용한 클래식 음악을 들으면서 쉬고 있다고 설명했다. 양털이 보들보들하다는 느낌이 든다고 했으며 공기 좋고 평온한 시골에서 강아지와 돼지가 사이좋게 놀고 있다고 했다. 그림 속 사람에게 "그동안 무슨 일이 있었니? 힘들지?", "공기 좋은 시골에서 조용하게 쉬고 있으니까 좋겠네?"라고 말하고 싶다고 했다. 내담자는 엄마 아빠가 늘 사소한 것으로 잔소리한다면서, 아빠가 오후 7시쯤 전화해서 집에 오라고 했는데 자신이 안 간다고 하니까 지금 당장 오라고 소리를 질렀다고 했다. 내담자가 밤 10시에 들어간다고 하자 아빠는 "그럼 들어오지 마!"라고 소리를 질렀다고 했다. 집에 가

기 싫다고 하면 아빠는 그렇게 애먹이려거든 집을 나가라고 한다며, 자신이 열받아서 그럼 원룸을 빌려달라고 세게 나가면 그때는 아빠가 "잘못했다. 미안하다."며 사과한다고 했다. 학교에서 담임에게도 세게 나가면 담임이 혼내지 않는다고 했다. 어느 날은 엄마가 집에 일찍 안 들어오고 밤에 돌아다닌다고 가위로 머리를 잘라버렸는데 '엄마가 미쳤다'라는 생각이 지금도 든다고 했다. 엄마 아빠가 관심 가져주는 것은 좋은데 지나치게 집착을 계속하니까 노이로제가 된다고 했다. 부모님은 자신이 무슨 말을 하든지 변명한다며 다 부정하니까 부담스럽다고 했다. 한편으로는 부모님이 불쌍하다고 했다. 부모님이 하고 싶은 것 다 하지도 못한 채 자기 목표도 없고 의지도 약하며 지금까지 헛되게 살았던 것 같다고 했다. 자기 스스로 하고 싶은 것도 못 하고 딸에게 '과잉 기대'를 하며 집착하는 엄마의 모습이 불쌍하다고 했다. 즐기면서 재미있게 살 방법도 있는데 왜 매일 애들처럼 싸우고 자식을 못살게 괴롭히는지 모르겠다면서 한심하다고 했다.

나무에 기대어 조용히 쉬는 모습은 지치고 힘들어하는 내담자의 내면 상태와 따뜻한 사랑을 받고 싶은 욕구가 나타난 것이라고 볼 수 있다. 내담자는 아버지와 담임 선생님 등 힘있고 권위적인 사람에게 숙이지 않고 더 강하게 대하면, 상대방이 숙이고 들어온다고 생각하여 공격적이고 반항적인 방법을 자기방어에 활용하고 있다. 이러한 반항 심리는 자존심을 지키기 위해 상대방의 요구와 상반된 태도를 보이는 행동으로 나타난다. 부모님과 담임선생님이 권위적인 태도를 보이거나 무시한다는 느낌이 들면 이러한 반항 심리를 드러내는 것이다.

사람은 인정받고 대우받고 싶은 가치관에 위협을 받으면 반항 심리를 나타낸다. 자신만의 전략과 전술로 어떻게든 살아보려고 발버둥을 치는 행동이라고 볼 수 있다. 자존감이 낮은 사람은 자기를 지키기 위해 이러한 공격적이고 비효율적이며 올바르지 못한 방법을 활용하여 반항한다. 부모가 자녀의 인격을 무시하면 인간관계에 돌이킬 수 없는 상처를 남기고 만다. 따라서 부모는 자녀들에게 권위적인 방법으로 무조건 안 된다고 통제하거나 강요하기보다는 반항 심리가 일어나지 않도록 인내심을 가지고 논리적인 설명으로 이해시키며 인격을 존중해주는 바람직한 방법으로 대화하도록 노력해야 한다.

불안정한 애착 형성으로 회피 애착과 저항 애착이 결합한 양상을 나타내는 내담자는 부모에게 매우 강한 애착 행동이나 분노 행동을 표현한 후, 갑자기 회피적인 태도를 보이기도 한다. 내담자처럼 혼란된 애착 행동을 보이는 경향은 비행 청소년들에게서 자주 발견된다. 주로 상실, 분리, 학대와 같은 외상을 경험한 부모의 자녀들이 이와 같은 혼란된 애착 패턴을 나타내는데, 이처럼 혼란된 애착 행동을 보이는 청소년의 경우 자살로 이어지거나 정신 병리의 위험을 나타내기도 한다.

내담자의 아버지는 과거 부모님으로부터 거부당하거나 무시당하며 살아왔기 때문에, 자신도 자녀에게 격려와 칭찬하기에 익숙하지 못할 뿐 아니라 어떠한 말을 해야 딸을 격려해주고 용기를 내도록 북돋아 주는지 잘 모르고 있다. 아버지가 과거 자신의 부모님으로부터 위로와 격려, 칭찬을 거의 들어보지 못했기 때문일 수도 있고, 표현하는 것이 서투르기 때문에 그럴 수도 있다. 딸에게 과잉으로 기대하는 경우 자신이 기대했던 만큼 결과가 나오지 않으면 곧 실망하게 된다. 곧이어 감정을 조절하지 못한 채 딸의 마음을 헤아리지 못하고 비난과 질책을 하게 되기도 한다. 아버지의 진심은 격려해주고 싶고 위로해주고 싶은 마음이지만, 표현이 서툴러서 그런 것이라고 딸이 이해할 수 있었다면 마음 깊은 곳까지 상처받지는 않았을 것이다. 하지만 아버지의 마음 깊은 속까지 알 수가 없으므로 딸의 마음속에 응어리가 지게 되는 것이다.

[그림 18]

그림 18은 딸이 부모님과 이야기할 때 취하는 자세라고 했다. 수틀릴 때, 잔소리 듣고 싶지 않을 때, 귀를 막고 싶다고 했다. 계속 안 듣고 싶다고 저런 모습을 취하면 부모님은 더 화내고 목소리가 커지면서 계속 잔소리하고 괴롭힌다고 했다.

그림 19에서 내담자는 그림 한 중앙에 자신을 나타내는 인물상을 크게 그렸으며 왼쪽의 인물상을 성의 없이 대충 빠른 속도로 완성했다. 지금까지 부모님은 학교에서 상장을 받아와도 한 번도 기뻐하지 않았다고 했다. 당연한 것에 뭐가 그렇게 대수롭냐는 듯이 칭

찬도 해주지 않았다고 했다. 그러나 동생이 어쩌다가 시시한 상이라도 하나 타 오면 용돈도 주고 좋아서 난리가 났다고 했다. 그러나 본인은 부모님에게 한 번도 그런 반응을 받아본 적이 없었다며 지금도 생각하면 화가 나서 분노가 치민다고 했다. '부모님이 좋아하지도 않는데 뭐 하러 힘들게 열심히 노력해서 공부할 필요가 있는가?'하는 생각이 많이 들었다고 했다. 하지만 자기 자신을 존중하기 위해서 스스로 공부도 열심히 하고 집에서도 부모님이 속상하지 않도록 스스로 잘하겠다고 했다. 변화된 멋진 모습을 보여주는 것이 자신을 존중하는 것이라고 했으며, 지난 일이 후회된다

[그림 19]

면서 이제는 절대로 나쁜 아이들과 어울리지 않겠다고 다짐했다.

　　그림 19에서 나타난 등 뒤로 숨긴 손은 친구와 타협이 되지 않고 공격적이며 충동을 통제하려는 욕구를 나타내는 것일 수 있다. 즉, 상황 처리에 대한 회피를 의미하며, 손을 사용하는 행동에 대한 죄의식을 가지고 손을 숨기려는 욕망으로 보인다. 이는 그동안 선배들에게 돈을 갖다주기 위해서 후배에게 돈을 뺏고 부모의 지갑을 몰래 훔치는 자기 행동에 대한 죄책감을 드러낸 것으로 보여진다.

　　내담자는 부모님을 좋아하지 않기 때문에 힘들게 공부할 필요가 없다며 수동공격적인 방어기제를 사용하여 저항을 하고 있다는 것을 알 수 있다. 내담자는 자아가 불안에 대처할 때 자아를 불안으로부터 지키기 위해 무의식적이고 비합리적인 자아 방어기제를 활용하고 있다. 부모에게 불만이 있는 딸은 공부하지 않고 성적을 나쁘게 받아 옴으로써 부모에게 수동공격적으로 불만을 나타내고 있다. 이와 같이 바람직하지 못한 방어적인 태도는 상황을 더욱 악화시키는 요인이 된다. 내담자는 어릴 때부터 자율적으로 공부를 한 게 아니라 부모님의 기대에 부응하기 위해서 혹은 인정받기 위해서 공부를 해왔다. 그래서 청소년기에 접어들어 일탈하게 된 딸은 부모님이 좋아하는 것을 하지 않게 되는 수동공격적인 행동으로 공부하지 않게 된 것이다. 자녀들은 부모가 원한다고 해서 원하는 방향으로 반드시 가지 않는다. 자신을 진정으로 사랑하는 사

람은 자신을 학대하지 않으며 그 어느 누구에게도 함부로 대하지 않는다. 바람직한 행동과 성숙한 태도로 존중받는 사람이 되고자 노력한다. 정서적으로 안정된 아이들은 대부분 부모와 서로 신뢰하고 안정적인 애착관계를 형성하고 있다.

좋은 부모는 자녀가 건강하고 독립적인 성인으로 성장하도록 도움을 주는 역할을 하는 부모이다. 좋은 부모가 되기 위해서는 자녀를 긍정적인 시각으로 바라보며 인정해주고, 관심과 사랑을 주고, 믿고 지켜보며 존중해주는 노력을 해야 한다.

[그림 20]

그림 20에서 내담자는 남들에게 관심을 받는 것이 부담되서 많이 꾸미려고 하고 있으며 본인은 힘들지만 즐기고 있다고 했다. 얼굴은 도도해 보여도 불쌍해 보인다고 했으며, 남들의 시선에서 벗어나면 되는데 참 힘들다고 했다. 엄마가 늘 "남들이 뭐라 하겠냐. 동네 사람들이 흉보겠다!"라고 말해서 짜증이 난다고 했다. 어릴 때 엄마가 많이 때렸으며 남들의 눈치만 보고 살아서 그런지 지금도 남들이 흉보거나 욕할까 봐 신경이 많이 쓰인다고 했다.

팔을 넓게 벌린 자세에서 권위에 대한 도전, 불안감에 대한 부인, 안정에 대한 강한 욕구가 보인다. 딱 붙인 다리는 정신적인 긴장이 지나치게 강하거나 부적절한 성 부적응이 있을 수 있음을 의미한다. 즉, 성에 대해 잘못 인식하고 있거나 자신과 상대 이성에 대한 성에 대한 특성과 역할을 잘 모르거나 잘못 이해하고 있을 가능성이 있다. 신뢰와 존경을 바탕으로하는 건전한 성의식을 가진 인격체로서 본질적으로 건전한 관계를 형성해야함을 인지할 필요가 있다. 상징적 해석으로 커다란 유방은 성과 애정에 대한 관심을 나타내며, 신발의 강조는 여성스러움을 구하거나 자랑하고 뽐내고자하는 과시욕구로 해석된다.

자기상을 최대로 크게 표현하는 것은 자기 고착의 양상을 나타내며, 과장되어 나타난 사람의 모습은 자신의 통제력이나 보상받고자 하는 욕구를 반영하고 있다고 볼 수 있다. 적절하지 않은 손과 팔, 신체의 과다한 표현과 어울리지 않는 신발 등의 부적절한 표현은 자아가 혼란스럽다는 의미일 수도 있다. 남들의 시선을 두려워하는 어머니와 자신을 동일시하여 남들의 시선을 신경쓰고 두려워하고 있다는 것을 알 수 있다. 겉으로 보기에 화려하고 남의 시선과 이목을 집중시키는 옷을 차려입은 모습에서, 자신을 특별한 존재로 여기고 있다는 것을 알 수 있다. 내담자는 중요한 인물인 양 관심을 받고 싶어한다. 하지만 내면은 나약하므로 상대방이 비난 또는 무시하면 전혀 수용하지 못하고, 작은 실수나 결점을 지적당하면 마치 전부를 부정당한 듯한 감정을 가지고 분노를 느낀다. 비난을 들으면 화부터 내고 자기의 잘못을 좀처럼 인정하지 않으며, 더 이상 피할 곳이 없다고 판단되면 상실감에 사로잡혀 빠져나오지 못하고 있다. 즉 남에게 어필하기 위해 자기를 과장되게 표현하는 경향이 보이며, 겉으로는 자신만만해 보여도 속으로는 나약한 일면을 갖고 있다고 볼 수 있다. 얼굴이 도도해 보여도 불쌍해 보인다는 표현이 이를 반영해주고 있으며, 남들의 시선을 의식하며 벗어나지 못하고 두려워하는 모습에서도 딸의 나약한 모습을 발견할 수 있다.

역기능적인 가정에서 비난적인 대화 패턴으로 자란 딸은 대화를 기피하며 가족과 정서적으로 멀어지게 되었다. 또한 가정의 분위기가 부정적인데다 가족 관계가 화목하지 못하여 정서적으로 치명적인 피해를 받고 자랐으며, 청소년기가 되어서 자아정체감에 혼란이 생겼고, 그로 인해 학교와 가정에서 심각한 일탈 행동을 하게 된 것으로 볼 수 있다. 심리적 손상으로 인해 딸은 가족에게 더 많은 동정과 관심, 보호를 필요로 하게 되었다. 그러나 가족은 서로 비난적인 대화로 불안과 경계를 나타내고 있었으며, 내담자는 정서적으로 단절되어 자신을 부모와 격리하고 부모를 거부하며 대화를 회피하였다. 한편 자기 자신을 신뢰하지 않는 딸은 자신의 문제를 부모의 탓으로 돌리면서 부모의 기대에 어긋나는 행동과 자신의 어리석은 행동에 대한 죄책감을 가지고 자신이 한 행동에 대해 스스로 질책하고 있다.

내담자는 친구나 선배가 같이 놀자고 유혹하면 거절하지 못하고 같이 어울리다가 폭력을 당하면서도 그들과의 관계를 끊기 힘들어한다. 고독한 상태를 견디지 못하고 자기를 지탱해줄 사람에게 의존하는 내담자는 나쁜 이성 친구들에게 의존하며 붙어 다니다가 헤어지게 되면 금방 새로운 이성 친구와 어울려 다닌다. 그러다 보니 자기에게 잘해주는 이성 친구에게 의존하며 벗어나지 못하며, 심하게 불이익을 당해도 관계를 지속시키려고 하고 있다. 어릴 때부터 부모에게 인정받고자 공부를 열심히 하기는 했지만, 기쁨은 잠시뿐이었다. 불안하고 두려운 가정 분위기로 인해 부모에게 기쁨을 안겨주어도 소용이 없다는 것을 느낀 딸은 공부를 잘할 필요도 부모에게 잘 보일 필요도 없다는 생각에 사춘기 때부터 반항심을 나타내기 시작했다. 부모로부터 불안정한 애착 관계를 형성한 딸은 우울증이 있는 어머니와 부부 갈등이 심한 가정 환경에서 부모의 희생양이 되어 부정적인 양육을 받고 자랐다. 그러다 사춘기가 되자 문제 행동을 하는 친구들과 어울려 다니며 부정적 애착 패턴을 나타내면서 부모와 거리를 두기 시작했다. 부모의 폭력에 대해 반항심을 보이는 행동으로 점점 더 일탈 행동을 하기 시작한 내담자는 자신이 왜 그런 길로 빠져드는지 모른 채 점점 빠져나오지 못하고 혼란스러워하고 있다. 가족들은 집안에서도 서로 정서적인 친밀한 대화가 없었으며 가족들이 무슨 말을 하면 서로가 무시하고 비난하기 때문에 대화하지 않은 채 서로 경계하였다. 서로가 친밀해지는 방법을 잘 모르고 살아왔기 때문에 역기능적인 가족 관계로 이어지게 되었다는 것을 알 수 있다.

5.8
가출하는 딸
불신하는 가족

내담자는 그림 21을 그리면서, 아버지가 집에서 자고 있으면 잔다고 잔소리하고, 공부하지 않는다고 혼내고, 컴퓨터만 한다고 혼내고, 잠시도 쉬지 못하게 한다면서 집이 싫다고 했다. 그래서 친구 집에서 편안하게 쉬려고 집에 안 들어갔으며 잘나가는 친구들과 어울려 다니다 술과 담배를 배웠으며, 집에 있으면 부모님이 잔소리하기 때문에 집이 싫어서 가출했

[그림 21]

다고 했다. 나쁜 행동을 해서 엄마와 아빠에게 많이 맞았던 것에 대해선 당연하게 맞을 짓을 했기 때문에 맞은 것이라고 했다. 하지만 아빠 얼굴도 보기 싫고 말도 하기 싫어서 집에 안 들어가고 친구들과 어울려 밤 12시 넘게 시내에서 술을 마시고 놀며 돌아다녔다가 친구 아버지에게 들켜서 친구가 허리띠로 맞았다고 했다. 무식하게 폭행당하는 그 친구가 불쌍하다고 했다. 그리고 엄마하고는 의논이 잘되지 않아서 답답하다고 했다. 엄마는 무슨 말을 하면 아빠에게 이르기 때문에 믿을 수가 없다고 했다. 자기 자신도 지금은 삶의 목적도 없고, 살고 싶지도 않고, 왜 공부해야 하는지도 모르겠다고 했다. 초등학교 다닐 때

는 공부를 잘하니까 엄마 아빠가 좋아하고 칭찬해주어서 열심히 공부했는데, 지금은 힘들게 공부해서 엄마 아빠에게 잘 보이고 싶지도 않고 '그냥 대충 살면 되지, 뭐 하려고 힘들게 공부하나'라는 생각이 들어서 공부도 잘 안 한다고 했다.

나무는 현재 자아의 상태를 상징한다. 심하게 구부러져 있는 나무는 불안감을 느끼게 하며 바람에 흔들리는 나무는 현재의 혼란된 상태를 나타내고 있다. 내담자의 일탈 행동으로 가족은 갈등과 긴장을 겪고 있으며, 그로 인해 가족의 기능이 마비되고 있다. 부모에게 무시당하고 학대당한 딸은 자기의 주체적인 사고나 의지가 약해서 나쁜 친구들의 유혹에 쉽게 빠져 일탈 행동을 하여 자기를 처벌하고 있다. 한편으로는 선배로부터 힘을 빌려서 자신이 마치 친구들에게 동경의 대상이 된 듯 착각에 빠져 있으며, 다른 친구들도 나쁜 길로 동화되도록 유도하고 있다. 또한 내담자는 자아존중감이 매우 낮고 비합리적인 신념과 자아 정체감의 혼란으로 고통을 겪고 있으며, 본인이 맞을 행동을 했기 때문에 당연히 맞아도 된다며 스스로를 비하하고 학대하고 있다. 사람은 누구나 소중하고 존중받을 권리가 있으므로 누구에게도 폭력을 당해서는 안 된다. 내담자에게 자신을 소중하게 여기고 사랑하는 것이 무엇보다 중요하다는 점과 자신을 학대하는 것은 자신을 사랑하지 않는 것이며 남에게도 폭행하거나 피해를 주어서는 안 된다는 것을 인식시켜주어야 한다.

[그림 22]

그림 22에 등장하는 집은 가족이 사는 집이며, 조용하고 아무 감정이 없는 무미건조한 곳이라고 했다. 나무 안에는 16세 된 소녀가 요람에서 잠을 자고 있다고 했다. 소녀가 비밀스럽게 자고 있다면서, 낮이라서 무섭지는 않고 더운 여름이라 나무 위에서 꿈을 꾸며 자고 있다고 했다. 나무 위에 올라가서 자고 있어서 시원하고 기분이 좋을 것 같다고 했다. 소녀는 자고 일어나서 보면 아무 기억이 안 나는 꿈을 꾸고 있다고 했다. 가족들 모두 할 말이 없어서 대화를 편안하

게 해줄 수 있는 따뜻한 분위기를 마련해주면 좋을 것 같다고 했다. 집 옆에 나무를 더 많이 심어주어서 쾌청하게 만들어주면 좋을 것 같다며, 그렇지만 가족들이 할 말이 없고 서로 감정이 없어서 어떻게 해주어야 할지 방법을 잘 모르겠다고 했다.

나무 위로 피신해서 좀 더 안전한 장소인 요람 속에서 잠을 자는 소녀는 위축된 내담자 자신과 동일시된 모습이라 할 수 있다. 숨고 싶은 장소를 찾고 싶어 하는 소망이라 보이며, 일시적인 퇴행을 통해 그동안 손상되고 고갈된 자아의 힘을 회복하고 보상받고 싶은 욕구로 보인다.

그림 23에 등장하는 사람은 친구는 많은데 진정한 친구가 없으며 성격은 순한데 생각이 많다고 했다. 내담자는 상담받기 전에는 아무에게도 터놓고 이야기를 해본 적이 없었다고 했다. 부모님하고는 대화가 안 되며, 이야기하더라도 자신의 마음을 몰라주고 화만 내고 비난해서 말을 안 한다고 했다. 그런데 혼자서 고민하다 자살한다는 극단적인 편지를 써 놓고 가출하면 그제

[그림 23]

야 엄마는 울고 난리를 치며 찾아다니고 아빠는 모든 걸 포기하고 요구 사항을 들어준다고 했다. 그래서 부모님과 대화로 타협이 안 되면 가끔 가출하거나 등교를 거부하는 등 충격 요법을 쓴다고 했다. 자신도 그러한 부정적인 방식으로 대하고 싶지는 않지만, 부모님은 강하게 하지 않으면 아예 말을 들으려고 하지 않기 때문에 할 수 없이 그런 방법을 선택한다고 했다. 그런데 그런 잘못된 방법으로 부모님을 괴롭히고 나면 자신도 후회하며, 왜 자꾸만 반복해서 그런 나쁜 행동을 하는지 자신도 잘 모르겠다면서 괴롭다고 했다.

그림 속에서 혼자 그네를 타고 있는 내담자의 모습에서 긴장감과 불안감, 우울한 마음이 엿보인다. 부모로부터 받은 신체적·정신적 학대 경험으로 심리적 외상이 있는 내담자는 부모와 마음의 문을 굳게 닫은 채 대화를 피했으며, 가족과 정서적인 친밀

감이 없고 역기능적인 가족 관계를 형성하고 있는 것으로 파악된다. 내담자는 자신의 요구 사항이 관철되지 않으면, 극단적이고 부정적인 방법으로 부모를 괴롭히며 등교를 거부하거나 가출을 하는 식으로 대응해 자신의 욕구를 채우려 한다. 또한 심리적으로 매우 혼란스럽고 불안한 가운데, 자기를 처벌했던 부모에게 수동공격적인 방법으로 부모를 처벌하며 무의식적으로 자기방어적으로 행동하고 있다. 즉, 딸을 학대하며 가해자 역할을 했던 부모를 딸이 괴롭히며 다시 가해자 역할을 하는 것이다. 내담자와 가족들은 내담자가 바람직하지 못한 행동으로 자학하면, 신뢰를 비롯한 많은 소중한 것을 잃을 수 있으며 부정적인 결과를 낳는다는 것을 깨닫지 못하고 있다.

[그림 24]

그림 24는 남자 친구와 바닷가에 놀러 가서 노을이 지는 저녁 무렵에 함께 바닷가를 거니는 모습이라고 했다. 남자 친구와 어울려 자정이 지나도록 돌아다닌다고 엄마 아빠에게 혼났다면서, 가끔 집에 안 들어갈 때가 있는데 부모님에게는 친구 집에 있다고 하고 찜질방이나 PC방에서 남자 친구와 함께 밤을 지내기도 한다고 했다. 그런데 학교에 안 가니까 도움되는 것이 하나도 없었다고 하면서 자신이 참 답답하다는 생각이 들었다고 했다. 하지만 이제는 할 일이 생겼다고 하면서 그동안 학교생활에 적응이 안 돼서 힘들었는데 이제 노력하고 있다고 했다. 예전에는 부모님이 잘못된 점을 혼내도 자신이 잘못된 행동을 하고 있다는 생각이 들지 않았다고 했다.

내담자는 예전에 남자 친구와 집에 함께 있었다고 아버지가 인간 이하의 취급을 해서 제일 화가 났었다고 하면서, 부모님은 왜 자기를 나쁘게만 보는지 모르겠다고 했다. 예전에 남자 친구가 잠시 집에 들어왔는데 마치 둘이서 이상한 행동을 한 것처럼 의심했다고 하면서 아빠가 자기를 짐승 쳐다보는 눈초리로 마치 둘이서 이상한 행동을 한 것처럼 의심하며 "그 남자애하고 무슨 행동 했는데, 어디까지 갔는데?"라고 죄인 다루듯이 추

궁해서 짜증이 났다고 했다. 내담자는 예전에 같은 반 여자 친구가 집에 놀러 왔는데 엄마가 "우리 딸과 함께 놀면 너도 나쁜 행동 배워서 나쁜 길로 빠질까 봐 걱정된다. 너희 엄마한테 원망 들을까 봐 두렵다."라며 자신을 계속 비난하고 깎아내려서 엄마에게 방에서 나가라고 화를 낸 적도 있다고 했다. 엄마는 "네가 나가라 소리 안 해도 나갈 거다."라며 "나쁜 가시나"라고 욕을 했다고 했다. 엄마는 늘 자기 딸을 친구 앞에서 창피 주고 깎아내리고 비참하게 만든다며 바보 같은 엄마가 너무 싫다고 했다. 잔소리하고 짜증 내고 투정만하는 엄마 때문에 집에 있기 싫어서 밖에 나가 친구들하고 어울려 다닌다고 했다. 밖에서 친구들하고 있으면 잔소리를 안 들어서 마음이 편안하다고 했다. 그전에 친한 친구와 싸워서 헤어졌을 때 그 친구를 안 보려고 학교에도 일주일 결석했는데, 집에 혼자 있으니까 수면제를 먹고 죽고 싶은 생각이 들었다고 했다. 자살하면 그 친구가 괴로워할 것이라는 생각에 집에 있던 수면제를 먹으려다 갑자기 무서운 생각이 들어서 못 먹었다고 했다. 그때의 심정을 친구에게 말했더니 그 친구도 전에 죽고 싶을 때가 있어서 농약을 먹고 죽으려고 시골 할머니 집에서 농약을 가지러 갔는데 끝내 무서워서 못 마셨다고 말했다고 했다. 엄마는 자신의 마음을 하나도 모른다며 엄마가 원망스러울 때가 참 많았다고 했다.

어머니는 딸의 자아존중감에 치명적인 해를 가하며 비웃고 비난하며 좋지 않은 꼬리표를 붙여 딸을 미워하고 무시하고 있으며, 딸의 존재를 업신여기는 행동을 통해 미성숙한 태도와 자학성을 나타내고 있다. 어머니는 딸에게 정서적 학대를 하고 있음에도 불구하고 자신의 태도가 딸에게 마음 속 깊이 상처를 입히고 있다는 것을 깨닫지 못하고 있는 것으로 파악된다. 어머니의 잘못된 행동으로 인해 딸은 분노를 느끼며 어머니를 원망하고 있다. 자녀들은 가정에서 편안하게 쉴 수 있는 따뜻한 공간이 있어야 부모를 신뢰하고 행복감을 느낀다. 부모가 자녀의 인격을 존중해주면 자녀는 안정감을 느낄 수 있게 된다. 부모는 화목한 가족, 건강한 가족이 되도록 책임감을 가지고 노력해야 한다.

5.9
비난하는 부모님
상종하지 말자

[그림 25]

그림 25에서 내담자는 왼쪽 발을 크게 그렸으며 그 다음 오른쪽 발을 그리고 파란색으로 물을 표현했다. 내담자는 머리를 기르고 싶었는데 엄마가 잘라버려 기르지도 못하고 속상하다고 했다. 그때 일을 생각하면 화가 나고 '우리 엄마가 맞나?' 하는 생각도 들었으며 '차라리 엄마하고 상종하지 말자!'라는 생각이 들었다고 했다. 엄마가 머리를 자를 때 손으로 막다가 가위에 베여서 손에 흉터가 생겼다며 두고두고 못 잊을 것 같다고 했다. 한 번만 더 머리를 자르면 영원히 집을 나가버리려고 마음먹었다고 했다. 아무 말 안 하고 친구 집에서 자고 왔다고 폭행하고 머리 자르던 그때가 지옥 같았다며 머리만 보면 그 일이 떠오른다고 했다. 한편 학교에서 그림그리기 대회에 참가해서 상을 받았지만, 공부를 잘해서 받은 상이 아니라서 그런지 엄마는 마지못해 칭찬했다고 했다. 아빠가 요즈음은 자기에게 화를 못 내니까 동생에게 비난한다고 했다. 동생이 샤워하고 내복을 입고 나왔더니 "저 녀석은 잘 밤에 잠옷

을 입어야지 정신이 없나, 왜 내복을 입는 거야!"라며 비난했다고 했다. 내담자는 아빠한 테 "잠옷을 입든지 내복을 입든지 왜 시비를 거느냐, 지가 알아서 입도록 놔두지!"라며 항의했다고 했다.

과도하게 표현한 발의 크기에서 자기를 증명하려는 노력과 과장된 부정적 정서를 엿볼 수 있다. 내담자는 어머니가 내담자의 머리카락을 가위로 잘라버렸다는 것에 대해 분노하고 있다. 어머니의 처벌적인 행동은 충족되지 못한 기대를 분노로 표출한 것이며, 자녀의 인격을 존중하지 않고 무시하는 역기능적이고 부정적인 양육 방식이다. 내담자는 어머니의 처벌적이고 역기능적인 양육 행동에 대해 합리적인 방법으로 대처하지 못하고 '차라리 엄마하고 상종하지 말자'며 분노와 반항적인 태도로 반응하고 있다는 것을 알 수 있다. 부모와 대화를 피하려는 내담자의 태도에서 낮은 자아존중감과 회피적인 성격이 드러났다고 볼 수 있다. 한 번만 더 머리를 자르면 집을 나가버리겠다는 마음을 가지고 있는 딸의 반항적인 태도는 어머니와의 관계에서 신뢰가 상실되었음을 의미한다. 가족 간의 갈등 요인 때문에 서로 긍정적으로 대화하지 못하고 있으며, 그로 인한 정서적 단절이 부정적인 관계를 초래하고 있다. 따라서 가족 간의 관계회복을 위해서는 가족들이 서로의 처지를 이해하고 공감할 수 있어야 하며, 자신의 감정을 정확하게 인식하고 표현하는 능력을 향상시킬 필요가 있다.

어머니는 무엇 때문에 딸에게 그토록 화가 났고 부정적인 방법으로 대했는지 파악하고 자신의 분노를 다루는 방법을 터득해야 할 것으로 보인다. 어머니는 딸의 착한 행동을 통해 보상받고 싶었지만, 딸이 문제 행동을 일으키며 부모를 실망하게 하자 분노가 폭발한 것으로 보인다. 또한 딸을 강하게 처벌하면 잘못된 행동이 수정될 것이라 믿으며, 딸을 위해서 처벌했다고 합리화하고 있다. 그러나 어머니는 자신의 처벌적인 방식이 오히려 딸의 반항심과 분노, 원망을 키워 부모-자녀의 관계를 더 악화시킨다는 것을 인식하지 못하고 있다. 어머니는 자신의 처벌적인 양육 방식을 변화시켜야 한다는 것을 깨달아야 한다. 또한 바람직한 부모 역할을 위해서는 가족이 서로 진정한 대화를 통해 관계 회복을 이루어야 할 것으로 보인다.

[그림 26]

그림 26에서 내담자는 수상 가옥에서 물에 발을 담그며 편안하게 지내고 싶은 모습이라고 했다. 내담자는 담임이 머리를 가지고 자꾸 스트레스를 준다고 했다. 학교 화장실에서 친구들과 어울려 있는데 담임이 다른 친구들을 보낸 뒤 머리 묶은 모양이 마음에 안 든다며 내담자의 머리를 잡아당기며 화를 내서 "왜 나만 괴롭히는데요?"라며 담임에게 항의했다고 했다. 며칠 전에는 노는 그룹에서 탈퇴한다고 선배들에게 선언했더니 시내 한 복판에서 선배들이 집단으로 내담자를 때렸다고 했다. 이제는 탈퇴한다고 했기 때문에 연락을 안 할 것이고 안 건드릴 것이라고 했다. 요즈음 엄마가 잔소리도 안 하고 화도 안 내고 편안하게 대해주어서 먼저 엄마에게 문자도 보내고 잘한다고 했다. 상담받기 전에는 엄마가 "가시나가 보기 싫게 치마 밑에 왜 체육복을 입나! 그렇게 입고 다니지 마라! 저번에 담임에게 복장 불량하다고 지적당했잖아!"라고 짜증스러운 목소리로 소리를 질렀다고 했다.

어머니는 딸의 인격을 무시하고 언어적·정서적 학대를 하면서 딸의 자아존중감과 심리적인 안정에 치명적인 피해를 주고 있는 것으로 파악된다. 가혹한 초자아는 인간을 자학적으로 만들고 자학하는 사람은 불행을 좋아한다. 부모로부터 존중받지 못하고 자란 딸은 자학하는 사람이 되어서 스스로 나쁜 행동을 하게 되고 부모님께 벌을 받음으로써 초자아의 고문에서 벗어나고 싶은 것이다. 무의식적으로 증오심을 느끼면 상대방을 공격하거나 욕하지 않았는데도 불구하고 마치 죄를 지은 것 같은 죄책감을 느낀다. 죄책감을 느끼고 있는 딸은 자신의 죄에 대한 처벌을 피하고자 하는 심리에서 잘못된 행동을 하는 것이라고 볼 수 있다. 딸은 상대방을 조종하여 자신을 멸시하도록 만들 수 있었던 자신의 힘을 즐기고 있는 것으로도 볼 수 있다. 하지만 자신의 지난 일을 반성하며 함께 어울리던 그룹에서 탈퇴를 선언하고 긍정적인 태도의 변화를 위해 노력하고 있다. 이와 같이 긍정적으로 변화하고자 하는 내담자를 지지해주며 용기를 붙돋아 주는 것이 중요하다.

내담자는 그림 27을 그리면서, 학교에서 즐거웠던 일은 한 번도 없었다며 수학여행 가서 장기자랑 시간에 노래 불렀던 일이 생각난다고 했다. 긴장되고 부들부들 떨렸다고 하면서 발라드 노래를 불렀는데 여행을 다녀온 뒤 친구들이 자신의 노래가 인상적이었고 잘 불렀다는 내용의 감상문을 많이 썼다며, 인기가 많았다고 했다.

[그림 27]

내담자는 상담 받는 회기 중 자신의 솔직한 심정을 털어놓으며 감정을 정화하고 있다. 부모로부터 사랑을 충분히 받고 자란 자녀들은 남들 앞에 서도 당당하게 행동할 수 있다. 내면에는 친구들 앞에 나서서 노래를 잘하고 싶지만 남 앞에 나서기를 두려워하고 있는 내담자는 낮은 자아존중감과 실패에 대한 두려움을 안고 있다. 이는 부모로부터 긍정적인 칭찬과 인정을 받지 못하고 자랐기 때문에 자신감이 부족하여 초래된 결과이다. 부정적인 자녀 양육 방식인 독선과 지나친 통제, 비난, 무시, 폭력 등의 심리적인 압박감과 억압은 자녀의 자아존중감에 치명적인 손상을 안겨줄 수 있다.

그림 28에서 내담자는 사람들의 말에 갇혀서 죽어가고 있는 모습이라며 언어폭력을 당해 좌절하고 있는 모습이라고 했다. 사람들이 이러지도 저러지도 못하게 자신을 끌어내려 하고 미워하고 있다며 도망가고 싶다고 했다. 딸은 자신의 일탈 행동으로 학교에서는 인격을 무시당하고 집에서는 부모로부터 벌레 취급당하며 좌절하고 있는 자기 모습이라며 잘못된 친구들과 함께 어울려 다니며 일탈 행동을 했던 것이 후회된다고 했다. 지금은 나쁜 친구들과 어울리지 않기 때문에 부모님께 혼날 일이 없다고 했다. 내담자는 좌절하고 있는 자신의 모습을 생각하며 '그때는 왜 그렇게

[그림 28]

했나?'라는 생각이 들고 자신을 이해하지 못하겠다면서 스스로 원망스러워진다고 했다.

부모가 자식에게 해줄 수 있는 가장 중요한 일은 자기를 소중히 여기는 능력을 심어주는 것이다. 부모로부터 존중받지 못해 스스로를 소중하게 여기지 못하는 내담자는 실패나 상처받는 것을 극도로 두려워하고 있으며, 타인의 시선을 두려워하고 있다. 피해의식과 대인 공포증이 있는 내담자는 타인들이 자신을 비웃고 싫어하고 있으며 사람들이 자신을 멀리한다고 믿으며 부정적인 생각을 하고 있다. 심리적인 압박감을 느끼고 있는 내담자는 지난날 자신의 잘못된 행동으로 인해 많은 후회와 죄책감을 느끼고 있다. 초등학교 때는 지배적인 부모의 말을 잘 듣는 착한 딸이었지만 우울한 어머니와 독선적이고 지배적인 아버지가 자식에게 따뜻하게 대해주지 못하게 되자, 부모를 대신해서 자신의 마음을 받아줄 대상을 찾아서 거리를 헤매게 되었다고 볼 수 있다.

의존적인 비행을 하는 내담자는 자기의 주체적인 사고나 의지가 전혀 성장하지 못했기 때문에 주변의 나쁜 친구에게 빨리 동화된다. 주체적으로 행동하는 선배들에게 의지하며 간접적으로 자기주장을 하고 있다. 동경의 대상인 선배의 힘을 빌려 자기가 위대해진 듯 착각에 빠져 선배들에게 의존하고 있다.

5.10
관심받고 싶은 유혹
걱정하는 딸

그림 29는 미래에는 멋진 자가용을 타고 백화점에 가서 쇼핑하는 모습이다. 내담자는 원도 없이 사고 싶은 것을 마음껏 사보는 것이 소원이라고 했다.

[그림 29]

내담자는 원도 없이 사고 싶은 것을 마음껏 사보는 것이 소원이라며 물질에 대한 욕망을 드러냈다. 이는 채워지지 않는 애정결핍을 물질로 보상받고자 하는 심리에서 기인한 것일 수 있다. 상징적인 해석으로 선글라스를 끼고 있는 모습은 불쾌한 자극을 피하려는 욕구와 함께 타인의 시선을 두려워하고 있는 것으로 보이며, 타인의 시선에서 벗어나지 못함을 의미한다고 볼 수 있다.

그림 30은 미래에 희망과 꿈이 보인다고 설명하면서 편안한 마음이 든다고 했다. 나무는 튼튼하고 따뜻해 보이며, 하늘까지 뚫을 정도로 혼자서도 무럭무럭 자랄 것이라고 했다. 내담자는 방학이라서 머리를 염색했는데 엄마가 혼내지 않고 예쁘다고 해서 기분이 좋다고 했다. 그전 같으면 머리를 잘라버렸을 텐데, 엄마가 변한 것이 참 신기하다고 했다.

[그림 30]

개학하면 다시 검은색으로 염색할 것이라고 했다. 눈썹도 최근에 유행하는 모양으로 변신했다며 유행을 따라가지 못하면 친구들에게 관심을 받지 못하게 된다고 했다. 그러면서 남자 친구도 엄마와 같이 미용실에서 파마했는데 아빠에게 얻어맞고는 당장 풀었다고 했다. 남자 친구와 만나면 서로 마음을 잘 이해하며 주로 친구들을 흉보면서 스트레스 푼다고 했다.

구부러진 나무는 자신을 상징하는 것으로 순탄하지 않은 자신의 처지를 나타내고 있다고 볼 수 있다. 내담자는 나무가 튼튼하며 희망이 보이는 나무라고 말하고 있다. 그러나 그림 속에 나타난 굴곡 있는 나무는 자신의 힘든 상황을 나타낸 것으로, 잘못된 선택으로 생긴 성격 결함으로 인해 대인 관계에서 생긴 문제를 드러내고 있다. 친구들에게 과시하고 싶은 욕구가 매우 높으나 자신의 열등감을 인식하며 이를 보상받기 위해 머리를 염색하고 눈썹을 손질하고 복장을 단정하게 입지 않는 바람직하지 못한 방법으로 과시하려는 욕구가 엿보인다.

[그림 31]

그림 31에서 내담자는 어떤 모습일지도 모르는 씨앗이 나오기도 전에 세상의 관심을 온몸에 받고 있으며, 싹은 놀라서 나올까 말까 고민 중이라고 하면서 보기만 해도 답답해진다고 했다. 씨앗은 자신을 의미한다며 많은 사람이 '씨앗 속에서 어떠한 것이 나올까?'라며 궁금해 하고 있는데, 자신은 두려움으로 가득 차 있어서 정작 세상 밖으로 나오기를 두려워하는 모습이라고 했다. 요즘 사람들을 보면 왜 그렇게 다양하게 사는지 신기하다면서 그중에 나는 어떻게 살아야 하나 걱정된다고 했다. 공부를 더 열심히 해서 성적을 올리고 그림도 더 열심히 배워서 미대에 꼭 가고 싶다고 했다. 그림 그리는 것이 가장 좋은 것 같다고 했다. 친구들하고 밤늦

게 어울려 다녀도 남는 것은 없고 후회만 된다고 했다.

내담자는 남들에게 지나치게 관심과 칭찬, 인정받으려고 하는 생각들이 자신을 스스로 가두며 억압하고 있는 것으로 보여진다. 자기 자신도 모르게 주변 사람들의 기분에 따라 반응하거나 행동하는 내담자는 타인을 즐겁게 하고 사랑받음으로써 자기를 지키려 하는 욕구가 강하다고 볼 수 있다. 자신이 어떻게 살아야 하는지에 대한 자아 정체감에 혼란을 겪고 있다고 볼 수 있다. 또한 내담자는 그림 속에서 자기를 상징하는 씨앗을 통해 애정이나 관심을 끌고 싶어 하는 욕구가 많으며 타인의 시선을 두려워하는 나약한 모습을 드러냈다. 스포트라이트를 받으며 과도한 관심과 칭찬을 받고 싶어 하면서도 실제적으로는 어린애처럼 무능하고 의존적인 성격을 나타내고 있다고 볼 수 있다. 내담자는 부모, 특히 냉담한 아버지에게서 사랑과 관심을 받지 못한 가혹한 환경에서 자랐다. 이로 인해 불안정한 애착관계가 형성되어 부모에게서 받지 못한 사랑과 관심을 이성 친구에게 받고 싶어하는 것으로 보여진다.

그림 32에서 내담자는 가출했던 기억이며, 예전에 자살하려고 수면제를 가지고 다녔는데 무서워서 실행하지 못했다고 했다. 친구와 함께 가출했는데, 친구는 어머니가 이혼 후 재혼했는데 새아빠와 친구가 갈등이 생겼다고 했다. 그래서 친구가 농약을 마시고 죽으려고 시골 할머니 집에 농약을 가지러 갔다가 갑자기 무서운 생각이 들어서 죽지 못했다고 했다. 내담자와 친구 둘 다 집이 싫어서 함께 가출했고 바다가 있는 동해로 갔다고 했다. 돈이 다 떨어져서 헤매고 있을 때 저녁노을을 바라보니 노랗게 물들어 있었으며 하늘에 갈매기 떼가 무리를 지어서 하늘을

[그림 32]

날아가는 모습을 보는데 배는 고프고 갈 곳은 없어서 처량하고 한심했으며 우울한 생각이 들었다고 했다. 함께 가출한 친구와 열흘 동안 식당 일을 해서 번 돈으로 지냈는데, 죽기

보다 집이 더 싫어서 가출했지만, 부모님이 그립고 집이 좋다는 것을 알게 되었다고 했다.

내담자는 부모님으로부터 받은 분노와 두려움으로 부모와 투쟁적인 관계를 맺게 되었으며, 부모에 대한 반항을 선택하여 고집, 등교 거부, 공부 거부, 복장 불량, 가출, 자살 기도 등의 일탈 행동을 통해 반항적인 반응을 보인다. 이와 같은 반항심은 부모에 대한 분노의 감정으로 나온 행동의 결과라 할 수 있다. 부모와 혼란된 애착으로 일탈 행동을 하게 된 딸은 자신과 처지가 비슷한 친구에게 동병상련을 느끼며 함께 가출했다. 어렵고 힘든 일 때문에 생기는 고통에 직면했을 때 스스로 알아차리고 이를 극복해야 하지만 그러지 못하고, 불안과 갈등을 피하기 위해 퇴행된 행동을 하고 있다. 불안과 갈등을 피하려고 방어기제를 사용함으로써 스스로를 더 큰 불행으로 끌고 가는 어리석음을 저지르고 있는 것이다. 비효율적인 자녀 양육 방식과 부모님의 갈등, 어머니의 우울증 등으로 불안한 가정환경 속에서 자란 내담자는 청소년이 되어 문제 행동을 하게 된 것으로 보인다.

[그림 33]

내담자는 그림 33에서 등장하는 얼룩말이 생각 없이 뭔가에 이끌려서 어딘지도 모르는 곳으로 누군가를 향해 앞으로 가고 있다고 했다. 얼룩말에게 "얼마나 고생이 많았니?"라고 말해주고 싶다며 얼룩말은 아무 말 없이 웃는다고 설명했다. 동물원에 갇혀 있어 답답한 얼룩말은 지금 동물원을 빠져나와서 기분이 좋다고 했다.

자신의 외로움을 대신해줄 수 있는 얼룩말을 상징적으로 나타내어 그동안 상처받고 버림받아 힘들었던 자신의 심정을 표현하고 있다. 그동안 스스로 잘못된 길로 빠져서 많은 고통을 겪었다는 것을 깨닫고 있으며, 힘들고 지쳐 있는 자신의 상징인 얼룩말에게 스스로 위로하고 있는 모습을 나타내고 있다.

5.11
학교 다니기 싫어요!
민감한 아이

그림 34를 그린 내담자는 고등학교 1학년 남학생이며, 이 그림은 친구들에게 무시당한 소리를 들어서 기분이 나빴는데, 친구들이 서로 싸우고 있는 장면을 재미있게 구경하고 있는 모습이라고 했다. 아들인 내담자는 어머니의 심한 잔소리와 강압적인 통제가 가장 힘들다고 했으며 학교도 다니기 싫고 선생님들도 싫다고 했다. 중학교 2학년 때 친한 친구들이 집단으로 성

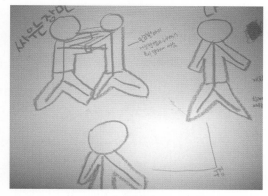

[그림 34]

폭행을 저질러서 모두 다 정학당했으며 어머니가 그 친구들과 못 어울리게 해서 친구가 없다고 했다. 내담자는 학교 마치면 어머니가 학교 앞에서 기다리기 때문에 다른 곳에는 절대 가지도 못한다고 했다. 얼마 전 학교에서 진로 담당 선생님에게 함부로 말을 했다가 '공공의 적'이라는 말을 듣고 난 뒤부터는 학교에서 아무런 말을 하지 않게 되었고, 학교도 가기 싫어졌다고 말했다. 선생님이 수업을 조금만 하고 컴퓨터를 해도 된다고 했으면서 약속을 지키지 않아서 선생님에게, "선생님! 컴퓨터하게 해주신다고 약속했잖아요? 그런

데 컴퓨터 왜 안 시켜 주시는 거예요?"라고 말했는데 선생님이 혼을 냈다고 했다. 잘못된 말도 하지 않았는데 친구들 앞에서 혼을 냈기 때문에, 그 선생님이 밉고 억울하다고 했다. 선생님들은 다 자기 기분대로 말한다며 "우리 엄마처럼 말이에요!"라고 말했다. 내담자가 어머니에 대한 원망과 실망, 분노가 가득 차 있는 말을 하자 어머니는 "야! 너는 매일 엄마 탓! 선생님 탓! 만하면서 무엇이든지 부정적으로만 보더라! 너는 남을 탓하는 데에 너무 익숙해져 있는 거 아니야? 사실은 공부하기 싫고 놀고 싶으니까 탓만 하면서 짜증 내는 거지?"라고 아들을 못마땅하게 여기며 비난했다.

내담자는 어머니 탓을 하며 원망하고 있다. 어머니와의 관계에서 위축되어버린 채 의사 표현을 제대로 하지 못하고 방어의 벽을 높게 쌓은 채 마음의 문을 굳게 닫아버리고 있다. 학교에서도 부정적인 인간관계는 학교 선생님으로 흘러가 긍정적인 대화가 이루어지지 못하고 있다는 것을 알 수 있다. 학교 선생님은 '학생들과 약속했지만 수업하다 보면 안 지킬 수도 있지, 어디 감히 선생님께 따지듯이 반항하고 있네?'라는 태도로 내담자에게 '공공의 적'이라며 비난하고 혼까지 냈다. 내담자는 선생님이 '앞으로 한 번만 더 건방지게 따지면 그때는 그냥 두지 않는다!'라고 위협까지 했다며 선생님에 대한 분노의 감정을 드러냈다. 선생님이 마음을 헤아려주지 못했기 때문에 상처를 받고 더 억울한 생각이 든 것이다. 표현력이 부족하고 어머니로부터 상처받은 아들은 긍정적이고 존중해주는 대화법에 대해서 알 수 없었고, 그러한 내담자의 말투가 마치 공격적인 불만을 터트리는 말로 반항하는 것처럼 인식되어 선생님이 화를 내게 된 것으로 보인다. 그렇게 내담자는 어머니처럼 무시하고 협박하고 비난해버리는 선생님으로부터 상처받고서 아무 말도 하지 못한 채 선생님이 미워지면서 학교가 가기 싫어지게 된 것으로 보인다.

선생님이 학생의 인권을 침해하는 일은 학생들이 학교 현장에서 너무나 익숙하게 당해왔으며 어제오늘의 문제가 아니다. 그러나 대부분의 부모님이나 선생님들은 별로 문제삼지 않으며 약자인 자식들이나 학생들은 인권을 무시당하고 유린당해도 아무 말도 하지 못하고 참는다. 내담자는 선생님들에게 말 한마디 잘못하거나 못 보였을 때 구타당하거나 폭행당하지 않는 것만으로도 천만다행이지만, 생각할수록 괘씸하고 억울하다는 생각이 든다고 했다. 자존심이 상하고 반발심이 들도록 하는 선생님들의 태도가 정말 화가 난다고 했다. 이 세상을 살아가기 위해서 극복해야 할 난관이지만 정말 살고 싶지 않다고 했다. 집에서는 엄마에게 매일 잔소리와 비난을 들어야 하고 학교에 가서는 선생님들에게 혼나야 하고 학원에 가서도 폭행당하는 지옥 같은 생활이라고 했다. 내담자는 집도 싫고 학교도 싫고 학원도 모두 다 싫다고 했다. 그 누구도 나를 무시하거나 열등감을 느끼도록 만들 수 없다는 것을 기억하고 주체성있는 태도로 산다면, 지금까지 남들에게 책임을 떠넘기려고 했던 자기의 모습을 깨닫고 변화시킬 수 있을 것이다.

상대방이 내 생각대로 움직이기를 강요하는 잘못된 사고방식들은 대화에 그대로 영향을 미친다. 자녀를 기르는 동안 부모님들은 자녀의 행동에 영향을 미쳐야 할 경우가 수없이 많이 생기게 된다. 부모님들은 자녀에게 무슨 이야기이든 터놓고 이야기할 수 있는 너그러운 면도 가지고 있어야 하지만, 잘못했을 때는 잘못한 원인과 결과에 대해서 신중하게 대화를 나눠야 한다. 잘못을 받아들이고 인정해야 다음에는 그러한 실수를 범하지 않게 된다. 그러기 위해서 자녀가 반발하지 않고 받아들일 수 있도록 부모가 잘 표현하여 대화를 나눠야 한다. 즉, 자식의 존재 자체를 무시하거나 나무라지 말고 잘못된 행동을 수정할 수 있도록 이끌어 주어야 한다.

"너는 왜 맨날 그 모양이냐? 공부는 전혀 하지도 않고 놀기만 좋아하는데 뭐가 잘 될 수가 있겠어. 그러니까 맨 날 성적은 그 모양이지? 그런 것쯤은 이제 너 스스로 해야 하지 않니? 왜 스스로 제대로 못 하고 그 모양이니? 너의 형은 너 나이 되어서 혼자 뭐든지 다 했다. 너는 제대로 하는 게 뭐가 있니? 바보같이!"

이처럼 존재 자체를 부정하는 말이나 비난, 야유 등을 들으면 아이는 기가 죽게 되고 위축되며 자존감이 땅에 떨어지게 되고 의욕을 잃게 되며 분노가 쌓이고 우울해진다. 상대를 비난하는 '너' 중심의 표현에서 말하는 '나'의 입장과 감정을 표현하는 '나 표현법'으로 바꿔야 한다. "네가 정말 이럴 수가 있니? 너는 그걸 말이라고 하는 거니? 너는 그렇게도 네 방 청소가 싫은 거니? 제대로 하는 일이 없네?" 이러한 말들은 아이가 스스로 '나는 나쁜 아이야!'라고 생각하게 만들어 죄책감에 빠지게 하며, 자녀의 자존심을 건드리거나 자녀에게 비난 또는 강요하는 것으로 오해받을 소지가 크다.

바람직한 인간관계를 위해서는 솔직하게 터놓고 이야기하며 서로의 감정을 잘 읽어주는 태도가 중요하다. 부모의 온정적이고 따뜻한 말 한마디는 자녀에게 용기를 주는 활력소가 된다. 자녀의 말이나 행동을 있는 그대로 기술하고 자녀의 그 행동이 어떤 감정을 불러일으켰는지를 자녀에게 솔직하게 알려주는 것이 효과적인 방법이라고 할 수 있다.

　　또한 단정적인 표현들은 삼가는 것이 좋다. 자기의 생각이나 자신이 관찰한 것에 대해 단정적인 말투를 사용하면 상대가 마음의 상처를 받게 된다. '너는 매일 그 모양이니? 네가 하는 일은 매일 그렇지 뭐!'라는 부모의 생각은 부모에게만 정당할 뿐이지 자녀에게도 그대로 적용되지는 않는다. "너의 잘못이야!", "어떻게 그런 말을 할 수 있어?", "그렇게 밖에 표현을 못 하는 거니?" 등의 단정적인 말들은 아이들을 무시하는 표현이다. 자녀의 입장은 전혀 고려하지 않고 부모의 기준에서 평가하고 판단하는 말은 자녀의 심정을 공감하며 수용하지는 않고 사실적인 원인이나 캐고 있는 말이다.

　　자녀의 약점을 꼬집고 고치기를 요구하는 말이나 "그 고집 좀 버릴 수 없니? 너는 그게 문제야!"라고 자녀를 지적하면, 자녀는 자존심을 건드린다고 생각하게 되고 대화하지 않으려고 한다. "아빠는 너만 할 때 공부 잘했다! 반에서 1등 해서 칭찬 많이 들었다. 그리고 반장을 했는데 친구들이 꼼짝 못 했다."라는 식으로 뽐내게 되면 자녀들은 부모를 무시하게 된다. 또한 자녀의 말이 채 끝나기도 전에 가로막고선 "무슨 소리인지 잘 알아듣겠는데, 하지만…"이라며 자기 말만 하거나, "지금 그걸 말이라고 하는 거니?"라며 자녀를 인격적으로 무시하는 말투로 아예 자녀의 말은 듣지도 않거나 대꾸하지 않으면 아이들은 무시당한 느낌을 받는다. 자녀의 가슴을 콕콕 찌르고 속을 뒤틀어 놓는 식의 빈정대는 말투로 자녀의 마음에 상처를 주는 부모의 잘못된 대화 방법은 자녀에게 실망을 안겨주거나 좌절시켜서 부모와의 사이에 장벽을 만들게 하고 거리감을 느끼게 한다.

　　자녀들은 부모가 자기들의 이야기를 듣고 받아들여 주기를 기대한다. 자녀들과의 사이에 친밀감과 신뢰감이 조성되어야 자녀가 믿고 따르게 된다. 자녀들과의 사이에서 친밀감과 신뢰감을 쌓아 나가려면 말을 듣는 기술이 중요하다. 따라서 바람직한 대화를 위해서 대화 패턴을 인지해볼 필요가 있다. 자녀들은 부모가 자기의 마음을 알아주지 않는다는 느낌을 받게 되거나 대화가 통하지 않는다는 생각이 들면 대화를 피하려고 하며 마음의 문을 굳게 닫아버린다. 자녀들 마음도 모르는 무정한 부모님이라고 판단해버려 부모-자녀 간 정서적 단절로 이어지는 것이다. 반면 부모가 자녀와의 대화 속에서 말에 담긴 뜻을 알아차리게 되면, 대화가 통하는 부모에 대한 신뢰가 생기고, 부모-자녀 관계도 좋아질 것이다. 그러기 위해서는 우선 자녀가 거부감없이 받아들일 수 있는 상태가 되었을 때 말을 해야 한다. 말은 옳더라도 말하는 사람이 싫으면 그 말까지도 거부하는 경우가 많다. 우선 자녀들의 인격을 존중하고 자존심을 건드리지 않아야 하며, 잘못된 행동은 언급하되 존재를 나무라지 않도록 현명하게 알려주어야 한다. 자녀의 행동을 보고 느낀 기분을 자녀에게 솔직하게 알려줘야 자녀가 부모를 신뢰하게 되고 좋은 관계를 유지할 수 있게 될 것이다.

5.12
가족 폭력의 희생양
정신이 이상해요!

[그림 35]

그림 35, 36, 37, 38은 환각 증세로 시달리는 25세 남성 청년의 것이다. 내담자는 펜을 들고 5분 정도 머리끝에서 멈춰 있다가 뭔가를 생각하더니 겨우 그림을 그려 나갔다. 아무런 말을 하지 않고, 뇌를 도려내어서 상자 속에 담아 두고 심장을 뜯어내고 갈비뼈를 도려내는 그림을 그렸다. 내담자는 그림을 완성한 후 "4년 만에 그림을 그리려고 하니까 잘 안 그려졌어요. 제 자신의 뇌와 심장과 갈비뼈를 뜯어내는 장면입니다."라며 조심스럽게 말했다.

내담자는 어린 시절부터 부모님한테 신체적·정신적 폭력을 당하며 살아왔다고 했다. 중학교 때는 그림을 좋아하며 즐겨 그렸으나 공부는 하지 않고 그림만 그린다며 선생님에게 혼이 많이 났다고 했다. 예술 고등학교에 입학했으나 피해망상, 환청, 환시, 환촉 등 이상한 행동으로 학교를 거의 다니지 못했다고 했다. 대학에 합격했지만 다니지 않고 중퇴한 후 4년 동안 은둔형 외톨이로 지내면서 거의 삶의 의욕을 잃었다고 했다. 어머니가 왜 그렇게 사느냐고 "나가 죽어라."라며 상처를 주어서 집을 나가서 죽으려고도 했다고 했다.

내담자는 "엄마한테 집 나가서 죽는다고 협박하면 그제야 잘못했다고 울고 사과합니다."라고 했다. 다시 집에 들어가면 그때뿐이고 또 비난하고 귀찮아하고 괴롭힌다며, 어머니에게는 충격적이고 강하게 해야 반응이 온다는 것을 알게 되었다고 했다. "자고 있는 어머니의 목을 눌러서 죽이겠다고 협박하고 어머니를 많이 괴롭혔어요."라고 말했다.

내담자는 욕하고 짜증 내며 비난하는 어머니의 태도에 화가 나서 어머니를 죽이고 싶었다고 했다. 그 순간은 충동 조절이 안 된다며, 그때 정신이 이상하다며 정신병원에 입원해서 두 달 동안 치료받은 적도 있었다고 했다. 내담자는 "정신병원을 일곱 군데도 더 다니며 상담 받았으나 아무도 제 마음을 이해해주거나 대화가 되지 않았습니다."라고 했다. 또한 "정신병적 증상으로 인해 이상한 행동을 하는 것 같습니다. 엄마가 미워서 갑자기 목을 졸라 죽이고 싶은 생각이 들어 엄마가 자면 갑자기 목을 조르곤 했어요. 집 밖에 나가기 싫고 누구도 만나고 싶지 않아서 집안에만 있는데 핸드폰으로 제

[그림 36]

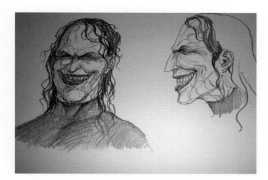

[그림 37]

[그림 38]

얼굴을 반복해서 들여다본다고 엄마가 매일 잔소리합니다. 얼굴을 계속 살펴봐야 하는 이유는 얼굴에 피가 흐르고 있는 것 같아서 봅니다. 선생님! 제가요! 자주 이상한 형체들이 머릿속에 떠오르고 잠을 자면서도 늘 악몽에 시달리며 누군가가 저를 죽이려 한다는 생각

과 가위눌리는 것 때문에 불안감에 잠을 잘 자지 못합니다. 눈을 떠 보면 제가 제 목을 조르며 괴롭히고 있습니다. 제가 미쳤다는 생각이 들었어요. 저는 어릴 때부터 잘 울었기 때문에 가족들도 그렇고 친구들이 여자 같다며 많이 놀렸습니다. 저는 눈물이 참 많은 것 같습니다."라고 말했다.

가족에게 폭력을 일삼는 아버지로부터 상처받으며 자란 내담자는 사춘기가 되자, 조현병 증세를 나타내며 부모에게 복수하기 시작한 것으로 보인다. 자해하거나 부모에게 폭력적인 행동으로 피해를 주거나 환청, 환각, 환시 등 피해망상적인 이상한 행동을 나타내며 사회생활을 거부하고 집안에만 틀어박혀 있으면서 가족에게는 무관심과 적대감으로 대했다고 한다. 내담자는 가족에게 감정 철회와 은둔형 외톨이가 되어 심한 죄책감과 자기혐오, 자기 학대적인 행동으로 무의식적으로 자기와 가족에게 복수를 하고 있는 것으로 파악된다. 내담자는 불행한 가정 환경 속에서 살아오면서 어느 순간 삶에 대한 희망도 의욕을 잃었고 부모와의 관계에서 피해의식이 피해망상으로 확산되었다고 파악된다. 내담자는 자기혐오로 세상을 부정적인 시각으로 바라보며 피해망상적인 행동을 하기 때문에 자신을 비롯한 가족 모두 서로 지쳐 고통스러워하고 있다.

내담자는 진정한 자아를 찾지 못하고 세상과 자신을 부정하며 성장을 거부하고 있다. 또한 학교에서 왕따당하거나 무시당하며 상처받고 자라면서 절망감에 빠져 자존감이 손상되었다. 내담자는 스스로 방어하며 사회에서 쓸모없는 인간이라고 생각하며 포기하거나, 이대로 너무 좋은데 굳이 세상과 타협하며 살아가고 싶지 않다는 생각으로 자신에게 튼튼한 방어벽을 치고 세상 밖으로 나오기를 거부하고 있는 것으로 보여진다. 겁이 많고 혼자 있기를 원하고 사람과의 접촉을 피하며 소심하고 말이 없고 위축된 행동을 하는 내담자는 자기만의 독특한 생각에 사로잡혀 있다. 정서적으로 단절된 가족, 부정적이고 역기능적인 가족, 서로를 거부하며 무관심하면서도 서로 피해를 주는 불안한 가족 관계 속에서 조현병 증세가 더 악화된 것으로 보인다.

정신 질환을 앓고 있는 내담자는 불안, 초조, 공포증에 시달리고 있다. 공포증은 잠재적 불안 히스테리의 증상이라고 볼 수 있다. 즉, 어린 시절에 주 양육자인 부모가 자신감을 심어주어 갈등과 긴장 속에서도 마음을 안정시켜줄 수 있는 자기구조의 내재화에 필요한 조건을 제공했어야 하지만 그러지 않았기 때문에 공포증이 형성된 것이다. 또한 주 양육자가 아이에게 이상화된 안정감을 제공하고, 내재화를 통해 자기를 진정시키고 불안을 제어하는 심리적 안정감을 제공하지 못한 데에 공포증의 원인이 있다. 따라서 이러한 주 양육자 밑에서 자라나면 불안을 제어하는 능력이 없어 적절하게 반응하지 못하게 되는 것이다.

조현병은 전염병이 아니며 정신 질환 중 하나의 증세이다. 필자는 뇌의 신체적 질환이 조현병의 원임임을 배제하지는 않으나, 정신 질환의 상당 부분은 부모의 그릇된 양육 방식, 부정적인 가정 환경(부부 갈등, 가족 폭력, 자녀 학대, 부모의 병리적 증상, 거부, 무관심 등), 친척과 친구들에게 받은 무시와 폭력, 따돌림 등의 피해 경험 때문에 발생한다고 본다. 특히 어릴 때 자신이 감당하기 힘든 심한 정신적 충격을 받으면 조현병 증세가 나타난다고 여겨진다. 일반적으로 보통 사람들은 충격적인 사건을 겪게 되더라도 시간이 지나면 그런 악몽에서 벗어나 어느 정도 회복한다. 조현병과 비슷한 증상이 일시적으로 나타나기도 하지만 조현병으로 진행하는 경우는 드물다. 그러나 뇌에 이상이 있거나 심리적인 충격이 매우 크거나 체질적으로 스트레스를 견디는 힘이 매우 약한, 즉 취약성을 체질적으로 가지고 있는 경우에는 다른 사람들이 견딜 수 있는 스트레스도 견뎌내지 못하고 사회 불안증을 겪게 되며, 이는 정신 질환이 자주 재발하는 요인이라고 본다.

내담자는 신체적으로 허약하고 정신적으로도 매우 취약하여 스트레스를 극복하지 못하고 정신 질환에 걸리게 되었다고 볼 수 있다. 세계적으로 유명한 발달 심리학자, 특히 에릭슨과 프로이트는 유아기에 부모로부터 신뢰받지 못한 가정 환경 속에서 아이가 안정적으로 보호받지 못하고 자라게 되면, 이러한 상황이 주요 원인이 되어 성격 장애나 정신 질환이 발병한다고 보았다. 부모의 부정적인 가정 환경으로 인한 피해 의식이 주요 요인이라는 의미이다.

'부모의 양육방식으로 인해 정신 질환이 발병했다면, 같은 형제인 내담자의 형은 왜 그런 증상이 없는가?'라고 반박할 수도 있다. 형은 신체적으로나 정신적으로 강하기 때문에 갈등이 심한 부부는 자식 가운데 취약한 막내에게 화풀이를 가했다. 특히 어머니의 희생양이었던 내담자는 가족들로부터 피해만 받고 자랄 수밖에 없었다. 아버지는 멱살을 잡고 집어던졌으며, 어머니는 심한 언어폭력으로 괴롭혔고, 형은 수없이 동생을 구타하며 많이 괴롭혔다고 한다. 형은 30세임에도 불구하고 사회적으로 아무 일도 하지 않고 집에 틀어박혀 부모를 괴롭히고 있다고 한다. 이러한 모든 상황과 상담 과정에서 내담자가 털어놓는 자신의 수치심과 폭력적인 피해 경험을 토대로 분석한 결과, 내담자의 부정적인 가정과 주변 환경이 전체적으로 정신 이상 증세를 나타낼 수밖에 없게 만든 매우 중대한 원인으로 판단된다. 부모가 자녀들에게 안정감과 신뢰감을 심어주고 바람직한 양육 방식으로 자녀를 대하게 될 때, 자녀들의 정신 질환은 어느 정도 예방할 수 있다고 본다. 그러나 내담자의 부모는 순기능적인 부모 역할을 제대로 수행하지 못했기 때문에 자녀에게 정신 질환 증세가 나타나도록 방조한 주된 요인이라고 확신한다. 부모는 자신의 바람직하지 못한 자녀 양육 방식에 대한 것을 인정하고 반드시 수정해야 할 것이다. 또한 심리적으로나 신체적으로 건강한 자녀를 양육하기 위해서는 행복한 가족, 건강한 가족 관계를 이루는 것이 가장 중요한 과업이라는 것을 인지해야 한다. 내담자는 지나친 망상으로 자신을 계속 괴롭히며 공포감과 불안감, 초조감에 떨고 있었다. 중학교에 다닐 때 친구들과 밤에 학교에서 놀았는데, 누가 교실 문을 두드렸지만 나가 보니 아무도 없어서 친구들과 많이 놀랐다고 했다. 그 당시에는 마치 귀신에 홀린 듯한 느낌을 받았다고 하면서 자주 어떤 사람의 목소리가 들린다고 했다. 고등학교 때는 친구의 방에서 누워있는데 갑자기 목이 잘린 어떤 남자가 공중에 떠 있는 모습을 보았다고 하면서 그런데 혼자 본 것이 아니고 친구들도 그 장면이 보인다고 하면서 서로 놀랐다며 그때의 충격적인 장면을 설명했다. 내담자는 헛것을 보는 환시의 경험을 했다는 것을 알 수 있다. 환시는 마치 어떠한 사물이 있는 것처럼 지각하는 증상이다.

조현병 치료는 약물 치료와 더불어 정신 상담을 함께 해주는 것이 많은 도움이 된다. 정기적인 면담을 통해 환자와 치료자가 공감하고 이해하는 관계를 형성하여 환자의 현실감을 회복시키고 환자가 문제 해결 능력을 키울 수 있도록 지지하고 격려해야 한다. 또한 환자뿐만 아니라 가족들도 질병에 대해 알 수 있도록 도와야 하고 증상에 대한 적절한 대처를 할 수 있도록 교육해야 한다.

내담자는 사람 소리가 진짜 들린다고 굳게 믿고 있다. 내담자는 어머니의 지나친 잔소리, 짜증 섞인 말투, 화난 목소리, 욕, 비난하는 말투를 들으면서 자라왔다. 이와 같은 어머니의 언어적 폭력으로 인해 환청을 듣게되고 공포, 불안, 초조감을 느끼고 있는 것으로 보인다. 목이 잘리고 피를 흘리는 무서운 남자의 얼굴 같은 헛것이 보이는 환시로 인해 당사자는 심한 공포감에 시달리고 있음을 알 수 있다. 조현병은 자기 안에 또 다른 자아를 스스로 만들어 그 속에 갇혀 그의 명령에 순종하고 명령에 따르지 않으면 불안해하는 병이다. 불치의 병이라고 알려진 조현병은 세간의 인식과 달리 불치병이 아니며 상태가 호전되면 사회로 복귀할 수도 있으나, 사회에서 새로운 스트레스에 노출되면 재발할 확률이 높다. 따라서 불안을 느끼거나 상처받을 수 있는 상황은 피하고, 본인이 병을 극복하고자 노력하고, 가족이 위로와 격려로 지지해주며 따뜻하게 대해주고 관심을 주어야 한다. 그러면 자신감을 가지고 스스로 용기를 얻게 되어 증상을 극복할 수 있을 것이다.

6장

존경을 받는 부모 되기

바람직한
부모 역할

자녀에게 존경받는 부모는 스스로 자녀 앞에서 모범적으로 행동하며 인생을 성공적으로 살아온 사람이다. 자녀에게 존경받는 부모가 되기 위해서는 자녀를 소중히여기고 인격을 존중해야 한다. 또한 자녀의 의견을 잘 경청하고 이해하고 수용하며긍정적인 시각으로 읽으려고 노력하는 자세가 중요하다. 반면 역기능 가족의 부모는 자녀들을 부모의 그늘에서 벗어나지 못하도록 숨통을 조이거나 '노력해서 남보란 듯이 성공해야 한다'라며 자식을 자랑거리로 만들고자 한다. 더 나은 환경에서살도록 만들어주고 싶은 욕망 때문에 부모가 성공을 향해 자녀에게 강압적으로 집착하면 자녀들은 불행의 나락으로 떨어지며 부모를 존경하지 않게 된다. 따라서 가족이 서로 존중하고 사랑하고 친밀한 가족 관계를 형성하기 위해서는 서로에게 바람직하게 행동해야 한다. 특히 부모는 자녀에게 강압적 통제, 지나친 간섭, 폭력적인 교육 방식을 철저하게 배제해야 한다. 존경받는 부모가 되기 위해서는 자녀를 신뢰하며 인내심을 가지고 기다리고 지켜봐 주는 노력이 필요하다.

6.1

한(恨) 많은 어르신

해결하지 못한 한들

그림 1은 노인 복지관의 집단 미술치료 사례를 찍은 사진이다. 종이꽃 만들어 꾸미기, 꽃 그림 색칠하기 등의 미술치료 프로그램이 진행되는 동안 저마다의 사연을 가지신 다양한 어르신들이 참여하였다. 태어나서 처음 색연필로 그림을 그려본다는 어르신, 어릴 때 가난해서 보리죽에 나물만 캐서 밥을 해서 드셨다는 어르신, 영감한테 폭행당하고 살아서 영감이 죽었으면 좋겠다고 생각했는데 막상 영감이 저세상에 먼저 가고 나니 불쌍하고 생각난다는 어르신, 한 맺힌

[그림 1]

사연을 말하고 나니 놀랐다는 어르신, 지난날의 부끄러운 과거를 이야기하니 쑥스럽다는 어르신, 점토로 송편을 엄청나게 잘 만들며 좋아하시던 어르신 등……

무릎 통증으로 잘 걷지 못해 약을 드신다는 S 어르신은 영감이 술만 마시면 심하게 때려서 많이 맞고 살았다고 했다. 과거 어린 시절, 어머니가 자신에게 동생을 잘 돌보라고

하고서 외출한 적이 있었는데 동생이 감나무에 올라가다 떨어져서 다리를 다쳤다고 했다. 어머니는 동생을 제대로 돌보지 않고 뭐 했냐며 소리 지르고 화내면서 몽둥이를 들고 자신을 때렸는데 기절할 정도로 맞았다고 했다. 그래서 자신은 그 뒤로 동생을 미워했다며, 지난 일을 되돌아보니 자신이 참으로 한 많은 인생을 살았다고 했다. 미술치료를 종결하고 3개월쯤 지나 복지관을 다시 방문했을 때는 S 어르신이 계시지 않으셨는데, 약을 너무 많이 복용하셔서 약물 부작용으로 돌아가신 뒤였다.

아픔과 고통으로 한 맺힌 삶을 살다가 돌아가신 어르신의 삶을 통해 부모 양육 태도와 가정 환경은 자녀의 성격 및 삶에 평생 영향을 미친다는 것을 알 수 있다. 어떤 사람에 대해 미움과 적개심이 해결되지 않으면 생을 마감할 때까지 깊은 한으로 남는다. 해결하지 못한 한(恨)을 가슴 깊이 쌓아두지 말고 반드시 푸는 것이 우리들의 과제라고 본다.

6.2
자녀와 행복한 추억 쌓기
즐거운 바다 여행

[그림 2]

[그림 3]

　내담자인 어머니는 그림 2를 그릴 때 스케치북에 바다와 모래, 조개를 그리더니, 며칠 전에 아이들과 함께 바다를 다녀왔는데, 너무나 즐거운 경험이었다고 했다. 태어나서 지금까지 바닷가는 물론이고 여행도 가본 적이 없어서 동생에게 부탁해 아이들과 처음으로 여행을 다녀왔다고 했다. 아이들 삼촌이 배도 태워주고 케이블카도 태워줘서 아이들이 너무 좋아했다고 했다.

　그림 3에서 유아는 스케치북에 열심히 그림을 그리며 바다 캠프를 가서 계단에 올

라가는 모습이라고 했다. 계단 색칠하기가 힘들다고 하면서도 계속 색칠했다. 개구리, 토끼, 사자를 그리고 나서 "선생님! 예쁘죠?"라고 말했다.

> 자녀가 어린 시절 부모와 좋은 추억을 쌓고 행복한 경험을 할 수 있도록 하는 것은 자녀가 행복한 사람으로 성장하도록 돕는 가장 바람직한 방법이다.

6.3
변화된 엄마
사과하는 엄마, 용서하는 딸

그림 4에서 그림 10까지는 어머니
(37세)의 부적절한 양육 태도 개선과 딸(11
세)의 불안 감소를 위해 실시한 미술치료 사
례에서 일부를 발췌한 것이다.

그림 4에서 아동은 '엄마와 함께 요
리할 때'가 가장 좋았다고 했다.

그림 5는 어머니와 딸이 함께 그린
그림이다. 어머니가 종이에 가로 줄을 그으
며 "바다야."라고 말하자, 딸은 "어떻게 내

[그림 4]

마음과 똑같지? 나도 바다 그리고 싶었는데 텔레파시가 통했네."라며 고래를 크게 그렸다.
딸의 말에 따르면 작은 생물들은 잠수부인데, 고래한테 잡아먹힐까 봐 살려달라고 소리치
고 있다고 했다. 또한 딸은 어머니보다 더 많이 그렸고 크게 그려서 자랑스럽다고 했다.

어머니는 "자기가 원하는 각자의 스타일이 있구나! 그림조차도 그런데 다른 것은
오죽할까! 아이한테 간섭하지 않아야겠다."라는 생각이 든다고 했다. 딸은 어머니의 그림
을 수정해주었는데, 어머니가 진짜 생물들 모습과 다르게 그려서 기분 나빠 할까 봐서 고

[그림 5]

쳐주었다고 했다. 또 '잠수부'가 빨리 나가주었으면 좋겠다고 했으며, 작은 물고기들이랑 멍게, 소라, 해삼, 조개들을 잠수부들이 잡아가니까 싫어할 것 같다고 했다. 어머니는 그림을 잘 그리지 못한다며, 특히 자신이 잘 그리지 못하는 부분에서 주눅이 들었다고 했다. 평소에 엄마한테 주눅 들어서 기가 죽은 딸의 심정을 이해할 것 같다고 했다.

　　어머니는 어린 시절 본인이 잘못하지 않았는데도 모두 다 같이 혼나서 동생들도 밉고 할머니(자신의 어머니)도 미웠다고 했다. 어머니는 딸에게 미안하다며 사과했다. "엄마가 너 어렸을 때 때렸던 거 정말 미안해. 엄마가 엄마 생각만 했나 봐. 정말 미안해! 엄마 용서해줄 수 있어?" 딸은 큰 소리를 내며 울었다. "엄마 닮아 너무 잘 운다. 할머니가 돈 없다고 (엄마에게) 학교 가지 말라고 했을 때 참 밉더라. 할아버지도 우리한테 잘 안 해 줬어. 지금은 후회되는지 우리에게 되게 잘하서, 너도 알지? 엄마가 잘못하면 직접 말로 해! 못 하겠다. 하기 싫다. 엄마도 노력하겠지만 잘 안될 때도 많잖아. 네가 그때마다 얘기 해줘. 엄마는 우리 딸을 너무 사랑해. 이렇게 예쁜 우리 딸이 아픈 것, 힘든 것 싫어. 엄마 마음 아니?"라고 하자 아동은 엉엉 울었다. 어머니는 "실컷 울고 나니 속이 후련하다."라고 했다. 어머니는 딸과 솔직하게 대화하기까지 여러 달이 걸렸다고 했다. 이제는 딸에게 공부하라고 할 필요도 없으며 딸의 삶이라는 생각이 들어서 '스스로 선택하게 하자'는 여유가 생겼다고 했다.

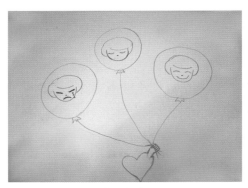

[그림 6]

　　그림 6에서 어머니는 '거짓된 자아'가 마음속에 가득함을 느낀다고 했다. 내면을 차지하는 숱한 모습이 떠오를 때마다 진정한 '나'가 풍선을 잡은 손처럼 강해지기를 바란다고 했다. 또한 어머니는 좀 더 성숙한 자아로 탈바꿈하고 싶고, 애벌레가 번데기 시절을 보낸 후 나비가 되어 아름다운 날개를 가지듯이 자

신도 아름다운 나비가 되고 싶다고 했다. 요즈음은 자신을 철저히 바라보며, '또 아이를 힘들게 하려고 하는구나'하고 딸을 있는 그대로 인정하고 사랑하도록 노력해야겠다는 생각이 들어 스스로 통제한다고 했다. 지금까지는 학교 준비물도 거의 다 챙겨주었으며 딸이 스스로 문구점에 가서 살 기회를 주지 않았다고 했다. 경제적인 것에서부터 친구 관계, 공부 등 딸의 모든 것을 지금까

[그림 7]

지 간섭하고 통제만 했다고 했다. 아이에게 애정이나 사랑조차도 전혀 심어주지 않고 아이의 인격과 존재는 무시했으며 모든 것을 엄마 마음대로 했다고 했다. 그리고 며칠 동안 책『딥스』를 읽었는데 자신이 주인공 딥스의 엄마와 똑같았다며 너무 괴로웠다고 했다. 그동안 딸에게 애정을 전혀 주지 않는 무심한 엄마인 것 같았고, 애정을 주는 엄마가 되고 싶다며 꼭 실천하겠다고 했다.

그림 7에서 어머니는 '미래의 모습'을 그리면서 행복한 할머니처럼 지혜와 사랑이 넘치는 사람이 되고 싶다고 했다. 어머니는 자신의 어머니가 늘 자신에게 냉정하고 차갑게 대하고 사랑을 주지 않아 엄마를 미워했던 자기 모습이 떠올랐으며, 지금까지 자기 자신뿐 아니라 세상의 그 누구도 진심으로 사랑하지 않았던 것을 깨달았다고 했다. 치료자에게도 처음에는 치료자를 100% 신뢰하지 않았으나 이제는 100% 신뢰한다고 했다. 어머니는 자신을 사랑하지 못하는 것이 늘 익숙했으며 아이를 진심으로 사랑하는 방법을 잘 몰랐다고 했다. 모든 것이 아이의 문제가 아니고 자신의 문제라고 했다. 예전엔 아이가 공부를 열심히 하지 않으면 미워서 체벌도 했다고 했다. 그동안 아이한테 냉정하게 대했던 일을 생각하면 아이가 너무 불쌍하다며 눈시울을 붉혔다. 자신이 어릴 때 엄마한테 당했듯이 자신에게 똑같이 당하는 아이의 모습을 보면서 아이도 자기처럼 힘들게 살까 봐 화가 났다고 했다. 그동안 자신을 미워하고 원망하는 대신 아이를 미워하고 싫어했다는 것을 이제야 알게 되었다며, 이제는 더 이상 아이를 미워하지 않고 괴롭히지 말아야겠다고 깨우치게 됐다고 했다.

6.4
바깥 세상 구경
변화된 내 모습

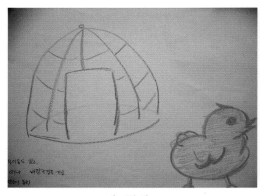

[그림 8]

[그림 9]

그림 8에서 어머니는 어린 병아리가 둥지를 떠나 바깥 구경을 간다고 했다. 모두가 다 자신의 문제와 자신이 스스로 변화해야 긍정적으로 해결된다는 것을 깨달았으며, 아동에게 억압과 간섭에서 벗어나 진정한 자유를 찾게 하고 싶다고 했다. 아동에게 진정한 자유와 독립심을 안기고 싶은 마음이라고 했다.

그림 9는 '변화된 내 모습'이다. 어머니는 건강한 자아를 가진 사람은 자기 자신을 존경하며 타인에게 의존하지 않고, 부모의 욕심에 의해서 원하는 대로 아이한테 간섭하고

강요하지 않아야 한다는 것을 깨달았다고 했다. 자신의 허물에 대한 집착에서 벗어나, 자유로운 삶을 살고 싶다고 했다. 이제는 딸이 예뻐졌으며 진심으로 사랑하게 되어서 무엇보다 가장 기쁘다고 했다.

[그림 10]

어머니는 그림 10의 '동적 가족화'를 그리면서, 친정 식구들이 모두 모여 서로 배려하며 즐겁게 지낸 모습이라고 했다. 요즈음은 친정아버지가 옛날에 비해서 많이 자상해지셨고, 잘 챙겨주시고 많이 배려하신다며 기뻐했다.

즐거운 우리 가족
엄마와 함께 즐겁게 그림 그리기

[그림 11]

그림 11은 어머니(38세)와 아들(5세)이 함께 그렸다. 어머니는 '사포'에 산, 구름, 해, 길, 냇가, 사람, 집, 텃밭, 돌멩이, 논을 그렸다. 길을 걸어가는 사람은 막대 모양으로 그렸으며 길을 색칠했다. 그림 하단 부분에 있는 회색 부분에는 파란색으로 '도로'라고 글씨를 썼다. 시골 풍경에 외딴집이 있으며, 집마다 논이 참 많고 텃밭에는 돌멩이가 많다고 했다. 아들이 산에 가서 놀고 냇가에 가서 낚시하는 모습도 그렸는데, 아들이 낚시를 정말 좋아한다며 어릴 때 아빠를 따라 자주 낚시하러 갔다고 했다.

길을 걷는 막대 인간은 즐겁게 노는 딸을 데리러 시멘트로 포장된 오솔길을 내담자 본인이 걸어가는 모습이라고 하면서 즐거운 가족이라고 했다. 어머니는 아들이 말을 듣지 않고 힘들게 하면 아빠에게 데려간다고 소리를 지르거나 울지만 소용이 없다고 했다. 초기에는 그림을 잘못 그린다며 망설이기도 했지만, 주저 없이 그려나가기 시작했으며, 완성된 본인 그림을 보며 매우 만족해했다.

그림 12에서 아동은 "우리 엄마, 나, 동생 세 명이 기차 타고 여행 가고 있어요. 가

족이 즐겁게 놀고 있어요."라며, "엄마는 맨날 허리 아프다고 울어서 안 울었으면 좋겠어요. 마음이 아파요!"라고 말했다. 또, "내가 동생하고 싸우니까 맨날 울지요? 그런데 엄마는 동생만 맨날 예뻐하니까 내가 동생을 미워하지요."라고 말했다. 아동은 엄마의 그림을 열심히 보고 그림을 높이 쳐들더니 "야! 멋지다. 그런데 엄마 그림보다 내가 더 잘 그렸지요?"라고 했다.

[그림 12]

그림 13은 어머니와 아들이 함께 그린 '협동화'이다. 어머니가 "우리 바닷가 가자, 뒤에는 산이고… 어! 잘못 그린 것 같다!"라고 하면서 아들에게 "○○이가 해 봐! 바다까지는 하지 말고. 이건 산이야! 그건 매야! 이건 모래야! 여기는 배? 여기는 사람! 여기는 파도가 올라오는데 우리 가족이 있어!"라고 말하며 세 명의 사람을 막대 모양으로 표현했다. 어머니가 "엄마는 구름 그릴게!"라고 하자 아동

[그림 13]

은 "나는 새 그려야지? 배가 불룩해서 다리가 나왔네요? 나는 똥 모양 구름 그릴 거야! 방귀 모양 구름 그려야지!"라고 했다. 어머니가 그림을 보며 아들에게 "○○이가 구름 그려준 게 제일 마음에 든다. 이렇게 누워 있고 싶다. 그럼 바닷가에 가야 하잖아! 가고 싶어도 못 가잖아! 왜? 아 돈이 없어서! 나중에 ○○이가 훌륭한 사람 되면 엄마 좀 데려다줘! 해님이 우리 보고 윙크한다. 우리를 좋아하나 봐!"라고 말했다.

미술치료는 어머니와 아들이 함께 그림을 그리며 긍정적인 상호 작용을 경험하고 서로 친밀감을 느끼며 마음을 들여다 볼 수 있는 계기를 마련해준다.

6.6
열심히 일만 하는 나
집에만 있는 답답한 아내

[그림 14]

그림 14에서 그림 34까지는 가족의 자아존중감, 의사소통 및 가족 관계 개선을 위해 실시한 미술치료 사례에서 일부를 발췌한 것이다. 그림 14에서 그림 17까지는 44세 공무원인 아버지가 그렸다. 아버지인 내담자는 40세 아내와 중학교 2학년인 딸과 초등학교 5학년인 아들을 둔 가장이다. 더워서 땀을 뻘뻘 흘리며 밭에서 열심히 농사를 짓는 어린 시절의 자신을 그렸다고 했다. 지금도 내담자의 어머님이 시골에서 농사를 짓고 사신다고 했으며, 그림에 있는 나무는 시원하게 그늘을 만들어 준다고 했다. 내담자는 처음에는 일하기 싫어서 온갖 쓸데없는 생각을 많이 하지만 한참 일하다 보면 집중이 돼 오직 일만 열심히 한다고 했다. 자신이 어릴 때 아버지가 병환으로 일하실 수 없어서 어머니가 주로 농사를 지으셨으며, 자식들도 그런 어머니를 도와서 농사를 지어야 했고, 자신은 열심히 일해야 한다는 책임감 때문에 공부할 시간도 거의 없이 오직 일만 했다고 했다. 그때는 그럴 수밖에 없었고, 나름대로 주어진 환경

에 순응하며 열심히 살아가는 것만이 최선을 다하는 방법인 줄 알았다고 했다.

어릴 때부터 '열심히 일해야 한다'라는 책임감이 강했던 아버지는 어른이 되어서도 예의 바르고 책임감이 강하고 성실하며 매우 충실하다. 또한 매우 반듯한 성격으로 대인관계에서도 책임감과 의무를 소중하게 여기며 신뢰할 수 있는 사람으로 평가받고 있다. 그러나 한편으로는 강박적이고 독선적이며 지배적인 성향을 띄며 가족을 통제하려는 욕구가 강하다. 자기 억제가 심하고 자신에게 지나치게 엄격하며, 선악(善惡)과 올바른 것과 잘못된 것에 대해 분명한 흑백논리를 가지고 있다. 그래서 잘못을 범하는 것은 곧 악이라는 강한 신념에 따라 실수를 용납하지 않는 경향이 있다. 게다가 내담자인 아버지는 자신의 엄격한 기준을 가족들에게 강요하며 가족을 엄격한 규율로 통제하기 때문에 모두를 힘들게 하고 있다. 아버지는 마음의 여유가 없으며, 노력하면 반드시 성과를 올릴 수 있다는 확신을 가지고 열심히 노력하는 데에 큰 가치를 부여한다. 하지만 열심히 노력해도 좋은 성과가 나오지 않으면 강한 스트레스를 받는다. 아버지는 잠시도 쉬지 않으며 무언가를 열심히 하지 않으면 불안해한다. 무언가를 열심히 하지 않으면 마음에 들지 않기 때문에 끊임없이 노력하며, 자녀 교육 부분에서도 자녀를 완벽하게 키우려고 자신의 사고방식을 강요했다. 또한 아버지는 강한 책임감으로 인해 어떠한 일을 실패하면 자책하면서 과도하게 자기를 몰아세우면서 자기에게 스스로 고통을 가하고 있다.

따라서 치료자는 내담자가 자신의 성격을 잘 파악하고, 자신의 분노 표출이 가족에게 어떻게 역효과를 끼치고 있는지 깨달을 수 있도록 도움을 주었다. 내담자가 가족에게 분노하고 가족을 통제한 방식이 가족에게 부정적인 효과(두려움, 불안, 철퇴, 죄의식, 복수심)로 나타나 서로 고통을 당하게 되었다는 것을 인식하게 하고, 내담자에게 분노 조절 능력과 대화의 기술을 습득시켜 가족 간의 갈등을 더 잘 완화할 수 있도록 하였다. 또한 가족들에게 건설적이지 못한 방법으로 비난하는 자기 행동을 확인하고 훈련을 통해서 바람직한 부모의 역할을 할 수 있도록 도움을 주었다.

내담자는 그림 15를 그리면서, 고등학교 2학년 때까지는 우등생이었으나 3학년

[그림 15]

때 공부를 소홀히 하고 방황하여 대학에 가지 못한 것이 인생에서 가장 후회가 된다고 했다. 그래서 자식들은 공부를 잘해서 좋은 대학에 가길 바라는 마음으로 자식들에게 공부에 대해 많이 강요했다고 한다. 그러나 딸이 중학생이 되더니 갑자기 공부하지 않고 노는 친구들과 어울려 다니며 애를 태운다고 했다.

　　내담자가 그린 그림에서 현재 내담자가 겪고 있는 힘든 심정을 엿볼 수 있다. 그림 속에는 과거 즐거웠던 유년기 시절로 돌아가고 싶어하는 내담자의 퇴행한 모습이 나타나고 있는 것으로 보인다. 대학에 진학하지 못한 것을 후회하고 있는 아버지는 보상 심리로 자녀에게 공부를 강요했음을 알 수 있다. 하지만 자신의 보상 심리나 대리만족을 위해 딸을 힘들게 하고 있음을 깨닫지 못하고 있다.

　　사람은 청소년기가 되면 전적으로 의존했던 부모로부터 독립적인 위치를 찾으려고 노력하기도 하고, 독립해야 하는 갈등 상황에서 이유 없는 반항을 나타내기도 한다. 청소년기는 관심이 부모에게서 친구로 옮겨가게 되고 이성 교제가 시작되어 성적 주체성이 강하게 형성되는 시기이다. 그러나 내담자인 아버지는 자녀의 성장을 부정적인 시각으로 바라봤으며, 강압적인 통제와 지나친 간섭, 언어적·신체적 폭력 등으로 자녀의 인격을 존중하지 않는 비효율적인 방식으로 딸을 무시하고 처벌했다. 그 결과 딸은 부모에게 불만과 분노를 표출하기 위해 비행 청소년들과 어울리며 공부하지 않는 등 부모의 기대에 어긋나는 행동들을 더 하게 되었으며, 이로 인해 부모-자녀 갈등 관계가 더 심화되었다는 것을 알 수 있다. 딸은 부모에 대한 불만을 수동공격적인 태도로 드러내고 있다. 무의식적으로 자아를 불안으로부터 지키고, 좌절감과 공격적 충동, 적개심 등 여러 요인에서 오는 내적 긴장을 완화하기 위해 수동공격적인 심리적 방어기제를 사용하고 있는 것으로 보인다. 아버지는 딸이 공부는 하지 않고 노는 친구들과 어울려 다닌다며 딸을 미워하고 있으며, 도망가고 싶을 정도로 집이 싫고 괴로운 딸의 마음을 전혀 모르고 있다. 아버지의 강요와 억압으로 딸은 힘들어 하고 있는데 아버지는 딸의 심정을 잘 알지 못하고 있어서 부-녀 관계에 감정의 골이 깊어졌다고 보여진다. 아버지가 그동안 자녀에게 사랑을 표현하지 않았기 때문에 딸은 아버지가 자신을 사랑하고 있다는 사실을 알지 못한 채, 자신과 가족들을 점점 불행의 길에 빠지도록 하고 있다. 아버지는 가족들을 편안하고 행복하게 해주지 못했기 때문에 딸은 가족들을 거부하며 죽기보다 싫은 집을 나가고 싶어하는 것으로 보인다.

내담자는 그림 16을 그리면서, 어머니가 눈만 뜨면 들에 나가 밤 늦게야 들어왔고 눈이 오나 비가 오나 쉬는 날이 단 하루도 없었다고 말했다. 그렇게 농사일과 집안일로 늘 바빴던 어머니였기 때문에 어릴 때 어머니에게 한 번도 안기거나 업혀 본 기억이 없다고 했다. 내담자는 부모님으로부터 따뜻함이나 포근함, 의존할 수 있는 대상이라는 기분을 지금까지 단

[그림 16]

한 번도 느끼지 못했다고 했다. 그러나 칠남매를 억척스럽게 키워 온 어머니는 병약하고 게으른 아버지의 역할까지 모두 해야 했다며, 늘 고생만 하신 어머니가 불쌍하다고 했다. 내담자는 어릴 때부터 늘 어머니에게 많은 짜증을 냈다며, 지금 생각해 보니 그 당시에 집안일과 농사일로 힘이 많이 들었을 터인데 어머니를 매우 힘들게 한 것 같아 죄책감이 든다고 했다.

내담자는 자신의 아내와 자식들에게 애정을 표현할 줄 모른다고 했으며, 아내에게 잔소리하고 화를 내기 때문에 그런지 아내가 늘 긴장하고 불안해한다고 했다. 그래서 아내는 집을 나가겠다며 보따리를 지금까지 몇 번이나 쌌다고 했다. 내담자는 아내가 술을 마시고 노래방에 가는 것을 남편이 싫어하는 줄 알면서도 밤이 되면 친구들과 만나 노래방에 가고 술을 마시며 놀다가 밤 12시 넘어서야 집에 들어온다며, 딸이 엄마를 닮아 노는 친구들과 어울리기를 좋아하는 거라고 했다. 아내가 너무 무식해서 그런지 자신이 이해하

지 못하는 건지, 도대체 누가 잘못하고 있는지 알 수가 없다고 했다. 아내는 내담자가 직장에 못 다니게 해서 낮에 집에만 있느라 답답하다고 했다. 내담자는 어릴 때 학교에 갔다가 오면 어머니가 농사를 지으러 가서 집에 아무도 없었는데, 본인의 아들도 학교에 갔다 집에 돌아오면 자기처럼 쓸쓸할까 봐 아내를 직장에 못 다니게 했다고 한다. 그리고 딸이 못된 친구들과 어울리고 문제 행동을 했을 때는 딸을 혼내면 나쁜 길에서 빠져나올 거라는 기대감으로 심하게 혼을 내며 때렸다고 했다. 그런데 딸은 점점 더 심하게 반항했고 가출까지 하면서 학교도 가지 않고 더 나쁜 길로 빠져들었다며, 자신이 잘못 판단했다는 생각이 든다고 했다.

내담자인 아버지는 유년기에 부모님으로부터 충분히 사랑받지 못하고 자랐으며 부모님과 안정적인 애착 관계를 형성하지 못하였다. 또한 어머니에 대해 분노의 감정을 느끼는 동시에 어머니를 불쌍하게 생각하는 양가감정이 있으며, 현실적으로 어머니에게 더 잘해드리지 못한 것에 대해 죄책감을 느끼고 있다. 한편 내담자는 자녀를 양육하는 방식이 비합리적이고, 지나치게 엄격하고 처벌적이다. 즉, 성격 내부의 '초자아'는 처벌적이며 가학적이 되었고, '가혹한 초자아'에게 비난받아 죄책감과 우울, 열등감에 빠지게 되었다고 볼 수 있다. 내면에서 항상 자신을 비난하는 소리를 들으며 완벽주의에 빠져 강박적인 삶을 살아가게 되었다는 것을 알 수 있다.

한편 '가혹한 초자아'를 가지고 있는 내담자는 본인이 그렇게 싫어했던 어머니의 양육 방법을 대물림받아 자식들에게 똑같이 비난하고 처벌적인 행동을 하고 있다. 부모님께 순종하라는 어머니의 메시지는 모든 사람에게 인정받아야 하고 착하게 살아야 한다는 신념을 안겨 주었다고 볼 수 있다. 다른 사람들이 나를 어떻게 평가할지 의식하느라 남들에게 대체로 인정은 받지만 자신의 내면세계는 분열되어 있다고 볼 수 있다. 도덕적 명령들과 이에 반발하는 목소리들이 서로 싸우는 자기 고문 게임에 빠져 갈등을 겪게 되는 것이라 할 수 있다.

그림 17을 그릴 때 내담자는 '집'을 그리고 나서 울타리를 쳤으며, 장독대, 우물, 아버지의 등을 물로 씻겨드리는 모습과 나무를 그렸다. 어릴 때 아버지의 등을 물로 씻겨드

린 기억이 난다면서 부모님께 화도 나고 불쌍한 생각이 든다고 했다. 폐렴으로 고생만 하다가 돌아가신 아버지는 병환으로 누워 계셨고 무능했기 때문에 어머니와 자식들이 고생을 많이 해 아버지를 좋아하지 않았다고 했다. 아버지는 처음 결혼한 부인이 아이를 낳지 못하고 세상을 떠나 어머니와 재혼했는데, 어머니는 자식들을 여럿 낳고 평생 고생만 하며 지금까

[그림 17]

지 하루도 쉬는 날 없이 불쌍하게 살고 있다고 했다. 게다가 남동생이 결혼하지 못하고 지금까지 시골에서 힘들게 농사를 지으며 어머니를 모시고 살고 있어 형으로서 미안한 생각이 든다고 했다.

불우한 환경에서 부모님의 사랑과 보살핌을 받지 못한 내담자는 가장의 역할을 하며 힘들게 자라 온 희생양이었다. 결혼해서도 계속 본가의 가족들을 책임져야 하는 의무감으로, 어머니에게 효도를 잘하지 못하는 자신을 질책하고 스스로 억압하며 힘들어하고 있다. 강박적이고 책임감이 매우 강한 내담자는 자신이 아들과 형 역할을 제대로 하지 못한 것에 대해 심하게 자책하고 있다. 인간은 한정된 능력을 지닌 존재이기 때문에 결과에 대해서 전부를 책임질 수는 없다.

정신 분석 이론에서는 무의식적이며 잠재된 갈등이 해소되지 않으면 심리적인 긴장 상태로 남아 있거나 여러 가지 증상으로 나타난다고 본다. 치료 과정의 목적은 무의식적 갈등을 의식화하여 개인의 성격 구조를 재구성하는 데 있다. 즉, 무의식적 내면 세계의 의식화 작업을 통해 의식적 기능인 자아의 힘을 강화하는 것이다.

원칙대로 살아가는 남편
양가감정을 가지고 있는 아내

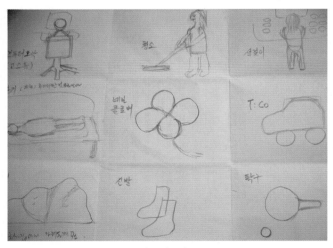

[그림 18]

그림 18에서 내담자는 '아내의 이미지'에 대해 컴퓨터로 고스톱 치는 모습과 청소, 설거지, 잠자기, 네잎클로버, 자동차, 수석(壽石, 관상용 자연석), 신발, 탁구가 떠오른다고 했다. 아내는 무슨 일이든지 원칙대로 하지 않고 자기 편한 대로 하다가 잘 안되면 반발하고 배척하고 부정적으로 생각하며 다음에 일어날 일을 미리 생각하지 못한다고 했다. 옛날에는 아내가 친구들을 만나러 밖에 나다니기를 좋아했는데, 아내가 집에 있는 것도 그 자체로 스트레스였다고 했다. 집에 있을 때는 온종일 컴퓨터로 고스톱만 치고 낮에도 잠만 잔다고 했다. 내담자는 잠만 자는 아내의 모습이 도저히 이해되지 않는다고 했다. 그림 18의 네잎클로버의 의미에 대해 문자 남편은 아내를 만난 것은 행운

이라고 했다. 옆에서 아내는 웃으면서 그렇지도 않은데 그런말을 하니까 부끄럽다고 했다. 아내는 행운을 주는 사람은 자신이 아니며 남편이 자기 수준에 맞는 사람과 만났다면 훨씬 더 행복했을 텐데 그렇지 못해서 미안한 생각이 든다고 했다.

남편은 원칙대로 하지 않는 아내를 무시하면서도 네잎클로버 이미지를 통해 아내를 행운으로 여긴다는 것을 표현하였다는 점에서 양가감정이 있음을 알 수 있다. 즉, 본인이 어머니를 미워하고 원망하면서도 불쌍하게 생각하듯 아내에게도 양가감정을 느끼고 있다. 남편은 아내의 행동에 불만을 갖고 친구들도 마음대로 만나지 못하도록 통제와 억압을 가해 아내와 갈등 관계에 놓여 있다는 것을 알 수 있다. 아내는 남편이 수준에 맞는 사람과 만나 살면 훨씬 더 행복했을 텐데 그러지 못해 미안한 생각이 든다며 자책하고 있다. 아내가 남편에게 양가감정을 가지면서도 미안한 마음을 느낀다는 점에서 부부 관계가 긍정적으로 변화하고 있는 것으로 보이지만, 한편으로는 아내가 자존감이 낮고 열등감이 있어서 자신의 나약함과 부족함을 드러냈다고 볼 수 있다.

그림 19는 아내가 그린 그림이다. 아내는 '지금은 남편 눈치를 안 보지만 그전에는 잠잘 때도 남편 눈치를 많이 봤다'라고 했다. 지금은 일요일에 푹 자도록 배려해주어서 피로가 풀린다고 했다. 신발에 대한 이미지는 딸에게 유행하는 신발을 사준 것 때문에 남편과 싸웠던 일에 대한 기억이라고 했다. 아내는 남편이 유행하는 옷도 못 입게 하며 화를 낸다고 했다.

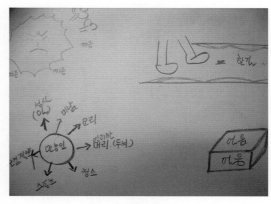

[그림 19]

그림 20은 '가족 협동 작업'으로 가족 구성원들이 다 함께 완성한 것이다. 아들은 공룡, 딸은 액세서리를 표현했다. 아버지가 "뭘 만들 건데?"라고 묻자 딸은 "몰라!"라고 말했다. 아버지가 "어렵지 않게 쉽게 만들 수 있는 것으로 하자! 먹을 거 할까? 그릇 만들까?"라고 묻자 딸이 먼저 눈을 표현했고, 아버지가 치아를 만들었다. 아들이 연두색을 공룡 만

[그림 20]

드는 데 다 써서 없다고 하자, 아버지는 아들에게 주황색으로 칠하라고 했다. 그러자 코를 만들었고, 아버지가 귀를 표현하자 아들이 피어싱과 귀고리를 만들었다. 아버지가 넥타이를 만들자 딸이 체크무늬를 만들면서 안경을 끼우면 되겠다고 했고, 동생이 보라색으로 만들라고 했다. "커다란 잠자리 안경 만들어! 소심해서 그래 못 만들지?"라고 아버지가 말하자, 아들이 안경테를 만들어 주었다.

아버지는 가족이 함께 완성한 작품을 보며 상당히 코디가 잘된 것 같다며 칭찬했으며, 넥타이가 제일 마음에 든다고 했다. 그리고 딸의 표정이 요즈음 밝게 변해서 온 가족이 즐겁다고 했다. 딸이 얼굴도 편안해졌고 요즈음은 자기 방 정리도 잘하고 밖에 나가면 꼭 어디에 있다고 알리고 언제 들어오겠다고 전화를 해서 참 고맙다고 했다.

안경을 쓴 얼굴을 상징적으로 해석하면 불쾌한 자극을 피하려는 욕구와 외부에 대한 의식을 피하고 싶은 욕구로 볼 수도 있다. 그러나 해석과는 별개로 가족 모두가 함께 편안한 마음으로 협동 작업을 하면서 마음의 문을 개방하고 서로 허물없이 터놓고 이야기를 나누게 되었으며, 긍정적인 가족 관계가 형성되면서 정서적으로 친밀감을 느끼는 계기가 된 것으로 보인다.

아버지는 딸에게 진정한 아버지의 마음을 전달하기 위해 편지를 썼다. 아버지는 그동안 부모에게 배운 방식대로 자식을 키우면 되는 줄 알았다고 했다. 왜 우리 딸은 이렇게 별난지 모르겠다고 했지만, 부모가 자녀에게 어떻게 대하는가에 따라 딸이 달라지는 것만은 확실한 것 같다고 했다. 아버지는 딸의 마음을 읽어주고 그다음에 부모의 마음을 전달하는 대화 방법으로 바꿔야겠다고 했으며, 넓은 마음으로 딸의 행동을 이해하겠다고 했다. 스스로 잘못된 점을 허물려고 노력하고 있다며, 아이들의 입장을 이해하게 되니까 화도 내지 않게 되고 마음이 편안해졌다고 했다. 그러나 아버지는 그동안 자신에게 배어 있던 성격을 고치려고 하니까 피곤하다고 하면서, 자신을 돌아보는 의미로 딸에게 편지를 썼다고 했다. 부모가 자녀에게 대하는 방식에 따라 자녀가 달라진다는 것을 깨달았다는 것은 아버지가 그동안 해오던 일방적인 대화 패턴을 인식하게 되었다는 의미라 할 수 있다.

부모로부터 대물림되어 잘못된 습관이 되어버린 지금까지의 방식들은 하루아침에 고쳐지지 않는다. 습관을 바꾸려고 하면 많은 스트레스를 받고, 거부감도 생기고, 어색하고, 실수하면 어떻게 될까 두렵기도 하고, 심지어 '갑자기 내가 행동을 바꾸면 다른 사람들이 이상하게 보지 않을까?'라는 생각들이 들기도 한다. 그러나 아버지는 자신의 잘못된 양육 방식에 대해 깨닫고 이를 변화시키고자 노력하였으며 온정적인 부모의 역할을 하고 있다는 것을 알 수 있다. 아버지는 딸에게 좀 더 따뜻하고 자상한 아버지가 되어야겠다고 각오했고 그 결과 딸과의 관계도 긍정적으로 변화했음을 알 수 있다.

사랑하는 딸에게

수많은 사람 중에서 나의 딸로 태어나 짧지 않은 시간 동안 고통의 나날을 보내며 아빠를 원망하며 보냈을 너의 지난 시간을 생각하며 나의 무지가 얼마나 컸었던가를 돌아보게 되었다. 부모의 욕심이라는, 관심이라는 말로써 나의 무지를 포장하며 너에게 강요했던 나의 욕심이 오늘의 이런 결과를 가져오리라고는 꿈에도 생각지 못하였다. 하지만, 선생님의 도움으로 나를 돌이켜 보는 계기가 되었고 너의 진심을 알게 되면서 늦었지만 뒤늦게나마 무엇이 너를 위한 것인지를 알았다. 그래도 마지막까지 버릴 수 없는 것은 하루라도 빨리 본연의 네 모습으로 돌아와 미래의 너를 위한 오늘의 준비에 최선을 다해주기를 바라는 마음이다. 너에게 한 번도 하지 못하였던 사랑한다는 말을 이렇게 어설픈 자리에서 하게 되어 너무나 미안하구나.

그래도 한때는 똑똑했던 지금의 무식한 아빠가

6.8
버리고 싶은 것
부정적인 습성 버리기

[그림 21]

[그림 22]

그림 21을 그리면서 아버지는 번쩍번쩍 빛나는 자신의 완벽성과 짜증내는 성격을 버리고 싶다고 했다. 주로 의도대로 잘되지 않을 때 짜증이 나며, 짜증을 낸 후엔 자신이 바보 같다고 생각하며 후회한다고 했다. 그런데도 습관적으로 무의식중에 짜증을 냈기 때문에 통제하기 어려웠으나 요즈음은 짜증을 통제하여 거의 내지 않는다고 했다.

그림 22에서 어머니는 우울, 화, 걱정, 기대감을 휴지통에 버리고 싶다고 했다. 걱정은 아이들에 대한 심한 염려를 의미하고, 기대감은 남편에 대한 감정인데, 남편에 대한

높은 기대감이 늘 실망을 안
겨주었다고 하면서, 앞으로
는 남편에 대한 환상과 높
은 기대감을 버리겠다고 했
다. 또한 쓸데없는 일이나
조그마한 일에도 화를 냈다
며 '화'를 버리고 싶다고 했
다. 그림 23에서 딸은 손에
잡히지 않는 것을 잡으려고
부질없이 집착하는 쓸데없

[그림 23]

[그림 24]

는 생각과 나쁜 인맥을 버리고 싶다고 했다. 그림 24에서 아들은 예전에는 친구들하고 먹
는 것 갖고도 싸웠지만, 요즘엔 쓸데없는 욕심을 버리고 분노를 잘 조절한다고 했다. 친구
들과 술래잡기하고 뛰어다니면서 땀을 흘리고 놀면 화가 다 풀린다고 했다.

　　　　어머니는 늘 남편에게 비난받을까 두려워하면서 불안과 긴장감 속에 부부 갈
등을 겪으며 살아왔다는 것을 알 수 있다. 또한 의존적인 성격과 우울증으로 인해 자녀
를 지나치게 걱정하고 잔소리를 하거나 비난을 가하기도 하였다. 타인을 사랑하는 능
력이 마비되어 있으며 원가족에 대한 분노에 감염되어 자신과 가족, 타인에 대한 적의
와 증오로 가득 차 우울증을 호소하고 있다. 딸은 이러한 어머니에게 부정적인 영향을
받아 문제 행동을 일으키게 된 것으로 보인다. 아버지는 자기 자신이 짜증을 내고 화를
내면 가족들이 상처받는 것을 알고 곧 후회하면서도, 딸의 일탈 행동에 있어선 아내를
똑같이 닮아서 못난 행동을 한다며 딸에게 더 많은 비난과 질책을 가했다는 것을 알 수
있다. 즉, 아내에 대한 불만이 딸에게 전이되어 나타난 행동으로 볼 수 있다.

6.9
행복한 가족
변화된 가족

[그림 25]

그림 25에서 딸(11세)은 가족이 모두 함께 모여 재미있게 윷놀이하는 모습을 그렸다. 아버지를 가장 크게 그렸고, 화면 전체를 활용했다.

가족이 모두 함께 모여 진지하게 윷놀이를 즐기는 표정에서 친밀감이 엿보인다. 딸이 두려움의 대상인 아버지와 가장 가까운 곳에서 아버지를 관심 있게 바라보는 장면은 아버지에 대한 정서적 친밀감이 형성되었다는 것을 의미한다. 이는 긍정적인 관계 회복을 의미한다고 볼 수 있다. 그림에서 윷놀이는 가족과의 정서적 유대감과 친밀감을 상징한다. 가족이 재미있게 윷놀이하고 어머니가 신나게 응원하는 모습에서 가족의 응집력, 친밀한 정서적 교류가 엿보인다. 그림 속에서 아버지가 가족을 위해 적극적인 노력을 하는 모습을 엿볼수 있다. 이러한 아버지의 노력으로 인해 행복한 가족으로 변화되고 있음을 알 수 있다.

그림 26은 가족의 '협동화'이다. 딸과 어머니는 적극적으로 그림을 그렸다. 어머니는 가족이 모두 둘러앉아 식사하는 모습이 행복해 보이며, 남편이 요즘 화를 전혀 내지 않아서 집이 편안하고 즐겁다고 했다. 옛날에는 혼자 집에 있는 것이 너무 싫었고 요리를 못 한다고 남편이 잔소리하고 구박해서 음식도 하기 싫었는데, 이제는 남편이 청소도 해주고 요

[그림 26]

리도 도와주기 때문에 즐겁다고 했다. 딸이 그림의 제목은 '된장찌개 먹는 모습'이라고 하자 아버지, 어머니, 아들은 미소를 지었다. 딸은 가족들보다 본인이 그림을 잘 그리기 때문에 다양한 색으로 그렸다며 자기의 능력을 과시했다. 어머니는 가족들이 된장찌개를 맛있게 먹는 모습이 행복해 보인다고 했다.

가족 체계 진단 결과, 가족은 서로 상호 교류하며 배려와 칭찬을 하고 일치하는 의사소통을 하는 것으로 나타났다. 초기에 남편은 비난적인 의사소통을 하며 주도적이고 지배적으로 행동했고, 아내는 반대로 종속적인 위치에서 회피하거나 때로는 비난하는 어조로 대화하여 부부가 서로 갈등을 겪으며 역기능적인 부부 관계를 형성하였다. 부모-자녀 관계에서도 부모의 비난적이고 지시적인 의사소통이 딸의 마음에 상처를 주고 그로 인해 딸은 부모에게 반항적인 언어와 행동을 하는 등 악순환이 되풀이되었다. 이는 정서적인 단절과 부정적인 관계 형성에서 기인한 것이라 할 수 있다. 그러나 상담 후 부모의 권력 및 애정 구조가 변화하면서 가족 구성원들은 비난적인 대화를 하지 않고 자신과 가족을 소중히 여기며 서로 수용하고 존중하는 의사소통을 하게 됨으로써 가족관계가 긍정적으로 변화되었다고 본다.

6.10
소중한 가족
달라진 모습

[그림 27]

[그림 28]

그림 27에서 아버지는 아내와 딸이 지금까지 한 번도 목욕탕에 같이 가본 적이 없다며 같이 가서 친해졌으면 좋겠다고 했다. 바람직한 행동을 하는 딸의 예쁜 모습이 '희망 사항'이라고 하면서 딸이 지금처럼 조금만 더 노력하면 머지않아 그렇게 될 것 같다고 했다. 딸이 옛날에는 아버지를 무조건 거부하고 손도 잡지 않으려 했는데 지금은 등을 쓰다듬고 만져도 가만히 있다고 했다. 요즈음 딸의 행동이 많이 달라졌다며 공부도 열심히 한다고 했다.

그림 28에서 어머니는 딸이 그전에 어울려 놀았던 친구들이 시시하고 이제는 공부 잘하는 아이들이 멋져 보인다고 말했다고 했다. 남편과 아이들이 아는 것이 많고 집안일을 도와주는 것도 많은데 의사소통을 하는 방법이 잘못되어

[그림 29]

[그림 30]

서 그동안 마음에 상처를 많이 받은 것 같았다고 했다.

　　　그림 29에서 딸은 가족 모두가 화분에 꽃을 정성스럽게 돌보며 잘 크라고 지켜보며 좋아하는 모습을 크레파스로 그렸다. 그림 30에서 아들은 가족이 양로원에 가서 밥해주고 봉사활동을 하는 모습을 설명했으며, 호기심이 많아 보이는 아이들은 옛날 엄마 아빠의 모습이고, 어깨동무하는 모습은 현재의 엄마 아빠의 모습이라고 했다. 남녀의 멋진 모습은 본인과 누나의 모습이라고 했다.

　　　아버지는 딸의 행동이 많이 달라졌고 공부를 열심히 한다며 딸을 긍정적인 시각으로 바라보고 있다. 어머니는 가족과의 잘못된 의사소통 방법으로 서로의 마음에 상처를 많이 받았다는 것을 깨달았다는 것을 알 수 있다. 딸은 그림을 보며 가족 모두가 화분에 꽃을 정성스럽게 돌보며 잘 크라고 지켜보고 있다고 했다. 아들은 가족이 양로원에 가서 밥해주고 봉사활동을 하는 모습을 이야기했다. 이러한 가족의 긍정적 변화는 가족 관계의 회복을 시사한다.

6.11
긍정적으로 변화된 가족
칭찬해주는 멋진 아빠

[그림 31]

그림 31은 부부가 함께 꾸민 '콜라주(collage)'이다. 남편은 음식과 소나무를, 아내는 부부가 다정하게 서로 마주보고 있는 모습, 잉꼬, 풍경, 가족이 즐겁게 나들이 가는 모습을 표현했다. 아내는 콜라주로 표현한 부부의 모습을 보면서 나이가 들면 부부가 저렇게 대화하며 편안하게 늙어가야겠다는 생각이 든다며, 가족이 편안하고 행복하게 변하고 있는 모습이라고 했다. 가족이 서로 즐겁게 웃는 모습을 표현하고 싶었다며 행복한 가족을 표현해서 너무 좋다고 했다.

아내는 딸이 요즈음은 외출도 줄이고 공부하려고 애를 쓴다며 대견해했다. 상담을 받기 전에는 딸이 자기 방문을 잠그고 가족과 얼굴도 안 마주치려고 했고 대화도 전혀 하지 않았는데, 지금은 방문을 열어놓고 편안하게 대화하며 동생과 장난도 많이 친다고 했다. 아내는 딸이 남편의 정직함, 성실함, 노력하는 모습을 많이 신뢰하고 있으며, 아들이 남편을 닮아서 다행이라고 했다. 아들이 귀에 피어싱도 하고 까불거려서 누나처럼 나쁜 친구들과 어울려 잘못된 길로 빠질까 봐 걱정을 많이 했는데 이제는 안심이 된다고 했다. 상담을 받기 전에 딸은 의지력이 약해서 뭐든지 하다가 중단하는 일이 많았다고 했다. 그리고 남편이 집에 있으면 자신은 밖으로 나가고 싶었고 대화하기가 싫었다고 했다. 그래서 가족 분위기는 마치 '대화가 필요해!'라는 코미디 프로그램 속 가족과 똑같았다고 했다.

남편은 소나무를 보며 편안하고 자연스럽다는 느낌이 든다고 했다. 소나무는 늘 그대로의 모습이 좋고, 대나무처럼 곧지도 않고 굽을 때는 굽지만 비바람에도 쓰러지지도 않으며 향기까지 있으니까 좋다고 했다. 딸에게 관심과 사랑을 듬뿍 주고 딸의 마음을 부모님이 알아주면, 스스로 동생을 소중하게 생각하는 마음이 생기게 될 거라고 하자, 아빠가 딸에게 요즈음 잘해줘서 그런지 딸이 아빠에 대해서 확고한 믿음을 가지고 있다고 했다. 그리고 아들이 열심히 하는 모습을 보면 남편의 모습을 보는 것 같다고 했다. 본인(아내)은 의지력도 약해서 뭐든지 하다가 중단하는 일이 많은데 아들은 아버지를 닮아 다행이라고 했다. 아내는 가족이 모두 안정을 찾게 되니까 걱정과 불안이 없어지면서 아들이 공부도 편안하게 하게 된 것이라고 했다. 아내는 딸이 부모의 영향을 그렇게 많이 받는 줄 몰랐다며 자기의 잘못된 행동을 후회한다고 했다. 옛날에는 남편이 집에 있으면 밖으로 나가고 싶었으며 남편과 대화하기가 싫었는데, 이제는 남편과의 대화가 중요하다는 것을 깨달았다고 했다. 깨끗한 것을 좋아하는 남편이 요즘엔 청소를 담당하는데 짜증내지 않고 하니까 가족 모두 편안하다고 했다.

> '행복한 우리 가족'에서 가족이 편안하고 행복하게 살고 싶은 욕구가 나타났으며, 딸은 외출도 줄어들었고 공부하려고 애를 쓰는 모습을 보여주고 있다. 가족치료를 받기 전에는 부모님과 얼굴도 안 마주치려고 할 만큼 가족과 전혀 대화하지 않았으나, 이제는 가족과 편안하게 대화하게 되었다. 이러한 변화는 긍정적인 변화로 가족 관계의 회복을 시사한다.

그림 32는 가족 모두가 함께 그린 그림으로, 딸은 여러 가지 색깔로 자신 있게 그렸으며, 아버지는 보라색으로만 그렸다. 아버지는 딸에게 "야! 대단한데!"라며 칭찬했다.

[그림 32]

아버지는 아내와 딸이 차만 타면 멀미를 해서 함께 여행 가기가 싫다고 했다. 서로 배려하면 여행이 즐거울 터인데 마음이 편하지 못하니까 여행이 불편하고 즐겁지 않을 수도 있다고 했다. 잠이 쏟아져서 창문을 열었는데 가족의 안전을 생각해서 추위도 조금 참으면 될 것을 아내는 계속 불평한다고 했다. 하지만 아내에게 선택의 기회를 주고 타협을 하게 되면 아내도 원망과 불만이 없을 것이라는 생각이 든다고 했다. 가족이 솔직하고 진정한 대화를 해야 서로 친밀감을 느낄 수가 있고 관계가 좋아진다는 것을 깨달았다고 했다. 가족이 마음을 편안하게 터놓는 가운데 서로의 입장에 대해 이해하게 되었고, 가족 관계가 정서적으로 친밀해졌다는 것을 알게 되었다고 했다. 치료자는 가족이 존중하고 배려하는 가운데 따뜻한 마음으로 서로의 마음을 이해하게 되면 긍정적이고 편안한 관계가 형성된다며 지지해주었다.

가족 협동화를 통해 가족이 마음을 털어 놓으며 서로의 입장을 이해하고 있다. 이는 가족의 감정 교류가 활발히 이루어져 가족이 긍정적인 관계로 변화하고 있다는 것을 의미한다. 정원에 예쁜 꽃을 심어놓고 물을 지나치게 많이 주거나 물을 전혀 주지 않게 되면 꽃은 시들어 죽어버린다. 이처럼 자녀도 적절한 관심으로 교육하고 사랑을 주며 소중하게 돌봐야 한다. 완벽한 부모는 없다. 그러나 충분히 좋은 부모는 있을 수 있다. 충분히 좋은 부모는 아이의 요구를 잘 파악하고, 아이가 실수를 했을 때 비난하지 않고 격려해주며, 힘든 일이 생겼을 때 용기를 심어주고 위로해준다. 또한 아이의 다른 점을 인정해주고 아이의 입장에서 충분히 이해해주고 존중해준다.

그림 33에서 딸은 '행복한 가족'을 의미한다며, '행복한 부모, 행복한 자녀'라고 했다. 풀냄새가 나며 꽃이 가득 핀 동산 위에 있는 빨간 지붕 밑의 가족은 엄마, 아빠, 본인,

동생, 강아지이며 행복하게 손을 잡고 웃고 있다고 했다. 본인은 긍정적으로 변하려고 노력하고 있고, 공부도 열심히 하고 있다며, 동생도 열심히 공부한다고 했다. 아빠도 엄마도 지난 일을 다 잊고 우리 가족은 지금 너무 행복하다고 했다. 가족이 서로 친밀감을 느끼며 행복한 마음으로 지내고 있다고 했다.

[그림 33]

가족은 딸이 등교 거부, 가출 등 잘못된 행동을 하여 많은 고통을 겪었으나, 가족치료를 받은 후 혼란스러웠던 과거에서 벗어나 행복을 되찾았다는 것을 알 수 있다. 대부분의 부모들은 자식에게 무엇이든 다 해주고 싶고 아낌없이 주고 싶은 마음이 크다. 자식을 위해서라면 어떠한 힘든 일도 마다하지 않는 것이 부모의 사랑이다. 부모는 자식이 행복해야 진정으로 행복을 느낀다.

행복한 가족이 되기 위해서는 가족 구성원들이 서로 고마움을 표현할 줄 알아야 하며, 깊고 진정한 애정을 가지고 대해야 한다. 또한 상대방의 좋은 점을 찾으려고 노력해야 하며, 비난하지 않아야 한다. 칭찬이나 찬사를 고맙게 받아들이고 서로의 자아를 존중하기 위해 노력해야 한다. 가족은 함께 있으면 서로 편안하고 안정감을 느끼고, 가정 안팎에서 예의 바르게 대하고 존중해야 한다. 고마움이나 애정을 자주 표현하며 긍정적으로 의사소통해야 한다. 서로의 말에 귀 기울이고 상대방의 입장에서 이해하려고 노력하며, 갈등이 생길 때 상처를 주는 말이나 비하하는 말로 인신공격하지 않고 타협하여 합의점을 찾아야 한다. 가족은 서로의 차이점에 대해 이해하고 수용하려고 노력해야 한다. 집안에서 가족이 유익하게 즐길 수 있는 시간을 가지거나 함께 모여 기념일을 축하하고, 가족 휴가를 갖는 등 바람직한 의사소통을 통해 서로의 감정을 나누고 어떠한 변화에도 유연하게 대처하고 잘 적응해나가는 노력이 필요하다.

그림 34의 '부부 협동화'를 그릴 때 남편이 먼저 연두색으로 집과 담, 장미꽃 줄기

[그림 34]

를 그리자 아내는 분홍색으로 장미꽃과 대문, 자동차를 그렸다. 남편이 먼저 그림을 그리기 시작하자 동시에 아내도 적극적으로 장미꽃이 피어 있는 '아름다운 집'을 그렸다. 남편이 장미꽃이 피어 있어 그림이 예쁘다고 하자, 아내가 서로 말을 하지 않아도 예쁜 그림이 되었다며 신기하다고 했다. 아내는 남편이 많이 변해서 가족이 모두 편안해졌으며, 마음이 편안해지니 그림도 예쁘게 그려진 것 같다고 했다.

부부는 장미꽃이 예쁘게 피어 있는 '아름다운 집'을 함께 그리며 마음의 평화로움과 안정감을 나타냈다. 긍정적인 모습을 갖게 되자 가족 모두 편안해졌고, 마음이 편안해지니 그림도 예쁘게 그려진 것 같다며 신기해하고 있다. 그동안 가족 구성원 속에서 발생하는 다양한 문제들로 많은 어려움을 겪었으나 가족 모두 이를 잘 극복하고 긍정적인 마음을 갖고 성장했다. 이는 가족이 화해와 친밀감으로 감정을 공유하고, 서로의 입장을 이해하고 가족이 서로 마음의 소통이 잘 이루어져 건강하고 행복한 가족이 되었음을 의미한다. 이러한 가족관계의 변화는 가족치료의 긍정적인 효과이며, 건강하고 행복한 가족관계를 형성하고 유지하기 위해 가족상담 및 가족치료가 중요하다는 점을 시사한다.

"자녀는 부모로부터 존중받고
　　　사랑받아야 하는 존재이다."

가족 간의 소통과 이해를 위한 그림읽기

2022년 9월 25일 초판 1쇄 발행

지은이 김효숙

펴낸이 권혁재

편 집 권이지
디자인 이정아

인 쇄 성광인쇄
펴낸곳 학연문화사
등 록 1988년 2월 26일 제2-501호
주 소 서울시 금천구 가산디지털1로 16 가산2차 SKV1AP타워 1415호

전 화 02-6223-2301
전 송 02-6223-2303
E-mail hak7891@chol.com

ISBN 978-89-5508-474-0 (93180)